Die Stecknadel im Heuhaufen
Natürlichsprachlicher Zugang
zu Volltextdatenbanken

Fachrichtung Angewandte Sprachwissenschaft
sowie Übersetzen und Dolmetschen
der Universität des Saarlandes
Alberto Gil – Johann Haller – Erich Steiner
(Hrsg.)

Sabest

Saarbrücker Beiträge zur Sprach- und Translationswissenschaft

Band 8

PETER LANG
Frankfurt am Main · Berlin · Bern · Bruxelles · New York · Oxford · Wien

Christoph Rösener

Die Stecknadel im Heuhaufen

Natürlichsprachlicher Zugang zu Volltextdatenbanken

PETER LANG
Europäischer Verlag der Wissenschaften

Bibliografische Information Der Deutschen Bibliothek
Die Deutsche Bibliothek verzeichnet diese Publikation in der Deutschen Nationalbibliografie; detaillierte bibliografische Daten sind im Internet über <http://dnb.ddb.de> abrufbar.

Zugl.: Saarbrücken, Univ., Diss., 2005

D 291
ISSN 1436-0268
ISBN 3-631-54447-2

www.peterlang.de

Vorwort und Danksagung

Die Idee zu dieser Arbeit entstand aus einem Projekt des Bundesministeriums für Bildung und Forschung (BMBF), das ab November 2001 u.a. mit dem Institut der Gesellschaft zur Förderung der Angewandten Informationsforschung e.V. an der Universität des Saarlandes (IAI) als Partner für die computerlinguistischen Teilbereiche durchgeführt wurde. Schon zu Beginn des Projektes wurde schnell klar, dass das Vorhaben, einen natürlichsprachlichen Zugang zu einer der größten deutschen Computerenzyklopädien, dem Brockhaus Multimedial, zu schaffen, einzigartig ist. Eine wissenschaftliche Untersuchung eines solchen Ansatzes aus interdisziplinärer Sicht lag bis dahin nicht vor. Da sich die Thematik für eine wissenschaftliche Untersuchung eignete, entschloss ich mich, projektbegleitend die vorliegende Arbeit zu schreiben. Damals konnte ich noch nicht erahnen, wie komplex das Projektvorhaben letztlich werden würde und wie viele Teildisziplinen bei der Gestaltung einer natürlichsprachlichen Schnittstelle zu einer Computerenzyklopädie zu berücksichtigen sind. Ich habe mich trotz dieser Fülle von beteiligten Fachgebieten bemüht, möglichst alle Aspekte, die bei der Umsetzung eines solch komplexen Vorhabens zu berücksichtigen sind, gebührend zu behandeln. Natürlich wäre die Erstellung der vorliegenden Arbeit ohne die Hilfe vieler Personen, die mich in unterschiedlicher Weise unterstützten, nicht möglich gewesen. Bei einigen von ihnen möchte ich mich an dieser Stelle besonders bedanken.

Zuerst möchte ich mich bei meinen beiden Gutachtern Prof. Dr. Johann Haller und Prof. Dr. Harald Zimmermann für die vorzügliche Betreuung bedanken. Professor Dr. Zimmermann gilt Dank für das große Interesse an dem Thema dieser Arbeit und die gute Kooperation. Prof. Dr. Haller ermöglichte es mir, die vorliegende Arbeit in einem wissenschaftlichen Umfeld zu erstellen. Zudem ist ihm nicht nur die Idee zu dieser Arbeit zu verdanken, er war auch jederzeit zur Stelle, wenn es galt, meine Fragen zu beantworten sowie von mir gefertigte Manuskripte durchzusehen. Hierfür noch einmal aufrichtigen Dank.

Dank sagen möchte ich auch den Mitarbeitern des IAI, insbesondere Veronique Hinz, Dieter Maas und Volkan Taskiran, die mich während der ganzen Zeit unterstützten und geduldig meine Fragen beantworteten und nicht müde wurden, Veränderungen und Verbesserungen bzgl. des LeWi-Projektes mit mir zu diskutieren und umzusetzen.

Des Weiteren möchte ich mich bei den jetzigen und ehemaligen Mitarbeitern der Brockhaus Duden Neue Medien GmbH in Mannheim bedanken, insbesondere bei Herrn Dr. Geiß, für die interessanten Gespräche im Projektkontext und bei Herrn Kreißig für seine Unterstützung. Gleichzeitig richtet sich mein Dank an Herrn Kehl von der Fa. Krieger, Zander und Partner GmbH in München für die fruchtbaren Diskussionen bzgl. des Dialogmoduls.

Besonderer Dank gebührt auch den Mitarbeitern der Abteilung Sprachdatenverarbeitung der Philosophischen Fakultät II, Angewandte Sprach- und Übersetzungswissenschaft, Karl-Heinz Freigang und Dr. Uwe Reinke. Beide haben mich in meiner gesamten "Saarbrücker Zeit" immer fachlich unterstützt. Insbesondere für die administrative Hilfe in der letzten Phase dieser Arbeit bedanke ich mich herzlich.

Ganz besonders danken möchte ich auch dem Leiter der Fa. AGEF-Saar (vormals ZEDW-EFB), Dr. Hermann Schönmeier, für seine jahrelange, weit über ein reines Arbeitsverhältnis hinausgehende Unterstützung und Hilfsbereitschaft. Herzlichen Dank auch an Christoph Brachmann von AGEF-Saar für die technische Beratung bei der Erstellung der Graphiken.

Schließlich bedanke ich mich bei all jenen, die während der langen Zeit unbeirrt an das Zustandekommen dieser Arbeit geglaubt haben und mich dadurch immer wieder bestärkten, weiter zu arbeiten. Insbesondere auch meinen Eltern hierfür aufrichtigen Dank.

Meinen größten Dank aber verdient meine Freundin und Lebensgefährtin Birgit Jung. Sie hat nicht nur die vorliegende Arbeit Korrektur gelesen, sie war es auch, die alle meine gefühlsmäßigen Höhen und Tiefen im Zusammenhang mit dieser Arbeit "live" miterlebte. Trotzdem hat sie die ganze Zeit unerschütterlich an das Gelingen der Arbeit geglaubt und es immer wieder verstanden, mich mit "Engelszungen" an den Schreibtisch zurück zu bringen. Sie war (und ist) mir eine große seelische und moralische Stütze. Ohne sie wäre die vorliegende Arbeit niemals fertig gestellt worden.

Saarbrücken, im Januar 2005 *Christoph Rösener*

Inhaltsverzeichnis

Kapitel 1: Einleitung

"Man sollte die Frage "Ist der Himmel blau?" eintippen können und darauf eine Antwort erhalten [...]. Das ist eine der großen Aufgaben der Informatik."

Bill Gates[1]

1.1 Natürliche Sprache als Wissenszugang

Die großartigen neuen Möglichkeiten, die der heutigen Informations- und Wissensgesellschaft für die Beschaffung und den Austausch von Information zur Verfügung stehen, haben kurioserweise gleichzeitig ein immer akuter werdendes, neues Problem geschaffen: Es wird für jeden Einzelnen immer schwieriger, aus der gewaltigen Fülle der angebotenen Informationen die tatsächlich relevanten zu selektieren. Die ständig wachsende Menge von Informationen[2] führt zu einer immer größeren Unsicherheit bei den Informationssuchenden. Welche Informationen wirklich benötigt werden und welche überflüssig sind, ist aufgrund der immer unüberschaubarer werdenden Datenmenge immer schwerer zu entscheiden. Die Informationsflut droht uns zu überfluten. Schon ist vom Daten-Overkill die Rede [Shenk 1998]. Aber paradoxerweise herrscht inmitten der Informationsflut gleichzeitig Informationsmangel. Denn immer öfter finden wir nicht das, was wir suchen [Heinisch 2002].

Dieses Phänomen beschränkt sich bei weitem nicht nur auf Informationen aus dem Internet. Auch bei CD-Archiven, Offline-Katalogen und anderen Volltextdatenbanken ist man sehr schnell mit dem Problem konfrontiert, dass prinzipiell zwar eine riesige Fülle von Informationen zur Verfügung steht, der gezielte Zugang dazu sich aber voller Hürden erweist und oft zunächst Unwichtiges zu Tage fördert.

Dieses Dilemma besitzt vielerlei Ursachen. An erster Stelle sind hier die oft recht komplizierten Mensch-Maschine-Schnittstellen der existierenden Volltextdatenbanken zu nennen. Der Umgang mit diesen Interfaces ist in den meisten Fällen schwierig und zeitaufwendig, da sich der Benutzer in die Bedienung des

---

[1] Zitat aus einem Interview mit Bill Gates vom 5.3.2004, erschienen unter dem Titel *"Gates: IT wird völlig unterschätzt"* in der Zeitschrift Technology Review. Das vollständige Interview steht im Internet unter http://www.heise.de/tr/aktuell/meldung /print/45276 zur Verfügung.

[2] Die Menge der gespeicherten Information nimmt drastisch zu. Im Jahre 2002 wurden weltweit fünf Exabyte (fünf Millionen Terabyte) an neuen Informationen gespeichert. Im Vergleich dazu wurden im Jahre 2000 nur 1,5 Exabyte neue Informationen gespeichert [Lyman 2003].

jeweiligen Systems zunächst einarbeiten muss. Die Benutzerschnittstellen sind zudem oft nicht sehr intuitiv und benutzergerecht gestaltet und eine effiziente Handhabung des Systems durch den User ist häufig erst nach einer speziellen Lernphase überhaupt möglich. Die Stichwortsuche in Kombination mit booleschen Operatoren fordert auch von geübten Rechercheuren datenbankspezifische Kenntnisse, der gemeine Nutzer ist angesichts dieser Voraussetzungen schlicht überfordert. Der gezielte Zugang zu sinnvoller Information bleibt somit oft nur dem Spezialisten vorbehalten. Nur er ist in der Lage, relevante Daten in angemessener Zeit aus Volltextdatenbanken herauszufiltern.

Die o.g. Schwierigkeiten treffen nicht für alle Informationssysteme gleichermaßen zu. So sind im Bereich der E-Mail-, Newsgroup- bzw. Internetrecherche inzwischen die ursprünglich komplizierten Benutzerschnittstellen einfacher zu bedienenden Suchportalen gewichen. Die Qualität der Rechercheergebnisse hat sich deshalb aber nicht verbessert. Dies liegt zu einem großen Maß daran, dass bei der Informationssuche im Internet ein zusätzlicher Faktor zu berücksichtigen ist, der in anderen elektronischen Archiven und Volltextdatenbanken so gut wie keine Rolle spielt: die Werbung. Egal wie ausgefeilt und trickreich der Suchalgorithmus einer Suchmaschine ist,[3] früher oder später schaffen es die Werbetreibenden, auf die ersten Ränge der Ergebnislisten zu kommen. Somit verlieren Suchmaschinen im Internet ganz erheblich an Glaubwürdigkeit in Bezug auf die Objektivität der gefundenen Information.[4]

Eine weitere Schwierigkeit in der gezielten Informationssuche ist die oft sehr eingeschränkte linguistische Intelligenz der Schnittstellen dieser Systeme. Dieses Problem gilt für das Internet wie für CD-Archive, Online-Kataloge und andere Volltextdatenbanken gleichermaßen. Meist werden, neben der Eliminierung von Stoppwörtern, mit speziellen Verfahren, die m.E. nicht als linguistisch bezeichnet werden können, lediglich die vorkommenden Suchbegriffe auf eine sog. künstliche Grund- bzw. Stammform reduziert und anschließend wird eine Suche mit diesen zusätzlichen Formen durchgeführt. Dies führt dazu, dass die Suchfunktionen häufig nicht viel besser sind als die schlichte Suche nach einer eingegebenen trunkierten Zeichenkette.[5] Die gesamte Problematik von Komposita und Mehrwortbenennungen bzw. Änderungen des Wortstamms werden aus

---

[3] Gemeint ist hier der Suchalgorithmus von Google [Brin 1998]. Auch die Suchergebnisse von Google sind inzwischen immer stärker mit Werbung vermischt [Bager 2004].

[4] Zwischenzeitlich existieren Suchmaschinen wie z.B. Dogpile oder Metacrawler, die sog. *"Sponsored links"* ohne spezielle Kennzeichnung unter die Suchergebnisse mischen [Bager 2004].

[5] Interessant in diesem Zusammenhang ist die Tatsache, dass die Techniken für die Speicherung bzw. Weitergabe von Informationen, wie z.B. Speicherkapazitäten und -zugriffe, Netzwerktechniken und E-Mail-Funktionen, wesentlich schneller weiterentwickelt wurden und mittlerweile ausgereifter sind als die Möglichkeiten, Informationen zu suchen und zu finden.

dem maschinellen Suchprozess ausgeklammert.[6] Es bleibt dem Benutzer und dessen Suchstrategie überlassen, wie er evtl. relevante Information in der Menge verschiedenartiger Benennungen aufspürt.

Für die o.g. Probleme bei der Informationssuche, die durch komplizierte Mensch-Maschine-Schnittstellen bzw. durch schwer zu erlernende Bedienungssprachen und durch nicht vorhandene linguistisch-intelligente Systeme verursacht werden, bietet sich in allen Einsatzbereichen die natürlichsprachliche Suche als Lösung an. Die Verwendung natürlicher Sprache als Anfragesprache entbindet den Benutzer von der Pflicht, sich über verschiedene Stichwortkombinationen und deren Verbindung mit booleschen Operatoren Gedanken zu machen. Durch natürlichsprachliche Suchanfragen erhält der Benutzer den einfachsten Zugang zu einer Volltextdatenbank, nämlich den Zugang in einer Sprache, die er bereits beherrscht. Mit Hilfe natürlicher Sprache können inhaltlich komplizierte Fragen problemlos ausgedrückt werden. Zugleich ermöglicht die natürliche Sprache für jedermann, nicht nur für Spezialisten, einen direkten Zugang zum Internet bzw. zu Volltextdatenbanken und baut damit bestehende psychologische Sperren ab [Krause 1982]. Somit wird auch Menschen ohne Computerkenntnisse der Zugang zu Wissensdatenbanken ermöglicht.

Allerdings steckt, wie so oft, auch hier der Teufel im Detail: Natürliche Sprache als Anfragesprache an Volltextdatenbanksysteme wurde lange Zeit u.a. aufgrund der gegebenen Ambiguitäten von Sprache, der Vagheit von Ausdrücken sowie elliptischer Ausdrucksweisen als nicht verarbeitbar und somit als Interface nur schwer realisierbar angesehen. Vgl. hierzu [Krause 1982] und [Krambrich 1988]. Aufgrund von Forschungen und Entwicklungen auf dem Gebiet der Computerlinguistik und der Künstlichen Intelligenz ist es mittlerweile u.a. durch Verbesserung insbesondere der Analysewerkzeuge und durch Verarbeitung der Suchanfragen unter Einbeziehung des Datenbankwissens bzw. durch Vorgabe von natürlichsprachlichen Auswahlmöglichkeiten gelungen, einige natürlichsprachliche Systeme für Volltextdatenbanken zu implementieren. Natürlichsprachliche Interfaces gewinnen eine immer größere Bedeutung für einen nutzerfreundlichen Zugang zu anderen Programmsystemen [Helbig 1996].

Die Umsetzung der natürlichsprachlichen Suchanfragen erfordert allerdings noch eine Reihe von weiteren zusätzlichen Arbeitsschritten. Dabei müssen die Einsatzbereiche - Internet vs. Volltextdatenbank - strikt voneinander getrennt werden. Ein zentraler Bereich ist die Indexierung sowohl der Dokumente als auch der Suchanfragen. Um gezielt mit Hilfe einer natürlichsprachlichen Suchanfrage Informationen wieder auffinden zu können, bedient man sich im Infor-

---

[6] Hier wird das Problem angesprochen, dass zusammengesetzte Ausdrücke häufig nicht in der gleichen Form in relevanten Dokumenten vorhanden sind (z.B. *"Kindersorgerecht"* vs. *"Sorgerecht für Kinder"* etc.)

mation Retrieval der Methoden der Indexierung/Verschlagwortung bzw. Klassifizierung der eigentlichen Dokumente mit Hilfe von linguistischer Intelligenz. Die sich ständig sehr schnell verändernde Menge an Informationen im Internet macht eine immer auf dem aktuellen Stand befindliche Indexierung des Internet mit linguistischer Intelligenz aus Gründen der Performanz jedoch unmöglich. Aufgrund des rasanten Wachstums ist selbst eine maschinelle automatische Indexierung des Internet mit linguistischer Intelligenz nicht durchführbar: die Dokumente können nicht so schnell indexiert und gespeichert werden, wie sie veröffentlicht werden. Hier müssen neue Ansätze diskutiert und neue Verfahren geprüft werden.[7]

Im Falle von Volltextdatenbanken ist eine Indexierung mit Hilfe linguistischer Intelligenz als Voraussetzung für eine natürlichsprachliche Suche aufgrund der redaktionellen Kontrolle des Datenbestands schon eher umsetzbar. Aber auch hier erfordert die schnell wachsende Menge neuer Informationen die Konzeption und Implementierung von Werkzeugen, die es den Redakteuren ermöglicht, Dokumente automatisch bzw. semiautomatisch zu indexieren resp. zu klassifizieren, um somit die Flut der täglich neuen Informationen noch verarbeiten zu können.

Alle genannten Vorschläge und Lösungsansätze für die aufgezeigten Schwierigkeiten bei der Informationssuche wurden in dem nachfolgend beschriebenen Projekt LeWi des Bundesministerium für Bildung und Forschung (BMBF) berücksichtigt. Dabei stand, neben anderen Aufgaben, die Implementierung einer natürlichsprachlichen Schnittstelle als Hauptaufgabe im Vordergrund.

1.2 Beschreibung des LeWi-Projektes

Das Projekt "Lexikonbasierte Wissenserschließung: natürlichsprachliche Suche und 3D-Wissensnavigation" (kurz LeWi) war ein Förderprojekt des Bundesministerium für Bildung und Forschung (BMBF).[8] Es wurde zwischen Dezember 2001 und März 2004 unter der Federführung der Fa. Bibliographisches Institut & F.A. Brockhaus AG, Mannheim, mit mehreren Projektpartnern durchgeführt. Einer der Kooperationspartner war das Institut der Gesellschaft zur Förderung der Angewandten Informationsforschung (IAI) an der Universität des Saarlandes, Saarbrücken. Der Verfasser war verantwortlich für die Gesamtleitung des Projektes am IAI, dabei insbesondere für die Anpassung der Fragengrammatik und die Evaluierung der einzelnen computerlinguistischen Komponenten.

---

[7] Ein Modell für eine Indexierung des Internet wurde z.B. von Tim Berners-Lee unter dem Begriff "Semantic Web" vorgeschlagen [Berners-Lee 2001].

[8] Projektnummer und Kurzbezeichnung: 01C5885 "LeWi"

Ausgangsbasis des LeWi-Projektes war die Tatsache, dass sich der Bedarf an effektiven und der normalen Lebenswelt der Menschen angepassten Schnittstellen von Software immer mehr vergrößert. Dem Benutzer steht für das Erlernen neuer Programme bzw. der Handhabung spezieller Suchmasken immer weniger Zeit zur Verfügung. Zudem wird ein einfacher Zugriff auf präzise und verlässliche Informationen für den Einzelnen angesichts der zunehmend komplexer werdenden Computersysteme und der wachsenden Informationsflut immer wichtiger. Ein weiteres Problem von Volltextdatenbanken ist, dass der inhaltliche Zusammenhang von Dokumenten aufgrund der Fülle an Informationen vom Benutzer nicht erkannt wird. Projektziele des LeWi-Projektes waren deshalb zum einen eine Erleichterung des Zugangs zu Volltextdatenbanken durch die Schaffung einer natürlichsprachlichen Schnittstelle. Zum anderen eine Verbesserung der Orientierung in Volltextdatenbanken durch eine 3D-Visualisierung der Zusammenhänge zwischen verschiedenen Dokumenten. Ein solches Sprachportal und eine 3D-Visualisierung sollen die bestehenden Hemmschwellen gegenüber Volltextdatenbanken bei Computerlaien abbauen. Die dem Projekt zugrunde liegende Wissensbasis war die Volltextdatenbank des Brockhaus Multimedial (BMM).[9] Dabei handelt es sich um ein allgemeines Lexikon mit Beiträgen zu allen Themengebieten. Gegen Projektende umfasste die Datenbank etwa 17 Millionen Wörter. Neben 240.000 Artikeln enthielt die Datenbank ca. 6.500 Zusatztexte und Quellen, ca. 19.500 Fotos und Abbildungen, über 300 Animationen und Videos sowie ca. 18 Stunden Tonmaterial.

Die Befragung von Volltextdatenbanken, auch des BMM, geschah bisher meistens durch die Eingabe eines oder mehrerer, mit Hilfe von booleschen Operatoren verknüpfter Stichwörter. Da diese Art der Eingabe ein gewisses Abstraktionsvermögen voraussetzt, welches bei den Nutzern einer Datenbank, die Allgemeinwissen enthält, nicht unbedingt vorausgesetzt werden kann, wurde innerhalb des LeWi-Projektes versucht, ein natürlichsprachliches Interface zur Befragung des Brockhaus Multimedial zu programmieren. Insbesondere Personen, deren Alltag nicht durch den Computer geprägt ist, sind es nicht gewohnt, ihre Fragen an die Möglichkeiten des Computers anzupassen. Hier besteht die Forderung, die Fragen so stellen zu können, wie das auch mündlich geschehen würde. Die Planung für das LeWi-Projekt sah vor, dass der Benutzer mit Hilfe des im Projekt entwickelten natürlichsprachlichen Interfaces seine Frage in natürlicher Sprache schriftlich formulieren kann. Dazu benötigt der Benutzer keinerlei Vorwissen oder Kenntnis des Systems. Bei der Entwicklung des natürlichsprachlichen Interfaces sollten dabei die heute verfügbaren Methoden der automatischen Analyse von Texten berücksichtigt werden. Als Antwort auf seine

[9] Zu Beginn des Projektes wurde mit den Daten des Brockhaus Multimedial 2002 premium gearbeitet. Während der Projektlaufzeit wurde die Datenbasis mit den Daten des Brockhaus Multimedial 2003 premium aktualisiert. Der Prototyp des LeWi-Dialogmoduls wurde schließlich auf den Daten des Brockhaus Multimedial 2004 premium realisiert.

Frage erhält der Benutzer eine Liste mit relevanten Ergebnisartikeln. Der Artikel mit der höchsten Relevanz zur Ausgangsfrage sollte in der Ergebnisliste an erster Stelle stehen. Die Generierung von ganzen Antworttexten war nicht primäres Ziel des Projektes. Da eine natürlichsprachliche Anfrage nicht in jedem Fall sofort beantwortet werden kann, sollte zusätzlich zu der natürlichsprachlichen Suchanfrage ein Dialogmodul geschaffen werden, welches z.B. bei Mehrdeutigkeiten in der Suchanfrage Rückfragen generiert, um die gesuchte Information schrittweise zu finden.

Zur besseren Orientierung in den Ergebnisartikeln sollte eine 3D-Visualisierung implementiert werden, die dem Benutzer nach Aufruf eines Artikels inhaltlich benachbarte Artikel der Volltextdatenbank in einem dreidimensionalen Wissensraum anzeigt. Diese Visualisierung sollte dem Benutzer die Möglichkeit geben, bisher unbekannte Verbindungen zwischen den Artikeln der Volltextdatenbank zu erkennen.

Für die konkrete Realisierung der geplanten Ansätze wurden im Projekt folgende Module als Teilprojekte formuliert:

- Konzeption, Programmierung und Implementierung eines sog. Dialogmoduls zur Analyse und Verarbeitung natürlichsprachlicher Fragestellungen mit folgenden Funktionen: Fragenanalyse, Durchführung der Suche, Ergebnisaufbereitung und bei Bedarf Fortsetzung des Dialogs zur Eingrenzung der Ergebnisse bzw. zur Disambiguierung der Fragestellung
- Erstellung eines Thesaurus auf der Basis des Brockhaus Multimedial, der als Grundlage für die Verfahren der automatischen Klassifizierung der Dokumente und der Fragenanalyse dient.
- Konzeption, Programmierung und Implementierung einer Indexierungssoftware, die mit Hilfe eines speziellen Thesaurus in der Lage ist, Dokumenttexte nach einer gegebenen Klassifikation zu indexieren.
- Konzeption und Erstellung einer Ontologie der deutschen Sprache zur Unterstützung der natürlichsprachlichen Fragenanalyse und für die Darstellung sachsystematischer Informationen in einem 3D-Wissensraum.
- Konzeption, Programmierung und Implementierung eines dreidimensionalen Wissensraums zur visuellen Repräsentation von Artikeln und deren jeweiligem Kontext unter Berücksichtigung der Informationen aus Ontologie und BMM-Thesaurus.

Die beiden letzten Punkte wurden dabei nicht am IAI realisiert und sind nur der Vollständigkeit wegen aufgeführt. Ausdrücklich erklärtes Ziel des LeWi-Projektes war es, nicht nur theoretische Erörterungen, Grundlagenforschung und lauffähige Prototypen zu konzipieren, sondern zusätzlich auch praxistaugliche Softwaremodule zu entwickeln. Dieser Anspruch machte das LeWi-Projekt für die vorliegende Arbeit in zweierlei Hinsicht sehr interessant: einerseits wurden durch die formulierten Ansprüche und möglichen Lösungsansätze des LeWi-Projektes wissenschaftliche Fragestellungen berührt, die bisher noch nicht vollständig gelöst sind (z.B. semantische Fragenanalyse, vollständige automatische Indexierung mit Hilfe linguistischer Intelligenz), andererseits wurde mit dem erklärten Projektziel einer praxistauglichen Software gleichzeitig nachprüfbar, ob die umgesetzten Lösungen im praktischen Einsatz mit einer einzigartigen Volltextdatenbank, nämlich einer großen deutschsprachigen digitalen Enzyklopädie, zufriedenstellende Ergebnisse liefern.

1.3 Aufbau der Arbeit

Die vorliegende Arbeit untersucht die Möglichkeit, mit Hilfe von natürlichsprachlichen Schnittstellen den Zugang des Informationssuchenden zu Volltextdatenbanken zu verbessern. Dabei wird versucht, die o.g. Aspekte der wissenschaftlichen Fragestellungen auf der einen Seite und die praktischen Lösungsansätze auf der anderen Seite in sinnvoller Weise zu verbinden.

Bei näherer Betrachtung des Themas wird schnell klar, dass dessen Komplexität größer ist als zunächst vermutet. Eine umfassende Diskussion aller Aspekte einer natürlichsprachlichen Schnittstelle zu einer Computerenzyklopädie macht es notwendig, sehr unterschiedliche Disziplinen und Fachgebiete zu berücksichtigen. Neben den eigentlichen Disziplinen Linguistik und Computerlinguistik, die für die Konzeption eines natürlichsprachlichen Interfaces offenkundig erscheinen, spielt selbstverständlich die Informatik bei der sinnvollen Umsetzung eines solchen Systems eine große Rolle. Die Handhabung der Wissensbasis in Bezug auf das Speichern und Wiederauffinden von Informationen macht zusätzlich eine Betrachtung des Themas unter dem Blickwinkel der Informationswissenschaft erforderlich. Die Konzeption eines Dialogmoduls erfordert zudem die Berücksichtigung psychologischer sowie kognitionswissenschaftlicher Gesichtspunkte. Der gesamte Bereich der Ergebnisdarstellung und –präsentation erfordert schließlich noch die Betrachtung aus der Sicht der Softwareergonomie und des Graphikdesign.

Aufgrund der starken Interdisziplinarität des Themas ergab sich die Notwendigkeit, die vorliegende Arbeit in vier große Bereiche zu gliedern, die jeweils einen Hauptaspekt eines natürlichsprachlichen Interfaces behandeln. In den einzelnen Bereichen wird nach dem theoretisch-wissenschaftlichen Teil jeweils sofort der praktische Bezug hergestellt.

In Kapitel 2 wird der gesamte Komplex der Wissensrepräsentation behandelt. Nach einer Einführung, Beschreibung und Diskussion möglicher Formen der

Wissensrepräsentationen wird auf die dem LeWi-Projekt zugrunde liegende Klassifikation für die automatische Indexierung eingegangen. Auf eine anschließende Übersicht über existierende kommerzielle Softwaresysteme zur Thesaurus- und Ontologieverwaltung folgt schließlich eine Beschreibung der Konzeption und der verschiedenen Verfahrensschritte für der Erstellung des BMM-Thesaurus.

Kapitel 3 beschäftigt sich unter dem Titel Analysekomponenten mit linguistischen bzw. computerlinguistischen Analysewerkzeugen. Nach einer Erläuterung spezieller sprachlicher Phänomene im Rahmen der maschinellen Textanalyse werden bestimmte Lösungen und Forschungsansätze in diesem Bereich diskutiert. Im Anschluss an eine Besprechung verschiedener Grammatikformalismen und Parsingalgorithmen werden die speziell für das LeWi-Projekt entwickelten Komponenten dokumentiert. Nach einer Erläuterung der Besonderheiten bei der Fragenanalyse im Deutschen werden die dafür im LeWi-Kontext entwickelten Werkzeuge besprochen. Das Kapitel schließt mit einer detaillierten Beschreibung der im LeWi-Projekt erarbeiteten Fragentypologie.

In Kapitel 4 wird auf den Themenbereich Information Retrieval eingegangen. Nach einer Einführung in die zu berücksichtigenden Grundlagen des Information Retrieval werden verschiedene automatische Indexierungsmethoden und -verfahren kritisch gegenübergestellt und die Frage manuelle vs. automatische Indexierung untersucht. Anschließend wird der gesamte Komplex der automatischen Indexierung innerhalb des LeWi-Projektes beschrieben und dabei detailliert die im Projekt entstandene Software BROCKINDEX vorgestellt. Schließlich wird auf die Suchstrategien und Suchabläufe eingegangen, die im Rahmen des LeWi-Projektes konzipiert wurden und zum Einsatz kommen. Ein abschließender Abschnitt erläutert die im BMM bzw. im Dialogmodul entwickelte Relevanzberechnung.

Kapitel 5 erörtert unter der Überschrift Interaktion verschiedene Forschungen und Projekte im Bereich von Frage-Antwort- und Dialogsystemen. Nach einer kurzen Bestandsaufnahme werden beispielhaft aktuelle Forschungsprojekte und existierende Systeme vorgestellt und bewertet. Anschließend werden Möglichkeiten der Darstellung und Visualisierung von Wissen untersucht. Im praktischen Teil wird das Dialogsystem des LeWi-Projektes vorgestellt. Das Kapitel schließt mit einer Beschreibung der Ergebnisdarstellung und Antwortpräsentation im LeWi-Projekt, nicht ohne kurz auf den o.g. 3D-Wissensraum einzugehen.

Im Anschluss an diese vier Hauptkapitel werden in einem Kapitel 6 ausführlich Fragenbeispiele und deren Ergebnisse anhand des aktuellen LeWi-Dialogmoduls besprochen. Hierbei werden die theoretischen Annahmen und Lösungsansätze in der Konzeption des LeWi-Projektes anschaulich anhand von Beispielen untersucht.

Die Arbeit schließt mit Kapitel 7, das die Ergebnisse der Untersuchung zusammenfasst und eine kurzen Ausblick auf zukünftig mögliche Forschungsarbeiten wirft. In den Anhängen werden verschiedene LeWi-Projektinformationen in Form von Listen und Tabellen dargestellt.

Eine umfassende Besprechung aller Aspekte, die in die Konzeption, Programmierung und Implementierung eines natürlichsprachlichen Interfaces für eine Computerenzyklopädie aus Sicht der verschiedenen Wissenschaften und Fachgebiete mit hineinfließen, kann im Rahmen einer solchen Arbeit nicht geleistet werden. Die vorliegende Arbeit versucht jedoch fachübergreifend die Komplexität eines solchen Vorhabens darzustellen und die wichtigsten Gesichtspunkte bei dessen Umsetzung zu berücksichtigen.

Kapitel 2: Wissensrepräsentation

Die Repräsentation von Wissen und die notwendigen Verfahren dazu haben einen zentralen Stellenwert in der Künstlichen Intelligenz (KI). Man spricht von so genannten "wissensbasierten Systemen", wenn ein System über Wissen verfügt, welches explizit in einer Wissensbasis codiert ist. Die Codierung dieses Wissens erfolgt im Allgemeinen in Repräsentationsstrukturen.

Brachman und Levesque geben hierzu die passende Definition:

> *Wissensrepräsentation [bezeichnet; a.d.A.] das Aufschreiben von Symbolen – Repräsentationsstrukturen genannt – [...], die in einer erkennbaren Weise einen Ausschnitt einer zu repräsentierenden Welt entsprechen [Brachman/Levesque 1985 in Reimer1991:9]*

Reimer erweitert die Definition noch um die Interpretation dieser Strukturen:

> *Von einer [Wissens-; a.d.A] Repräsentation sprechen wir, wenn zusätzlich zu einer Menge von Repräsentationsstrukturen Angaben dazu vorliegen, wie die Strukturen der Repräsentation auf die Merkmale der repräsentierten Welt abzubilden sind. Diese Angaben stellen die Interpretationsvorschrift dar [Reimer 1991:10].*

Die Notwendigkeit bestimmter Angaben zur Interpretation des gespeicherten Wissens wird bei näherer Betrachtung deutlich: Nur durch solche Interpretationsvorschriften ist es möglich, Anfragen bzw. Änderungsoperationen auf bestehenden Repräsentationsstrukturen durchzuführen. Beispiele hierfür wären in bestimmten Datenstrukturen gespeicherte Repräsentationen und davon getrennt ein Programm, mit dessen Hilfe die Inhalte der Strukturen erschlossen werden können.

Um nun Wissen in einer bestimmten Art und Weise darstellen zu können, muss zunächst ein Umriss der verschiedenen Wissensarten gegeben werden. Im Kern kann man folgende Arten von Wissen unterscheiden:

Wissen über Fakten
In diesen Bereich fällt die Kenntnis von Fakten über Objekte der Welt: *Hunde haben Schwänze, Dackel sind Hunde, Tannen sind grün*. Gleichzeitig gehören auch numerische Fakten wie *"die Fallbeschleunigung beträgt g = 9,81 m/s²"* zu dieser Kategorie.

Wissen über Konzepte und Konzepteigenschaften
Konzepte werden durch ihren Konzeptnamen, ihre Extension und ihre Intension definiert. Extension ist die Menge aller Objekte, die zu dem Kon-

zept gehören, die Intension ist die Menge der Merkmale, die ein Objekt besitzen muss, um zum Konzept zu gehören. Man unterscheidet zwischen Individualkonzepten, die als Extension eine ein-elementige Menge besitzen, und Massenkonzepte wie Flüssigkeiten oder Schüttgut, die keine stückweise abzählbare Extension besitzen.

Wissen über semantische Beziehungen
Semantische Beziehungen sind Aussagen zu zwei oder mehreren Konzepten, wie z.B.

Teil-von Beziehungen (*Lenkrad - Auto*)
Ist-ein Beziehung (*Elefant - Säugetier*)
Zeitliche Beziehungen (chronologische Abfolge, Simultanität)
Räumliche Beziehungen (*Behälter – Inhalt*)
Kausalbeziehungen (*Blitz – Donner*)

Wissen über Ereignisse und Handlungen
Ein Ereignis ist eine Zustandsänderung eines Objektes zu einem bestimmten Zeitpunkt oder über ein Zeitintervall hinweg. Eine Handlung ist ein Ereignis, das von einem Akteur absichtsvoll ausgelöst wird *(Detlef schreibt einen Brief. Susi küsst Helmut)*. Neben den Ereignissen müssen hier evtl. auch die zeitliche Dimension sowie bestehende Ursache-Wirkungs-Beziehungen dargestellt werden.

Wissen über Vorgänge und Verfahren
Ein Vorgang ist eine lang andauernde Handlung. Ein Verfahren ist eine festgelegte Anzahl von miteinander verketteten Einzelhandlungen, für die oft eine bestimmte Reihenfolge verbindlich ist. Zu dem Wissen über Vorgänge und Verfahren gehören z.B. Kenntnisse, die für bestimmte Fähigkeiten notwendig sind z.B. *Fahrrad fahren, Auto fahren* sowie auch kognitive Fähigkeiten wie z.B. die Bildung von Sätzen.

Wissen über Regeln und einschränkende Bedingungen (Constraints):
Wissen über einschränkende Bedingungen ist Wissen über die Unzulässigkeit von Zuständen oder Zustandsänderungen.

Metawissen
Damit ist Wissen über unser Wissen gemeint, beispielsweise das Wissen über die Verlässlichkeit einer bestimmten Information. In diesen Bereich fällt auch das Wissen über unseren Wissenserwerb sowie die Einschätzung unserer eigenen kognitiven Fähigkeiten.

Diese kurze Aufstellung der möglichen Wissensarten ist bei weitem nicht vollständig. Eine detaillierte Unterteilung findet sich z.B. bei [Heyer 1988] bzw. [Reimer 1991]. Die Aufstellung zeigt jedoch in ausreichendem Maße, wie verschiedenartig das zu repräsentierende Wissen ist.

Der in den 70er Jahren innerhalb des Forschungsbereichs Künstliche Intelligenz (KI) entbrannte Streit darüber, ob Wissen in deklarativer oder in prozeduraler Form zu repräsentieren sei, endete mit dem allgemein anerkannten Ergebnis, dass unterschiedliche Darstellungsformen die Verarbeitung unterschiedlichen Wissens begünstigen. [Freksa 1988].

Im Wesentlichen kann man folgende Formen der Wissensrepräsentation unterscheiden [Wagner 2003]:

deklarative Wissensrepräsentation
Hierbei handelt es sich um die Darstellung von Faktenwissen. Deklarative Darstellungen von Wissensinhalten geben Beschreibungen von Sachverhalten, die keine Angaben über Konstruktion und Gebrauch von Wissen enthalten. Beispiel: *Die Summe aus 3 und 4 ist 7.*

prozedurale Wissensrepräsentation
Bezeichnet die Darstellung von Wissen in Form von Prozeduren. Prozedurale Wissensdarstellungen beschreiben Verfahren zu Konstruktion, Verknüpfung und Anwendung von Wissen, beispielsweise ein Verfahren zur Berechnung der Summe aus 3 und 4.

Kontrollwissen
Kontrollwissen nennt man Verfahren zur Steuerung des Einsatzes deklarativer und prozeduraler Wissensbeschreibungen. Kontrollwissen ist Metawissen.

Ein weiterer wichtiger Parameter für die Wahl einer geeigneten Repräsentationsform für einen Wissenstyp ist der beabsichtigte Gebrauch des dargestellten Wissens. Abhängig von der gewollten Nutzung des darzustellenden Wissens können völlig verschiedene Repräsentationen erforderlich sein.

Es existieren verschiedene Möglichkeiten zur Wissensordnung und -repräsentation. Grob geordnet nach dem Grad ihrer Mächtigkeit sind dies:

- Katalog, Glossar, Taxonomie
- Klassifikation, Thesaurus
- Semantisches Netz, Frames, Ontologie
- Axiomensystem, Prädikatenlogik

Die jeweils höheren Systeme schließen in ihrer Aussagekraft die niedrigeren Systeme mit ein. Da es in dieser Arbeit hauptsächlich um die Beschreibung und Repräsentation von Faktenwissen auf sprachlicher Ebene geht, soll im Folgenden auf das Verfahren der deklarativen Wissensrepräsentation näher eingegangen werden. Somit sind im Rahmen dieser Arbeit die ersten drei der obigen Kategorien von Interesse. Zu Axiomensystemen und Prädikatenlogik und deren Verwendung in den verschiedenen Bereichen der Wissensrepräsentation siehe weiterführende Literatur, u.a. [Brachman 1989], [Reimer 1991] bzw. [Görz 1995].

2.1 Deklarative Wissensrepräsentation

Eine Untersuchung des komplexen Gebietes der Wissensrepräsentation erfordert klar umrissene Definitionen der einzelnen Fachbegriffe für den sprachlichen Bereich. Dies dient zum einen der Vermeidung von Missverständnissen. Zum anderen wird eine solide Basis eindeutiger Definitionen geschaffen, die auch für das Verständnis der anderen Kapitel der vorliegenden Arbeit hilfreich ist.

Im Bereich der Literatur über strukturierte Verwaltung von sprachlicher Information werden oft Begriffe nebeneinander verwendet, ohne dass eine klare Abgrenzung der Begriffe zueinander durch den Autor vorgenommen wurde. Im Folgenden wird anhand verschiedener Definitionen aus der Literatur versucht, einige Begriffe eindeutig zu definieren und voneinander abzugrenzen.

2.1.1 Kataloge, Glossare und Taxonomien

Kataloge

Kataloge sind nach einer bestimmten Systematik (z.B.: Alphabet, Schlagwörter) aufgebaute Verzeichnisse von Gegenständen. Kataloge dienen hauptsächlich der Übersicht über Sammlungen von Büchern, Bildern, Tonträgern u.ä. Große Schlagwortkataloge finden sich beispielsweise in öffentlichen Bibliotheken. Darin werden unter einem Schlagwort Bücherlisten aufgeführt. Ein Buch kann mehrere Schlagwörter besitzen. Die Zuordnung der Schlagwörter zu einem Buch erfolgt in den meisten Fällen manuell durch das Bibliothekspersonal. Inzwischen gibt es aber auch maschinelle Systeme zur Verschlagwortung.

Glossare

Glossare sind Wörterlisten mit Erklärungen, die meist Bestandteil eines Textes bzw. Fachtextes sind. In Glossaren werden Bedeutungen von Wörtern festgelegt, die dem Autor erklärungsbedürftig erscheinen. Im Gegensatz jedoch zu einem Wörterbuch enthält ein Glossar vorrangig Begriffe und Definitionen von Wörtern. Die Definitionen in einem Glossar sollten, anders als in größeren Nachschlagewerken wie etwa einem Lexikon, möglichst kurz und eindeutig sein. Die Grenze zwischen Glossar und Lexikon ist fließend, so werden manche Glossare auch als Definitionslexikon bezeichnet.

Kataloge und Glossare stellen eine erste Form der Wissensrepräsentation dar. Beschränkend kann man in diesem Zusammenhang auch von einer Form kontrollierten Vokabulars sprechen.

Taxonomien

Der Begriff Taxonomie hat je nach Fachgebiet unterschiedliche Bedeutungen. Im Brockhaus Multimedial finden sich die beiden folgenden Definitionen:

> *Taxonomie*
> *[griechisch] die, Biologie: die Systematik. [Brockhaus Multimedial 2004]*
>
> *bzw.*
>
> *Taxonomie*
> *[griechisch] die, Sprachwissenschaft: Teilgebiet der Linguistik, auf dem man durch Segmentierung und Klassifikation sprachlicher Einheiten den Aufbau eines Sprachsystems beschreiben will. [Brockhaus Multimedial 2004]*

Aufgrund dieser je nach Sachgebiet unterschiedlichen Definitionen gibt es insbesondere in der Sprachwissenschaft vereinzelt einen nicht eindeutigen Gebrauch des Wortes. Lewandowski versucht eine umfassende Definition:

> *Taxonomie [taxonomy]. Die Wissenschaft von der Klassifikation; die Systematik, das Klassifikationsschema eines Fachgebiets, das Inventar von Gesetzen und Prinzipien, die einen Objektbereich klassifizieren und systematisieren. [Lewandowski 1990:1146]*

Taxonomie bezeichnet folglich sowohl die Wissenschaft der Klassifikation eines Fachgebiets als auch die Systematik an sich. Hierher rührt der etwas verwirrende Gebrauch in der Literatur.

Taxonomie wird gleichwohl hauptsächlich in ihrer Bedeutung als Wissenschaft von der Einteilung von Organismen in Taxa (Sing.: Taxon; Gruppen) verwendet. Diese Taxa sind traditionell bestimmte Ränge wie Art, Gattung oder Familie.

2.1.2 Klassifikationen und Thesauri

Klassifikationen

Klassifikationen gehen über den Bereich einer Taxonomie hinaus. Eine erste Definition ist dem Brockhaus Multimedial entnommen:

> *Klassifikation*
> *[lateinisch] die, Einteilung von Dingen oder Begriffen nach gemeinsamen Merkmalen, z.B. Dezimalklassifikation, Schiffsklassifikation, Klassifikation der Lebewesen, Systematik. [Brockhaus Multimedial 2004]*

Lewandowski gibt eine noch weitergehende Beschreibung:

> *Klassifikation*
> *Auch: Klassifizierung. Einteilung, Einteilungsprinzip oder Einteilungsmethode; der Prozess der Klassifikation oder seine Ergebnisse im Sinne von Klassifikationssystemen, Gliederungs- und Ordnungsschemata bzw. Taxonomien in Bezug auf einen Gegenstandsbereich, z.B. die Einteilung der Laute in Konsonanten und Vokale mit weiteren Unterteilungen der Wörter in Substantive, Verben usw. Die Klassifikation ist ein Verfahren, mit Hilfe dessen ein gegebener Bereich aufgrund ausgewählter (relevanter) Merkmale in Klassen und Teil-Klassifikationen gegliedert und untergliedert wird. Die Klassifikation ist insofern eine grundlegende Methode, als gegebene Objekte hinsichtlich bestimmter Merkmale und Strukturen identifiziert und einer bestimmten Klasse oder Unterklasse zugeordnet werden. Durch Klassifikation wird ein Gegenstandsbereich strukturiert. [Lewandowski 1990:538]*

Klassifikation steht dabei für die Zerlegung einer Objektmenge in Klassen aufgrund ausgewählter Merkmale. Der Begriff Klassifikation bezeichnet dreierlei:

- die Erarbeitung einer Methode zur Klassifikation (Klassenbildung)
- die durch Klassifikation gewonnene Einteilung
- die Methode der Zuordnung von Objekten in ein Klassifikationssystem

Die klassifizierten Objekte können beliebige Gegenstände und Sachverhalte sein, die sich nach irgendeiner Art von z.B. biologischen, mathematischen oder allgemein statistischen Werten unterscheiden lassen.

Eine gebildetes Klassifikationssystem ist streng hierarchisch aufgebaut. Die hierarchischen Beziehungen zwischen den Begriffen (Über- und Unterordnung) werden durch systemabbildende Bezeichnungen (Notationen) dargestellt. Kann eine Klasse nur einer anderen Klasse untergeordnet werden, spricht man von Monohierarchie. Ist dies nicht möglich, d.h. eine Klasse kann mehreren anderen Klassen untergeordnet werden, spricht man von Polyhierarchie [Ladewig 1997].

Alle Mitglieder einer Klasse haben mindestens ein Merkmal, das Mitglieder einer anderen Klasse nicht besitzen. Im strengsten Fall sind die Klassen einer Klassifikation disjunkt, d.h. sie schließen sich gegenseitig aus. In der Praxis ist es in manchen Fachgebieten jedoch unausweichlich, Klassifikationen mit Überlagerungen zuzulassen. Wenn ein Objekt je nach Sichtweise mehreren Klassen zugeordnet werden kann, wird der disjunkte Charakter der Klassen einer Klassifikation als Nachteil angesehen. In den meisten Fällen wird das Problem mit Hilfe von Verweisen gelöst.

Beispiele für Klassifikation als Methode sind *Hören, Lesen, Kategorisieren, Kartographieren, Sortieren von Ausschuss durch Menschen oder Roboter*. Beispiele für Klassifikationssysteme sind verschiedene Preisklassen, die Taxonomie der Lebewesen und weltanschauliche Unterteilungen (*Gut und Böse*). Umfangreiche bekannte Klassifikationen sind z.B. die Universelle Dezimalklassifikation (UDK, engl. UDC für Universal Decimal Classification), eine hierarchische Dezimalklassifikation, die alle Wissensgebiete umfasst und ausschließlich aus Ziffern und Sonderzeichen besteht[10], oder der Schlagwortnormdatei (SWD), ein kontrolliertes Schlagwortsystem, das vor allem in Bibliotheken eingesetzt wird. Auch die in dieser Arbeit erläuterte BMM-Klassifikation ist ein Klassifikationssystem.

An dieser Stelle wird der Unterschied zwischen den Begriffen Klassifikation und Taxonomie deutlich. Eine Klassifikation steht für die Zerlegung einer Objektmenge in Klassen aufgrund ausgewählter Merkmale. Taxonomie hingegen bedeutet eine Ordnung von (biologischen) Objekten in Klassen nicht nur aufgrund äußerer Merkmale sondern auch aufgrund von (entwicklungsgeschichtlichen) (Verwandschafts-) Beziehungen. Somit besteht eine Hyperonymbeziehung zwischen den beiden Begriffen: Klassifikation ist der Oberbegriff zu Taxonomie.

Thesauri

Der Begriff Thesaurus bezeichnet in der Literatur Unterschiedliches. Der Brockhaus Multimedial gibt gleich drei Definitionen:

> *Thesaurus*
> *[lateinisch, zu griechisch »Schatz«, »Schatzhaus«] der, lexikalisches Sammelwerk: Bezeichnung umfangreicher Sammelwerke, besonders umfassender Sprachwörterbücher, v.a. der alten Sprachen, z.B. der Thesaurus Linguae Latinae, das umfassende Wörterbuch in lateinischer Sprache (seit 1897 in München von deutschen und ausländischen Akademien bearbeitet und herausgegeben), und der Thesaurus Linguae Graecae, das erste umfassende Wörterbuch des Altgriechischen (herausgegeben 1572); der*

[10] Nähere Informationen stehen unter http://www.udcc.org/ im Internet zur Verfügung.

seit 1955 von B. Snell u.a. herausgegebene neue »Thesaurus Linguae Graecae« behandelt die Literaturgattungen getrennt.[Brockhaus Multimedial 2004]

bzw.

Thesaurus
[zu griech. thesauros, Plural Thesauri oder Thesauren, dt. Schatz, Schatzhaus, »Synonymwörterbuch«] der, allgemein eine geordnete Zusammenstellung von Begriffen eines Fachgebiets mit ihren (natürlichsprachlichen) Beziehungen. Die Beziehungen können durch Relationen wie »synonym«, »verwandt«, oder »antonym« (Gegensatz) erzeugt werden, hierarchische Strukturen durch Relationen wie »allgemeiner« und »spezieller«. [...][Brockhaus Multimedial 2004]

bzw.

Thesaurus
[lateinisch, zu griechisch »Schatz«, »Schatzhaus«] der, Dokumentationssystem: alphabetisch und systematisch geordnetes, thematisch begrenztes Verzeichnis von Wörtern eines bestimmten (Fach-)Bereichs mit zahlreichen Querverweisen. Grundlegendes Hilfsmittel zur Wiederauffindung und inhaltlichen Erschließung von Dokumenten und zur Wiedergewinnung von Informationen über jedes gewünschte Element des erfassten Bereichs.[Brockhaus Multimedial 2004]

Die erste Definition – Thesaurus als lexikalisches Sammelwerk – gilt für den früheren Gebrauch des Wortes. Dabei handelte es sich um ein wissenschaftliches Sammelwerk, welches den gesamten Wortschatz einer Sprache umfasst. Genau genommen sind diese Werke Wörterbücher.

Die zweite Definition des BMM bezieht sich zunächst auf "linguistische" Thesauri, wie sie z.B. als Formulierungshilfe benutzt werden können (Nachschlagewerke wie z.B. DUDEN Band 8, Sinn- und Sachverwandte bzw. Thesauri in Textverarbeitungsprogrammen). Die hier vorhandenen Relationen (Synonym-, Antonym- bzw. Assoziativ-Relationen) sind bereits für die Wissensrepräsentation interessant.

Im Rahmen dieser Arbeit wird die dritte Definition – Thesauri im Rahmen von Erschließung bzw. Wiedergewinnung von Information – näher betrachtet. Ein Thesaurus als Dokumentationssystem enthält im Gegensatz zu einem "linguistischen" Thesaurus ein kontrolliertes Vokabular. Es handelt sich um eine Sammlung von Begriffen zu einem Sachgebiet, zwischen denen semantische Beziehungen durch entsprechende Verweise vermerkt sind.

Unterschiedliche orthographische Varianten (z.B. *Friseur/Frisör*), Synonyme (z.B. *Metzger/Fleischer*) bzw. als gleichbedeutend behandelte Quasi-Synonyme (z.B. *Baum/Eiche*) werden durch Äquivalenzrelationen auf eindeutigen Bezeichnungen, sog. Deskriptoren, in einem Thesaurus abgebildet. Weiterhin werden assoziative und hierarchische Relationen dargestellt.

Die Thesaurusnorm DIN 1463 Teil 1 liefert folgende Definition:

> *Ein Thesaurus im Bereich der Information und Dokumentation ist eine geordnete Zusammenstellung von Begriffen und ihren (vorwiegend natürlichsprachigen) Bezeichnungen, die in einem Dokumentationsgebiet zum Indexieren, Speichern und Wiederauffinden dient.*
> *Er ist durch folgende Merkmale gekennzeichnet:*
> *Begriffe und Bezeichnungen werden eindeutig aufeinander bezogen (terminologische Kontrolle), indem Synonyme möglichst vollständig erfasst und Homonyme und Polyseme besonders gekennzeichnet werden und für jeden Begriff eine Bezeichnung (Vorzugsbenennung, Begriffsnummer oder Notation) festgelegt wird, die den Begriff eindeutig vertritt. Die Beziehungen zwischen Begriffen (repräsentiert durch ihre Bezeichnungen) werden dargestellt.*

Die Thesaurusnorm legt ferner die möglichen Relationstypen fest:

Äquivalenzrelation
Hierunter fallen alle gleichwertigen Bezeichnungen: Synonyme (in Bezug auf Schreibweise, Fremdwörter, Abkürzungen, Kurzformen) und Quasi-Synonyme (Begriffe mit Bedeutungsnuancen, die für den jeweiligen Thesaurus keine Rolle spielen)

Hierarchierelation
Unter diese Relation fallen alle Ober- und Unterbegriffe einer Dokumentationseinheit. Die Hierarchierelation wird noch in Abstraktionsrelation (generische Relation; z.B. *Kraftwagen – Personenkraftwagen*) und Bestandsrelation (partitive Relation bzw. Teil-Ganzes-Beziehung; z.B. *Auto – Lenkrad*) unterteilt.

Assoziationsrelation
Diese Relation bezeichnet Verwandtschaftsbeziehungen zwischen Begriffen über Hierarchieebenen hinweg (z.B. *Auto – Verkehr*).

Schließlich werden in der Thesaurusnorm bzw. in dem internationalen Äquivalent ISO 2788 auch die Abkürzungen für die einzelnen Relationen festgelegt.

Kürzel und Bezeichnung	
DIN 1463-1	ISO 2788
BF - Benutzt für Synonym	UF - Used for
BS - Benutze Synonym	USE/SYN Use synonym
OB - Oberbegriff	BT - Broader Term)
UB - Unterbegriff	NT - Narrower Term
VB - Verwandter Begriff	RT - Related term
	TT - Top term

Abbildung 2-1: Deutsche und internationale Thesaurusabkürzungen

Ziel eines Thesaurus als Dokumentationssprache im Bereich Wissensrepräsentation ist es, eine Eindeutigkeit der Beziehung zwischen Begriff und Bezeichnung darzustellen. Ein Begriff kann oft durch mehrere sprachliche Ausdrücke (Benennungen) dargestellt werden (z.B. *Restaurant, Gaststätte, Kneipe* etc.). Das Ziel der Eindeutigkeit wird in einem Thesaurus dadurch erreicht, dass lediglich eine Benennung als Repräsentant des Begriffs zugelassen wird. Synonyme und Quasi-Synonyme werden zu einer Klasse zusammengefasst und eine Benennung (i.d.R. die gebräuchlichste) wird als so genannter Deskriptor ausgezeichnet. Alle anderen Benennungen der Synonymgruppe werden als Nicht-Deskriptor markiert und mit dem Deskriptor verbunden.

Beispiel für einen Thesauruseintrag aus dem Bereich Sprachwissenschaft nach den obigen Konventionen:

Begriffsrelation (Deskriptor)
BF Begriffsbeziehung (Nicht-Deskriptor)
OB Indexierung
UB Abstraktionsrelation
UB Assoziationsrelation
UB Ober/Unterbegriffsrelation
UB Paradigmatische Relation
UB Partitive Relation
UB Syntagmatische Beziehung
VB Begriff
VB Indikator

Abschließend sind noch einmal die Vorteile eines Thesaurus gegenüber einer Klassifikation zusammengefasst:

- Im Unterschied zu einer Klassifikation ist es mit einem Thesaurus möglich, mehr als nur hierarchische Relationen abzubilden. Dadurch sind komplexe Sachverhalte gut darstellbar.
- Polyhierarchie ist in einem Thesaurus im Gegensatz zu einer Klassifikation problemlos zu realisieren.
- Ein Thesaurus kann sowohl alphabetisch als auch systematisch dargestellt werden, da nur die Beziehungen der Deskriptoren untereinander für die Darstellung maßgeblich sind.
- Da in einen Thesaurus nur Begriffe aufgenommen werden, die notwendig für ein bestimmtes Sachgebiet sind, wird unnötiger Umfang (aus Gründen der Vollständigkeit) vermieden.
- Ein Thesaurus ist natürlichsprachlich basiert und benötigt keine zusätzliche Notation.

Ein Thesaurus ist somit im Rahmen der Wissensrepräsentation gegenüber der Klassifikation eindeutig das überlegene Werkzeug. Nicht unerwähnt bleiben sollen jedoch an dieser Stelle die klaren Vorteile einer Klassifikation: Vollständigkeit, disjunkte Einteilung von Objekten sowie Sprachunabhängigkeit durch Notation.

Die Entscheidung über den Einsatz des einen oder anderen Werkzeugs kann jedoch nur in Abhängigkeit von der geplanten Anwendung sowie der Art des vorliegenden Wissens erfolgen. Als bekanntes Beispiel für eine lexikalische Datenbank, die zwischen Thesaurus und semantischem Netz einzuordnen ist, möchte ich an dieser Stelle das sehr erfolgreiche Projekt WordNet bzw. dessen deutschsprachige Entsprechung GermaNet nennen.[11] Es handelt sich dabei um sehr große Datenbanken, in denen neben Synonym-, Hyperonym- und Hyponymbeziehungen weitere semantische Relationen (z.B. Meronyme, Holonyme) abgebildet sind und die in vielen Projekten als Wissensbasis eingesetzt werden.

2.1.3 Semantische Netze, Frames und Ontologien

Semantische Netze

Aufgrund der möglichen Relationsbeziehungen können Thesauri bereits als eine Art semantisches Netzwerk angesehen werden. Im Folgenden wird näher bestimmt werden, wie semantische Netze aufgebaut sind.

---

[11] Nähere Informationen zu WordNet stehen im Internet unter http://www.cogsci.princeton.edu/~wn/ zur Verfügung. Informationen zu GermaNet unter http://www.sfs.nphil.uni-tuebingen.de/lsd/.

Eine erste Definition ist dem BMM entnommen:

> *Semantisches Netz*
> *systematisierte formale Darstellung von Zusammenhängen in komplexen Begriffs- und Aussagesystemen. Diese Darstellung soll v.a. dazu dienen, Modelle des semantischen Gedächtnisses zu entwickeln. Mit semantischem Gedächtnis meint man die Struktur und Funktionsweise insbesondere der sprachlich vermittelten Gedächtnisinhalte. [...] [Brockhaus Multimedial 2004]*

Semantische Netze oder Netzwerke wurden ursprünglich als psychologische Modelle für kognitive Strukturen wie z.B. Assoziationen im Gedächtnis, später zur Beschreibung der semantischen Struktur von Sätzen entwickelt.

Das Konzept der semantischen Netze wurde Ende der 60er Jahre von dem Sprachwissenschaftler M. Ross Quillian eingeführt [Quillian 68], um die Bedeutung von Wörtern in verschiedenen Satz- und Verwendungskontexten zu bestimmen. In ihnen wird die semantische Verwandtschaft von unterschiedlichen Begriffen durch verschiedenartige Relationen repräsentiert. In semantischen Netzen wird menschliches Wissen als ein Gefüge von Begriffen und assoziativen Beziehungen dargestellt [Helbig 1996].

Eine nähere Bestimmung finden wir bei John F. Sowa:

> *A semantic network or net is a graphic notation for representing knowledge in patterns of interconnected nodes and arcs. Computer implementations of semantic networks were first developed for artificial intelligence and machine translation, but earlier versions have long been used in philosophy, psychology, and linguistics. [Sowa 1992]*

Semantische Netze stellen dementsprechend eine graphische Form der Wissensrepräsentation dar. Es liegt die zentrale Annahme zugrunde, dass Begriffe (besser Konzepte, siehe Abschnitt Ontologie) in bestimmter Weise miteinander verknüpft sind. Diese Verbindungen werden als assoziative Beziehungen bezeichnet. In semantischen Netzwerken werden Begriffe als Wortknoten und Assoziationen als Graphen abgebildet. Man spricht in diesem Zusammenhang auch von Knoten (engl. *nodes*) und Kanten (engl. *arcs*).

Grundsätzlich kann man zwei Typen von Netzwerken unterscheiden: Assoziative Netze mit einem einheitlichen Kantentyp und semantische Netze mit verschiedenen Typen von Kanten.

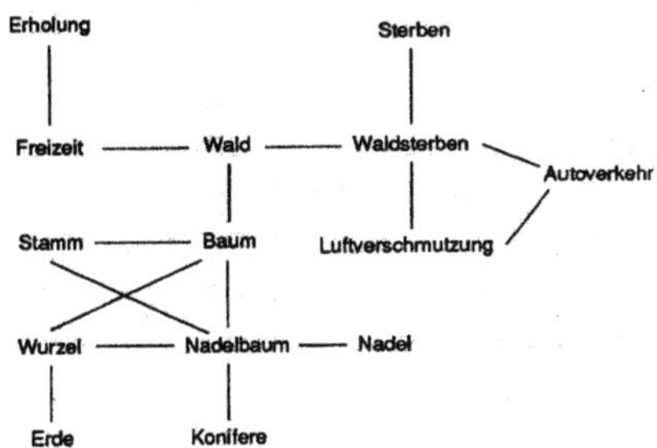

Abbildung 2-2: Assoziatives Netzwerk (einheitlicher Kantentyp) [Reimer 1991:80]

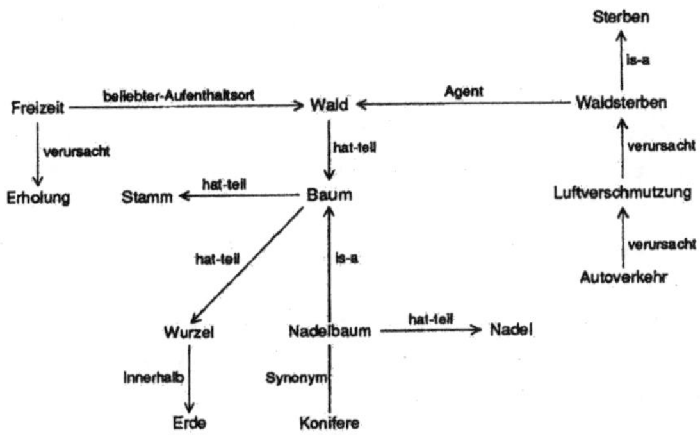

Abbildung 2-3: Semantisches Netz mit getypten Kanten [Reimer 1991:80]

Die einzelnen Knoten repräsentieren Objekte. Je nach Formalismus sind dies folgende Arten von Objekten:

- ein allgemeiner Objekt-Typ (auch Konzept oder generisches Objekt), z.B. *Nadelbaum*
- eine Objektklasse bzw. eine Menge von Objekten, z.B. die Menge aller Nadelbäume
- ein Individuum, d.h. ein einzelnes Objekt mit Objektidentität, z.B. *der Weihnachtsbaum der Familie Schmidt*
- die Eigenschaftswerte eines Objekts (oft so genannte Erwartungswerte), z.B. die Farbe Grün (bei Nadelbäumen)

Knoten repräsentieren folglich das Wort als eine semantische Entität und umfassende Wortkonzepte als Mengen dieser semantischen Einheiten. Wortkonzepte können als die endliche Menge der assoziierten Begriffe dargestellt werden. Die

Eigenschaften eines Begriffes (Knoten) sind seine festumgrenzte Menge divergierender Merkmale.

Die Entscheidung, ob ein Sachverhalt als Objekt oder als Eigenschaftswert repräsentiert wird, ist oftmals abhängig vom Anwendungskontext des semantischen Netzes. Die Farbe „Grün" wird in den meisten Fällen ein Eigenschaftswert sein. Geht es jedoch um die Ölfarbe und ihre Zusammensetzung bzw. um die Wellenlängen des Spektrums der Farbe, so wird "Grün" zu einem Objekt, welches Eigenschaften besitzt.

Kanten repräsentieren Beziehungen zwischen den einzelnen Objekten. Je nach Formalismus sind dies folgende Arten von Beziehungen:

- eine Beziehung zwischen zwei Konzepten
- eine Menge von Beziehungen zwischen zwei Objektklassen
- eine Beziehung zwischen einem Konzept und einem Individuum, z.B. *Nadelbaum <=> der Weihnachtsbaum der Familie Schmidt*
- eine Beziehung zwischen zwei Individuen, z.B. *Schwester von*
- eine Beziehung zwischen einem Individuum und einem Wert (Eigenschaft des Individuums)
- eine Beziehung zwischen einer Objektklasse und einem Wert (Eigenschaft der Klasse)
- eine Beziehung zwischen einer Objektklasse und einem sog. Erwartungswert (engl. default value) für alle Individuen dieser Klasse , z.B. *alle Nadelbäume sind grün*

Die Kanten der Wortknoten markieren den Bedeutungshorizont eines Begriffes als endliche Mengen von Merkmalen. Der Graph definiert die Gerichtetheit von semantischen Informationen und strukturellen Beziehungen zwischen zwei Begriffen.

Insgesamt können die Beziehungen in semantischen Netzwerken in folgende wichtige Relationsarten unterteilt werden:

- Hierarchische Relationen (Über- bzw. Unterordnung)
    - Generische Relationen (Abstraktionsbeziehung)
        - Instanzrelation
          (Klasse/Instanz, z.B. *der Weihnachtsbaum der Familie Schmidt* ist eine Instanz der Klasse *Baum*)
        - Vererbungsrelation
          (Ober-/Unterbegriffe bzw. Hyponomie/Hyperonomie, z.B. *Hund* ist Oberbegriff von *Pudel*)
    - Partitive Relation (Teil/Ganzes bzw. Meronymie/Holonymie, z.B. *der Ast ist Teil eines Baums*)
- Eigenschaftsrelation
  (Attributbeziehung, z.B. *der Weihnachtsbaum der Familie Schmidt ist grün*)
- Ordnungsrelation
  (Folgebeziehung, z.B. der Ablauf der Wochentage, *Dienstag* folgt nach *Montag*)
- Koordinative Beziehungen (Zusammenhangsbeziehung)
    - Synonymie
      (Äquivalenz, z. B. *Anfang* und *Beginn*)
    - Antonymie
      (Gegensatz, z.B. *tot* vs. *lebendig*)
    - Assoziationsbeziehungen
      (Verwandtschaftbeziehungen zwischen Begriffen, z.B. *Liebe* und *Rot*)

In semantischen Netzen können Relationen nicht nur dazu verwendet werden Deskriptoren in einer Anfrage zu ersetzen oder weitere Deskriptoren zu einer Anfrage hinzuzufügen, sondern aufgrund der Relationen können auch logische Schlüsse gezogen werden. So lassen sich z.B. durch Vererbungsmechanismen Eigenschaften eines Konzepts auf dessen Unterkonzepte übertragen.

Ein Nachteil semantischer Netze ist, dass sie nicht genügend auf die kontextuelle Wortbedeutung eingehen, sondern nur generelle Verwandtschaftsverhältnisse von Wörtern ausdrücken. In ihren theoretischen Konzeptionen unterscheiden sie in der Regel nicht zwischen allgemeinem (generischem) und kontextuellem (instantiiertem) Wissen.

Ähnlich wie Frames (siehe Abschnitt Frames) können semantische Netze die konnotative Ebene eines Wortes durch die Menge der umgebenden Begriffe wiedergeben. Im Unterschied zu Frames sind sie allerdings nicht dynamisch und in ihrer Belegung der Knoten mit spezifischen Merkmalen unflexibel.

Frames

Frames wurden ursprünglich von Marvin Minsky als Repräsentationsmittel in der Bildverarbeitung eingeführt [Minsky 1975]. Der Ursprung von Frames geht ebenso wie bei den semantischen Netzen zurück auf Modelle der Kognitionspsychologie. Frame-artige Strukturen und die damit verbundenen Mechanismen sind dabei stark an menschliche Denkmuster angelegt.

Im Unterschied zu den assoziativen Modellen, die den semantischen Netzen zugrunde liegen, sind die Modelle für Frames schemaartig angelegt. Diesen Schemaansätzen wird eine wesentlich reichere interne Struktur zugrunde gelegt als dies in den Konzepttheorien für semantische Netze der Fall ist. Ein Schema berücksichtigt nicht nur die Assoziationen zwischen Begriffen sondern bindet auch stereotypische Erinnerungsmuster ein.

Reimer gibt ein anschauliches Beispiel:

> *"Als Beispiel sei ein mögliches Gedächtnisschema für das Konzept 'Hochgebirge' betrachtet. [...] Die Schema-Aktivierung bewirkt die mentale Präsenz eines (stereo-) typischen Hochgebirges mit Felsen, Geröll- und Schneefeldern, Wiesen und Nadelbäumen. Als typische Tiere fallen einem vielleicht Gemsen, Steinböcke, Murmeltiere und Alpendohlen ein. Charakteristisch für ein solches schematisches Erinnerungsmuster ist seine Unvollständigkeit und die damit einhergehende ungleiche Gewichtung einzelner Beschreibungselemente, die den besonders typischen Merkmalen eine deutlich höhere Dominanz zuweist. [...] So würde die Beobachtung eines schwarzen, etwa krähengroßen Vogels bei aktiviertem Hochgebirgsschema eher zu dem Schluß führen, daß es sich um eine Alpendohle handelt, als um einen Kormoran. Die gleiche Beobachtung an einer Meeresküste würde dagegen aufgrund eines anderen aktiven Schemas eher den zweiten Schluß nahe legen." [Reimer 1991:159]*

Ein Frame ist also ein Schema zur Wissensrepräsentation, welches ein Konzept (ein Objekt, einen Sachverhalt oder ein Ereignis) innerhalb solcher Schemata durch Merkmals-Wert-Paare beschreibt. Ein Frame besteht dabei aus mehreren Slots, die jeweils für ein Merkmal des beschriebenen Konzepts stehen. Die spezifischen Merkmalseinträge der Slots werden Filler genannt. Steht der Slot für eine Eigenschaftsklasse, so ist der Filler ein Eigenschaftswert. Ein Filler kann aber auch ein anderer Frame sein.

a) AUTO: ist ein FAHRZEUG

TEILE	- Motor, Chassis, Räder, Karosserie
FORTBEWEGUNGSART	- Rollen
BEWEGUNGSMEDIUM	- Land
ZWECK	- Transport von Gütern oder Personen
MOTORTYP	- Dieselmotor oder Viertakt-Otto-Motor
HERSTELLUNGSORT	- ⟨ eine Stadt ⟩
BAUJAHR	- ⟨ eine Jahreszahl ⟩
LEISTUNG	- ⟨ Maßangabe in Einheiten von Kilowatt ⟩

b)
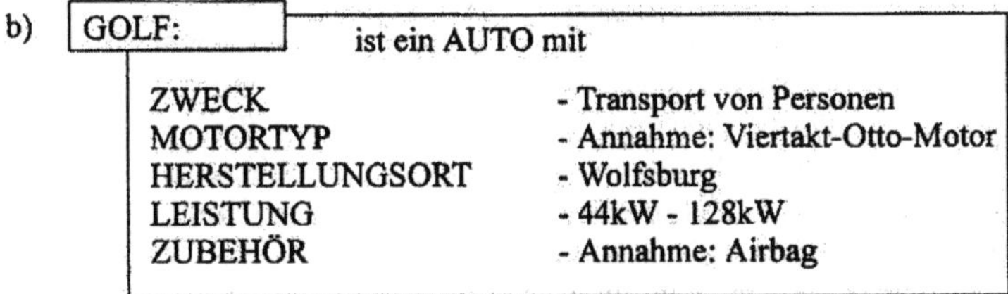

c)
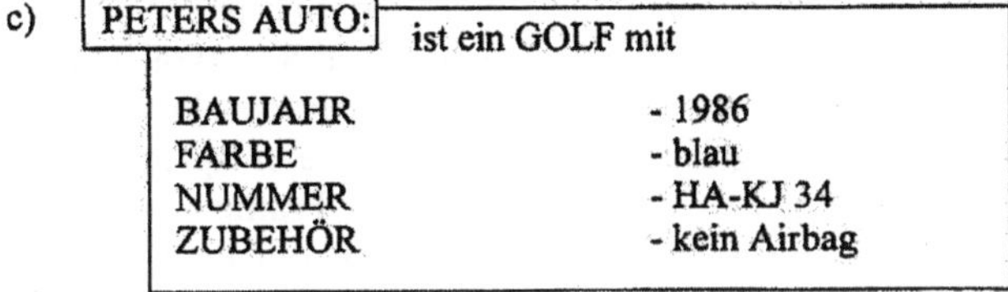

PETERS AUTO:
ist ein GOLF mit
BAUJAHR - 1986
FARBE - blau
NUMMER - HA-KJ 34
ZUBEHÖR - kein Airbag

Abbildung 2-4: Beschreibung von Objekten als Frames [Helbig 1996:80]
a) Beschreibung eines begrifflichen Frames (Oberbegriff)
b) Instanz dieses Frames (zugehöriger Unterbegriff)
c) Individuum als am weitesten spezialisierte Instanz in der Hierarchie von Frames

Alle Eigenschaften, die einem Konzept in Form von Slots zugeordnet sind, werden auf alle Subkonzepte vererbt. Somit erübrigt sich die Speicherung von gleicher Information bei Ober- und Unterbegriff bzw. bei Instanzen eines Konzepts. Bei Unterbegriffen können gegenüber dem Oberbegriff weitere Merkmale (Slots) hinzukommen. Diese sind auf der Oberbegriffsebene zwar implizit auch vorhanden oder potenziell angelegt, aber für den Oberbegriff entweder zu unspezifisch oder irrelevant (vgl. Abbildung 2-4).

Bis hierher kann man einen Frame als eine Teilansicht eines semantischen Netzes auffassen, da Instantiierung und Vererbung auch zu den Mechanismen eines solchen Netzes gehören. Ein Frame fasst nur alle mit einem Konzept verbundenen Objekt-Attribut-Wert Verknüpfungen zu einer Gesamtheit zusammen. Frames gehen jedoch über die Darstellungsmöglichkeiten eines semantischen Netzes hinaus.

Frames basieren auf der Grundannahme, dass neu aufzunehmende Gedächtnisinhalte mit einer gespeicherten Menge prototypischer Wissenselemente verglichen werden. Ein wichtiger Teil der Frame-Konzeption sind deshalb die sog. Default-Werte. Dabei werden für ein Konzepte bestimmte prototypische Eigenschaftswerte angenommen, die im Einzelfall abweichen können. Beispielsweise wird in einem Frame *Vogel* die Eigenschaft *kann fliegen* als Default-Wert angenommen, trotzdem es Vögel gibt, die diese Eigenschaft nicht aufweisen (z.B. ein Pinguin, ein Strauß, aber auch ein Vogel mit einem gebrochenen Flügel). In diesem Fall wird die Standard Vererbung der Eigenschaft *kann fliegen* durch explizit vorliegende Information blockiert. Eine Default-Annahme ist somit eine Standardannahme, die so lange aufrecht erhalten wird, bis sie durch gegenteilige oder speziellere Information aufgehoben wird.

Diese Default-Werte ermöglichen eine kontextabhängige Interpretation von Konzepten, wie sie in einem semantischen Netz nicht möglich ist. Mit Hilfe eines Strukturabgleichs zwischen der zu interpretierenden (i.d.R. unvollständigen) Konzeptbeschreibung und der Frame-Struktur, die das gerade aktive Schema bereitstellt, wird die Kontextabhängigkeit umgesetzt und die entsprechende Beschreibung erschlossen. Im obigen Beispiel wird also der Frame *Vogel* (Gefiederfarbe: schwarz; Größe: 47 cm +/- 10cm) im Abgleich mit dem aktivierten Schema *Hochgebirge* als *Alpendohle* identifiziert. Im Abgleich mit z.B. einem aktiven Schema *Meer* wird der Frame hingegen als *Kormoran* interpretiert.

Reimer gibt eine abschließende Definition:

> *Frame*
> *Ein Frame ist ein 3-Tupel (N,SN,ST), wo N der Name des Frames ist. SN die Menge derjenigen Slots, die als Einträge Frames aufweisen und ST die Menge solcher Slots, deren Einträge Zeichenketten sind. [...] Es gilt also SN={sn1, sn2,..., snn}, wobei ein sni ein 3-Tupel (N,SB,SE) ist, wo N der Slot-Name, SB die Slot-Beschreibung und SE die Menge der Slot-Einträge, also eine Menge von Frames ist. Eine Slot-Beschreibung gibt u.a. die Menge der zulässigen Slot-Eintrage an, legt fest, wieviele Einträge der Slot maximal haben kann oder spezifiziert, welche Einträge Default-Status haben [...]. Analog gilt ST={st1, st2, ..., stm}, wobei ein sti ebenfalls ein 3-Tupel (N,SB,SE') ist. Auch hier ist N der Slot-Name, SB die Slot-Beschreibung und SE' die Menge der Slot-Einträge – diesmal jedoch eine Menge von Zeichenketten. [Reimer 1991:162]*

Das Konzept der Frames liegt in der einen oder anderen Weise allen gegenwärtigen Wissensrepräsentationssystemen zugrunde. Zur Vertiefung der Thematik sei an dieser Stelle auf detaillierte Arbeiten von u.a. [Görz 1995], [Helbig 1996], [Minsky 1975] und [Reimer 1991] verwiesen.

Ontologien

Ontologien spielen vor allem im Bereich des Wissensmanagements eine Rolle und dienen neben der Wissensrepräsentation hauptsächlich der Wissensverarbeitung.

Eine erste Definition des Begriffs ist dem Brockhaus Multimedial entnommen:

> *Ontologie*
> *[griechisch] die, im 17. Jahrhundert entstandene Bezeichnung für die Lehre vom Seienden (Sein), die die formalen (oberste Strukturen und Gesetzlichkeiten) und materialen (inhaltliche Gliederung des Seienden) Prinzipien des Gegebenen begrifflich zu bestimmen sucht. Der Sache nach geht die Ontologie auf die Seinslehre des Parmenides zurück, klassische Ausgestaltungen finden sich bei Platon und Aristoteles sowie in der Scholastik. Die Entwicklung der Ontologie fand einen vorläufigen Abschluss in Leibniz' Monadenlehre. Im Sinne einer realistischen Seinslehre wurde die Ontologie von I. Kant als unhaltbare Metaphysik abgelehnt und durch die Transzendentalphilosophie ersetzt. Im 20. Jahrhundert kam es zu einer Erneuerung der Ontologie, besonders bei N. Hartmann, G. Jacoby und M. Heidegger.[Brockhaus Multimedial 2004]*

Ontologie ist also zunächst eine Wissenschaft. Sie handelt von dem Aufbau der Welt als Gegenstand allgemeiner Klassifizierungen. Danach ordnen sich die Elemente des Seins nach Einzelerscheinungen in Gruppen, Arten und Gattungen, die sich aufgrund bestimmter Merkmale (z.B. belebt/unbelebt, körperlich/unkörperlich) unterscheiden. Das mit Hilfe der Ontologie gewonnene System wird wiederum als Ontologie bezeichnet (vgl. die verschiedenen Bedeutungen von "Klassifikation"). Die Definition von Sowa spezifiziert diesen Unterschied und beschreibt allgemein die Einbindung von Ontologien in der Wissensrepräsentation:

> *"The subject of ontology is the study of the categories of things that exist or may exist in some domain. The product of such a study, called an ontology, is a catalog of the types of things that are assumed to exist in a domain of interest D from the perspective of a person who uses a language L for the purpose of talking about D. The types in the ontology represent the predicates, word senses, or concept and relation types of the language L when used to discuss topics in the domain D. An uninterpreted logic, such as predicate calculus, conceptual graphs, or KIF, is ontologically neutral. It imposes no constraints on the subject matter or the way the subject may be characterized. By itself, logic says nothing about anything, but the combination of logic with an ontology provides a language that can express relationships about the entities in the domain of interest." [Sowa 2000]*

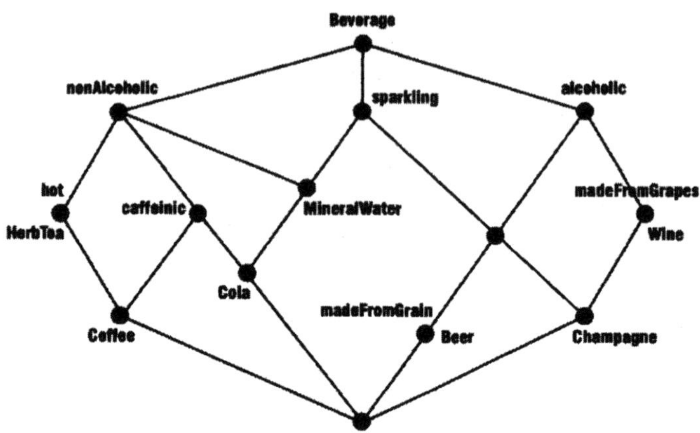

Abbildung 2-5: Beispiel für ein "Gitter" einer Ontologie nach [Sowa 2000]

Im Bereich der Informatik bezeichnet eine Ontologie die explizite formale Spezifikation eines konzeptuellen Modells. Gruber gibt eine Definition:

> *„An ontology is an explicit specification of a conceptualization. The term is borrowed from philosophy, where an ontology is a systematic account of existence. For AI systems, what "exists" is that which can be represented. When the knowledge of a domain is represented in a declarative formalism, the set of objects that can be represented is called the universe of discourse. This set of objects, and the describable relationships among them, are reflected in the representational vocabular with which a knowledge-based program represents knowledge" [Gruber 1993:2].*

Zusammenfassend kann man schließen, dass Ontologien eine Beschreibung von Objekten und deren Beziehung untereinander darstellen. Diese Beschreibungen sollen es insbesondere Maschinen ermöglichen, mit den Objekten arbeiten zu können und neue Informationen aus ihnen zu erhalten. Prinzipiell sind Ontologien also semantische Netze, die speziell für den Einsatz in Information Retrieval Systemen konzipiert wurden. Die Abgrenzung von Ontologien zu anderen Begriffssystemen ist deshalb nicht eindeutig. So ist auch z.B. ein Thesaurus mit einem beschränkten Satz von Relationen eine einfache Form einer Ontologie.

Die Meinungen darüber, ob "Ontologie" in diesem Zusammenhang eine sinnvolle Bezeichnung für ein solches System ist, gehen auseinander. In der deutschen Bedeutung "Lehre vom Seienden" (vgl. BMM Definition) ist der Begriff sicherlich für die damit beschriebenen Mechanismen nicht ganz zutreffend.

Kernmerkmal von Ontologien im Information Retrieval ist die strikte Trennung von Konzept (bzw. Objekt) und Individuum (siehe semantische Netze). Zugleich wird zwischen Begriffen und Benennungen (Bezeichnungen) unterschieden. Dadurch wird erreicht, dass einerseits orthographische Varianten und Synonyme auf jeweils einen Begriff bzw. ein Konzept zurückgeführt werden können. Andererseits können auch Mehrdeutigkeiten durch dieses Verfahren aufgelöst werden.

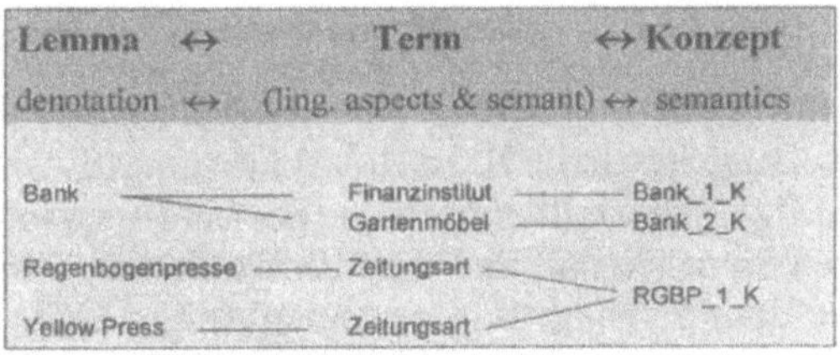

Abbildung 2-6: Trennung von Begriff und Konzept in einer Ontologie [BDNM 2004]

Ein weiteres wichtiges Merkmal von Ontologien ist zudem, dass die Relationen innerhalb der Ontologie selbst wieder Begriffe des Begriffssystems sind und dass Ontologien logische Aussagen und Regeln enthalten können, die in einer formalen Sprache festgelegt sind. Für die Formulierung von Ontologien existieren verschiedene logikbasierte Sprachen. Die wichtigsten sind hier abschließend aufgeführt:

XML (SGML)
Die "Extensible Markup Language" ist eine vereinfachte Form von SGML (Standard Generalized Markup Language) und mittlerweile Standard bei der Erstellung strukturierter Dokumente, sowohl im Bereich des WWW als auch in firmeneigenen Intranets. XML ist "erweiterbar" (extensible), da der Benutzer selbst definierte Tags einführen kann. XML wurde von einer Arbeitsgruppe entwickelt, die unter Schirmherrschaft des World Wide Web Consortium (W3C) steht. Viele Web-Anwendungen beruhen auf XML und HTML. XML ähnelt der Vorgängersprache HTML darin, dass beide Sprachen Tags enthalten, die den Inhalt eines Dokuments beschreiben. HTML beschreibt jedoch lediglich, wie der Inhalt einer Webseite dargestellt werden soll. XML dagegen beschreibt die Bedeutung des Inhalts. So kann beispielsweise das Tag <TELNUM> eine Telefonnummer kennzeichnen etc. Abhängig von der Anwendung, die auf dem Zielrechner läuft, kann der Nutzer entscheiden, ob die Telefonnummer nur gezeigt, gespeichert oder angewählt werden soll.

RDF

RDF ist ein grundlegendes Konzept für die Spezifikation von Metadaten, das im Zusammenhang mit Web-Anwendungen auf XML-Syntax zurückgreift. Die wesentliche Anwendung von RDF im WWW ist es, XML-Dokumente mittels der im Header der Webseiten zu findenden Metadaten systematisch bearbeiten zu können. Diese Metadaten geben im Gegensatz zu klassischen HTML-Tags keine Formatierungsanweisungen, sondern Auskunft über inhaltliche Aspekte des Dokuments, wie Autor, Sprache, Themenbereich o.ä.

DAML + OIL

DAML steht für DARPA (Defense Advanced Research Projects Agency) Agent Markup Language und OIL ist die Abkürzung für Ontology Inference Language. DAML + OIL stellt eine Fusion der beiden unabhängig voneinander entwickelten Sprachen dar, und wird heutzutage als Standard verwendet, wenn es um die Beschreibung von Ontologien geht. DAML + OIL bietet wesentliche Erweiterungen gegenüber XML und RDF, um Objekte und deren Beziehung untereinander zu definieren, baut jedoch auf dem Prinzip von XML und RDF auf. Die so genannte DAML + OIL Vision besteht letztendlich darin, aus dem World Wide Web ein Semantic Web zu machen, in dem nicht länger mehrdeutige Daten dargestellt werden, sondern durch Beschreibung der Semantik eindeutige Informationen gewonnen werden, die nicht von jedem Nutzer individuell herausgearbeitet werden müssen.

OWL

Die "Web Ontology Language" (OWL) ist eine Spezifikation des W3C, um Ontologien anhand einer formalen Beschreibungssprache erstellen, publizieren und verteilen zu können. Es geht darum, Konzepte einer Domäne und deren Beziehungen formal so zu beschreiben, dass auch Softwareagenten die Bedeutung verarbeiten können. OWL basiert auf der RDF-Syntax und der DAML + OIL-Markup-Language, geht aber über deren Ausdrucksmächtigkeit weit hinaus. Zusätzlich zu RDF werden weitere Sprachkonstrukte eingeführt, die es erlauben, Ausdrücke ähnlich der Prädikatenlogik zu formulieren. OWL ist ein wesentlicher Bestandteil der Semantic Web-Initiative von Tim Berners-Lee [Berners-Lee 2001].

Ein Beispiel für eine sehr umfassende, seit 1984 gepflegte Ontologie ist die englischsprachige Wissensdatenbank CYC.[12] CYC ist stark an dem Prinzip der Frames orientiert. Ziel des Projektes war es, das gesamte Alltagswissen des Menschen in einer maschinell verarbeitbaren Form zu speichern. Die CYC-Ontologie enthält ca. 100.000 Begriffe und über 1.000.000 Relationen. CYC ist

[12] Zusätzliche Informationen stehen unter http://www.cyc.com bzw. http://www.opencyc.org im Internet zur Verfügung

in einer eigenen Sprache (CycML) beschrieben und wird hauptsächlich in natürlichsprachlichen englischen Systemen angewendet.

2.2 Klassifikationen des BMM

Die Artikel des Brockhaus Multimedial sind bisher in redaktioneller Arbeit mit Grob- bzw. Feinklassen manuell annotiert worden. Die Klassifikationen, die hierzu von den Redakteuren benutzt wurden, sind Brockhaus intern entwickelt worden. Es besteht keine Ähnlichkeit mit vergleichbaren Klassifikationen in anderen Gebieten.[13]

4426 Umweltschutzrecht
4427 Wehrrecht
4428 Bildungsrecht
4430 Völkerrecht
4440 Europarecht
4450 Verwaltungsverfahrensrecht
4460 Sonstiges öffentliches Recht, öffentlich-rechtliche Institutionen
4470 Internationales Recht

45 Wirtschaftsrecht
4500 Wirtschaftsrecht (allgemeine Begriffe)
4503 Juristen (für Wirtschaftsrecht)
4510 Gesellschaftsrecht
4520 Handelsrecht
4521 Binnenschifffahrtsrecht, Seehandelsrecht
4522 Wertpapierrecht
4530 Insolvenzrecht
4540 Wettbewerbsrecht
4550 Patentrecht, Markenrecht
4560 Urheberrecht
4570 Sonstiges Wirtschaftsrecht

46 Wirtschaftswissenschaften
4600 Wirtschaftswissenschaften (allgemeine Begriffe)
4601 Forschungseinrichtungen, Forschungsinstitutionen (für Wirtschaftswissenschaften)
4610 Volkswirtschaftstheorie
4618 Wirtschaftssysteme und Wirtschaftsgeschichte
4619 Volkswirtschaftler (Biografien)
4620 allgemeine Wirtschaftspolitik
4625 Wettbewerbspolitik und Verbraucherpolitik
4626 Regionalpolitik, Regionalwissenschaft
4627 Umweltökonomie
4630 Außenwirtschaft (Theorie und Politik)
4631 internationale Wirtschaftsorganisationen
4632 Europäische Gemeinschaften, Europäische Union
4640 Agrarwissenschaft, Agrarpolitik
4650 Geldtheorie, Geldpolitik, Währungstheorie, Währungspolitik
4651 internationale Währungsorganisationen und Währungsinstitutionen
4660 Finanzwirtschaft, Finanzwissenschaft
4661 allgemeine Steuerlehre, Steuern, Abgaben, Zölle
4669 Finanzwirtschaftler (Biografien)
4670 Betriebswirtschaftslehre (allgemeine Begriffe)
4671 Unternehmensführung, Organisation, Planung, Kontrolle
4672 Arbeitswissenschaft, Personalwirtschaft
4673 Beschaffung, Materialwirtschaft
4674 Produktion, Fertigungswirtschaft
4675 Marketing, Absatzwirtschaft
4676 Handel, Geschäftsleben, Messen
4679 Betriebswirtschaftler (Biografien)
4680 Investition, Finanzierung
4681 Bilanzen, Wirtschaftsprüfung, betriebswirtschaftliche Steuerlehre
4682 Buchführung, Kostenrechnung
4690 Wirtschaftsstatistik, Ökonometrie, volkswirtschaftliche Gesamtrechnung
4699 Statistiker (Biografien)

47 Wirtschaftspraxis
4700 Wirtschaftsleben (allgemeine Begriffe)
4701 Stiftungen (in der Wirtschaft)
4709 Banker, Manager (Biografien)
4710 Industrieunternehmen, Dienstleistungsunternehmen
4711 Banken, Finanzdienstleistungsunternehmen
4712 Versicherungsunternehmen
4714 Industriebranchen, Industrieerzeugnisse
4716 Medienunternehmen, Kommunikationunternehmen
4720 nationale Wirtschaftsorganisationen
4721 Industrieverbände, Wirtschaftsverbände, Handwerksverbände
4722 Arbeitgeberverbände
4725 Genossenschaften
4730 Bankwesen, Börsenwesen (Geldmärkte, Kapitalmärkte)
4738 Zinsrechnung, Finanzmathematik
4740 Versicherungswesen
4750 Währungen der Welt
4760 Postunternehmen, Telekommunikationunternehmen
4761 Post, Telekommunikation, Postdienste, Telekommunikationsdienste (Begriffe)
4765 Philatelie (Briefmarken)

Abbildung 2-7: Auszug aus den BMM-Grob- bzw. Feinklassen

Das Klassifikationsschema der Brockhaus Lexikonredaktion, das aufgrund langjähriger Erfahrung im Umgang mit Wissen in allen Themengebieten erarbeitet wurde, teilt sich auf in zwei Ebenen: Grob- und Feinklassen (siehe Abbildung 2-7). Die Grobklassen orientieren sich in etwa an den klassischen Wissenschaften wie Physik, Philosophie, Musik oder Soziologie. Einige Wissensgebiete sind aber auch schon auf der Ebene der Grobklassen unterteilt, etwa die Technik unter anderem in Elektrotechnik, Bautechnik oder Maschinenbau und die Ge-

[13] z.B. der Schlagwortnormdatei der Deutschen Bibliotheken (SWD)

schichte in unterschiedliche Epochen wie Vorgeschichte oder Mittelalter. Für geographische Objekte (Städte, Berge, Flüsse etc.) ist für jeden Kontinent eine eigene Grobklasse eingerichtet.

Die Feinklassifikation unterhalb der Grobklassen unterscheidet im kulturellen Bereich neben sachsystematischen Gesichtspunkten (z.B. Glasmalerei) häufig vor allem nationale Aspekte (z.B. französische Malerei). In den anderen Fachgebieten sind die Feinklassen meist nach den Teilgebieten der jeweiligen Wissenschaften unterteilt, in der Geschichte auch nach Zeiträumen. Die Feinklassen für Tiere und Pflanzen orientieren sich an den großen systematischen Einheiten, in der Geographie hat jeder Staat seine eigene Feinklasse, für Deutschland, Österreich und die Schweiz sogar jedes Bundesland bzw. jeder Kanton. Eigene Feinklassen gibt es zudem in vielen Grobklassen für Personen, Organisationen und Preise.

Sowohl Grob- als auch Feinklassen bestehen aus einer Zahl und einer Klassenbezeichnung. Die Grobklassen haben eine zweiziffrige Zahl (z.B.: 00, 08, 99) und eine dazugehörige Bereichsbezeichnung (z.B. Physik). Die Feinklassen hingegen bestehen aus einer vierziffrigen Zahl (z.B.: 8377, 3201, 1220) und einer dazugehörigen Bereichsbezeichung (z.B. französische Literatur). Jeweils beide Werte zusammen sind in einer Definitionsdatei abgespeichert, die die Zahl-Bezeichnungskombinationen als Liste aufführt (z.B. Grobklasse *95=allgemeines Wortgut* bzw. Feinklasse *7375=zweiblättrige Pflanzen*). Diese Tatsache ermöglicht den Einsatz der Klassifikationen rein numerisch, d.h. im Brockhaus Multimedial sind die einzelnen Artikel nur mit Zahlen annotiert. Die Definitionsdatei dient als Schlüssel zur Bestimmung der Klassenbezeichnungen.

Die Gesamtzahl der Grobklassen ist wesentlich geringer als die der Feinklassen. Zur Zeit sind im Brockhaus Multimedial 82 Grobklassen vergeben. Die Bereiche der Feinklassen sind wesentlich enger gefasst. Die Anzahl der im Brockhaus Multimedial verwendeten Feinklassen ist dementsprechend höher. Zur Zeit sind ca. 2350 Feinklassen vergeben. Ein Auszug aus der Liste aller Grob- und Feinklassen ist in Anhang A zu finden. Die manuelle Klassifizierung des Brockhaus Multimedial ist zum gegenwärtigen Zeitpunkt nicht vollständig. Alle Artikel des Brockhaus Multimedial sind manuell grob klassifiziert worden. Nur ca. 40 Prozent der Artikel sind auch händisch fein klassifiziert. Während der in Kap. 4.3 vorgestellten automatischen Klassifizierung der Artikel des BMM durch die Software BROCKINDEX wurden sowohl Fehler in der manuellen Klassifikation der Artikel als auch Inkonsistenzen in der Grob- bzw. Feinklassifikation selbst festgestellt.

2.3 Thesauri und Ontologien: existierende kommerzielle Software

Durch den immer größer werdenden Bedarf, Wissen in einer Form zu codieren, die für Maschinen les- und verarbeitbar ist, wächst der Markt für kommerzielle Software auf diesem Gebiet stetig. Insbesondere im englischsprachigen Bereich gibt es inzwischen ein Vielzahl von kommerziellen Systemen für die Erstellung und Pflege von Thesauri bzw. semantischen Netzen und Ontologien.

Ohne den Anspruch auf Vollständigkeit sollen an dieser Stelle kurz drei kommerzielle deutschsprachige Systeme vorgestellt werden, die es komfortabel erlauben Thesauri bzw. Ontologien zu verwalten. Es handelt sich um das System MIDOS*Thesaurus* der Fa. PROGRIS – Projektgruppe Informationssysteme, das System IC-Index der Fa. AGI – Information Management Consultants und um das System K-Infinity der Fa. Intelligent Views.

2.3.1 MIDOSThesaurus der Fa. PROGRIS - Projektgruppe Informationssysteme

Der MIDOS*Thesaurus* basiert auf einem neuen Konzept zur Verwaltung und Aufbereitung von Thesauri: eine Volltextdatenbank, in der alle Beziehungen eines Terms in einem variablen Datenformat gespeichert sind. Deshalb können alle Terme bis 250 Zeichen und die Textfelder bis zu 500.000 Zeichen beinhalten.

Der MIDOS*Thesaurus* ist keine relationale Datenbank. Er wird vollständig in den Hauptspeicher eingelesen und nur dort als relationales Datenmodell abgebildet. Da kein weiterer Dateizugriff während des gesamten Programmlaufes erforderlich ist, sind alle Thesaurusfunktionen sehr schnell.

Das MIDOS*Thesaurus*-Programm beinhaltet alle notwendigen Datenbankfunktionen. Externe Datenbanktreiber sind nicht erforderlich. Der MIDOS*Thesaurus* erlaubt eine unbegrenzte, polyhierarchische Termdarstellung. Fünf große Textfelder können (wahlweise mit HTML-Notation und Graphikeinbettung) ausführliche Termbeschreibungen enthalten.

Maximal neun Fremdsprachen können in einer Thesaurusdatei verwaltet werden. Diese Felder können umdefiniert werden und einen Rückverweis erhalten. Die Anzahl der Thesaurusdateien ist beliebig. Die Hauptsprache der Thesauri kann automatisch bei Vorliegen der Fremdsprachenfelder durch Übersetzung in eine neue Thesaurusdatei geändert werden. Auf HTML-Basis ist ein echter mehrsprachiger Thesaurus (ohne Hauptsprache) generierbar.

Die Thesauruserfassung kann sich ausschließlich auf die fachliche Beschreibung der Terme beziehen. Umkehrbeziehungen, Toptermverwaltung mit hierarchischer Darstellung sowie Syntaxkontrolle erfolgen automatisch.

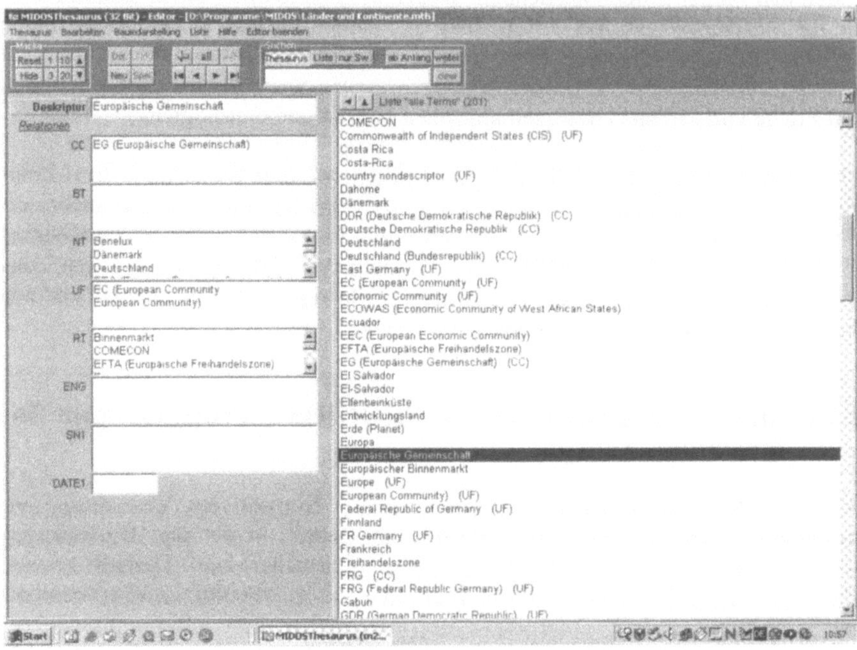

Abbildung 2-8: Arbeitsoberfläche des MIDOS*Thesaurus* - Thesaurus-Editor

Der MIDOS*Thesaurus* bietet neben dem Toptermeintrag als Kerneintragsfelder Ober-/Unterbegriff (BT/NT), Synonym (USE/UF), verwandter Begriff (RT) und früherer Begriff (PT). Maximal neun Felder sind für Übersetzungen und Eigendefinitionen vorgesehen. Die Anzahl der so genannten Scopenotes, das sind Felder für ausführliche Termbeschreibungen, ist auf fünf mit je maximal 500.000 Zeichen beschränkt. Jeder Thesauruseintrag kann maximal vier Datumseinträge in beliebigen Formaten enthalten, darin eingeschlossen auch ein automatischer Datumseintrag bei Änderungen.

Der mit dem MIDOS*Thesaurus* mitgelieferte Thesaurusviewer erlaubt eine hierarchische Darstellung aller Terme mit umfassender Verlinkung. Zusätzlich enthält der Viewer ein Downloadfenster. Ein frei einstellbares Fremdprogramm für den Term-Download ermöglicht den Download vollständiger Hierarchien oder einzelner Terme. Anschließend können diese Downloads bearbeitet werden. Dabei erleichtern eine Schnellsuche mit Relationsfilter sowie eine umfassende Historyfunktion das Bearbeiten.

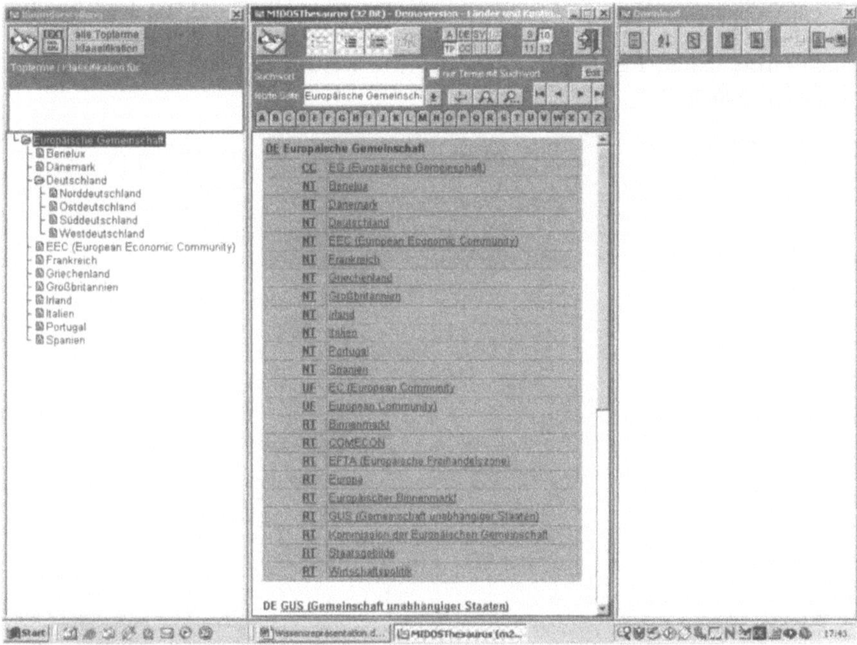

Abbildung 2-9: Arbeitsoberfläche des MIDOS*Thesaurus* - Thesaurusviewer

Neben der Umsetzung von Polyhierarchie mit beliebig vielen Ebenen erlaubt der MIDOS*Thesaurus* das Vererben von Klassifikationen bei Termen ohne Klassifikation vom nächsten Oberbegriff. Zusätzlich bewirkt eine Toptermautomatik, dass Topterme nicht besonders erfasst werden müssen.

Fremdthesauri können problemlos übernommen werden, wenn sie als Textliste vorliegen. Auch das "Splitten" von Thesauri durch Herausladen einzelner Terme mit allen ihren Unterbegriffen und Relationen ist möglich. Bei Vorliegen einer Übersetzungsliste können Thesauri problemlos automatisch übersetzt werden. Durch vorliegende externe Übersetzungslisten können auch Termrelationen ergänzt werden. Schließlich können auf diese Art ganze mehrsprachige Thesaurussysteme erstellt werden.

Der MIDOS*Thesaurus* bietet außerdem eine sehr komfortable Exportschnittstelle. Vordefinierte Exportformate sind Textformat, RTF- sowie HTML-Format.

Die einzelnen Exportformate haben umfangreiche Standardfunktionen und können zudem individuell erweitert werden.

Der Thesaurusexport im RTF-Format (z.B. für WORD) erfolgt mit 1 - 5 Spalten als alphabetische Liste, systematische Liste oder Toptermsystematik mit beliebigen einstellbaren Relationen. Unterbegriffe werden mit vollständiger Hierarchie ausgegeben.

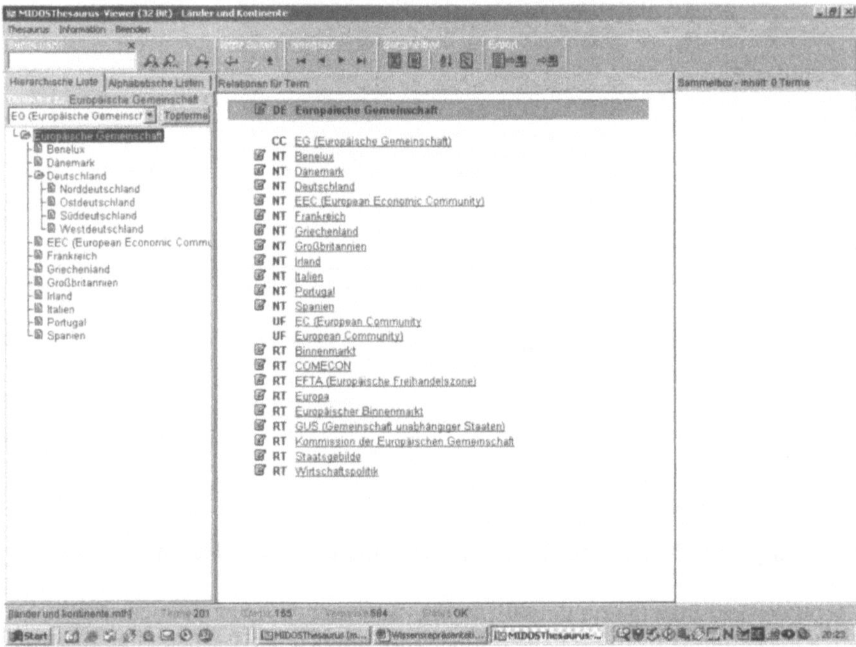

Abbildung 2-10: Arbeitsoberfläche des MIDOS*Thesaurus* - externer Thesaurusviewer

Der Thesaurusexport als HTML-Anwendung für z.B. eine WEB-Präsentation (auch auf CD-ROM ausführbar) erfolgt mit frameorientierten Fenstern und enthält u.a. im Kopffenster feststehende Buttons oder Links für den alphabetischen und hierarchischen Thesaurus, für die Klassifikation, die Begriffskorbverwaltung und die schnelle Suche über alle Terme. Eine Übersichtsanzeigen im rechten Fenster bzw. eine Termanzeige mit allen Relationen im linken Fenster ermöglichen die Einzel- bzw. Mehrtermanzeige. Alle Terme und Relation sind mit Hyperlinks verbunden.

Der MIDOS*Thesaurus* ist ein komfortables Programmpaket für die Erstellung, Verwaltung und Pflege von Thesauri jeder Art. Insbesondere die Übersichtlichkeit sowie die vielfältigen Exportmöglichkeiten machen das Werkzeug für Terminologen interessant.

2.3.2 IC-INDEX der Fa. AGI - Information Management Consultants

Seit 16 Jahren liefert die Fa. AGI – Information Management Consultants eine Software zur Entwicklung von Thesauri und Klassifikationen, ehemals bezeichnet als INDEX, seit zweieinhalb Jahren als IC INDEX neu entwickelt.

IC INDEX basiert auf Lotus Notes & Domino und ist vollständig in diese Umgebung integriert. Lotus Notes wird in sehr vielen Unternehmen als Standard Plattform eingesetzt. IC-INDEX kann dort sofort in den Workflow des Unternehmens integriert werden.

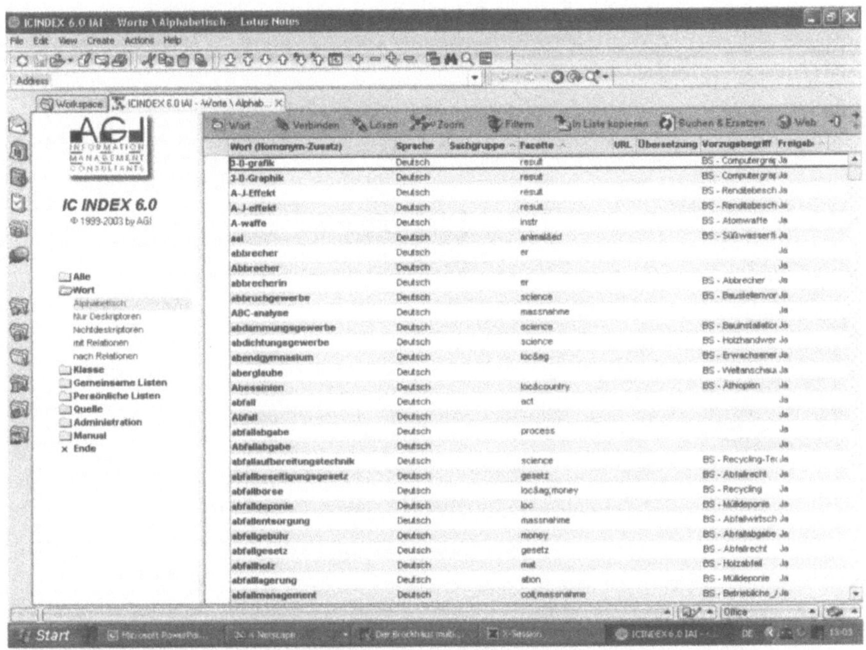

Abbildung 2-11: IC-Index Thesaurusverwaltung

Das Thesauruswerkzeug IC-INDEX erlaubt die Definition von beliebigen Relationen zwischen einzelnen Termen. Insgesamt 26 Relationen gehören zum Standardlieferumfang. Dies sind unter anderem Synonymie-, Quasisynonymie- und Ober- bzw. Unterbegriffsbeziehungen. Darüber hinaus gibt es aber auch Relationen wie zugehöriger bzw. verwandter Begriff.

Als Standardexportformate sind Ausgaben in HMTL, XML, und als Druckversion in MS Word möglich. Lt. Auskunft des Herstellers können Ausgaben als Topic Map oder in RDF auf Anfrage bereitgestellt werden.

In IC-INDEX wurde ein spezieller Workflow für die Übersetzung implementiert. Dabei werden unter der vollständigen Kontrolle des Übersetzenden die Terme automatisch bearbeitet und die Relationen zwischen den Termen in den jeweiligen Sprachen erzeugt.

Als Übersetzungshilfe kann auf ein Wörterbuch von Linguatec zurückgegriffen werden, welches im Standardlieferumfang enthalten ist. Zudem besteht auch die Möglichkeit, weitere beliebige Wörterbücher über URL's einzubinden.

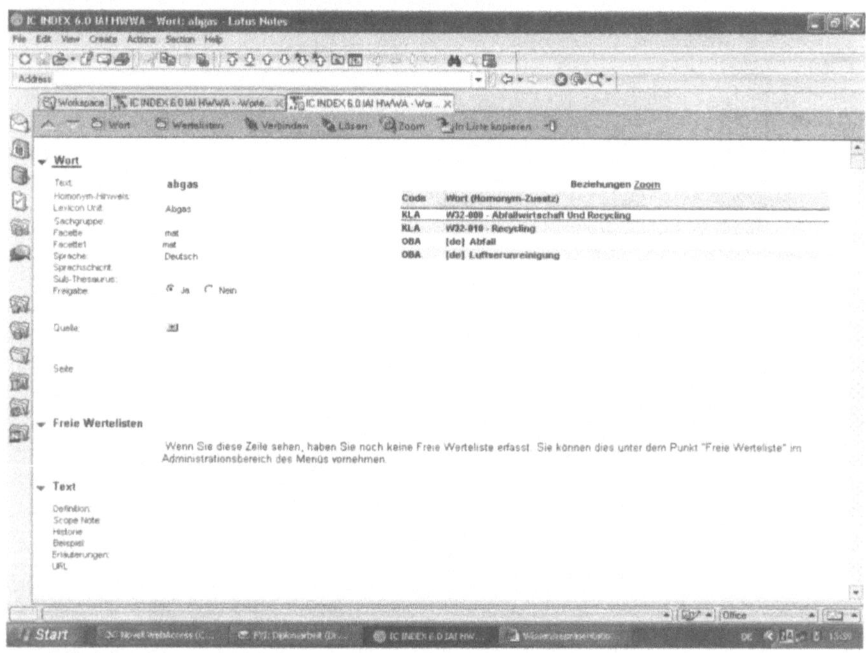

Abbildung 2-12: IC-Index Termbearbeitung

Zur Verbesserung der Übersetzungsleistung wurde zusätzlich zu der Wörterbuchoption ein eTranslation Server der Fa. Linguatec in das Programm aufgenommen, der automatisch Übersetzungsvorschläge für Deutsch/Englisch und Deutsch/Französisch generiert. Insbesondere bei Mehrwortbegriffen und Komposita sind diese Übersetzungsvorschläge dem Wörterbuch überlegen.

In der aktuellen Version von IC-INDEX wurde zudem ein graphischer Thesaurusviewer integriert, der es gestattet, Relationen zwischen Begriffen auch graphisch darzustellen.

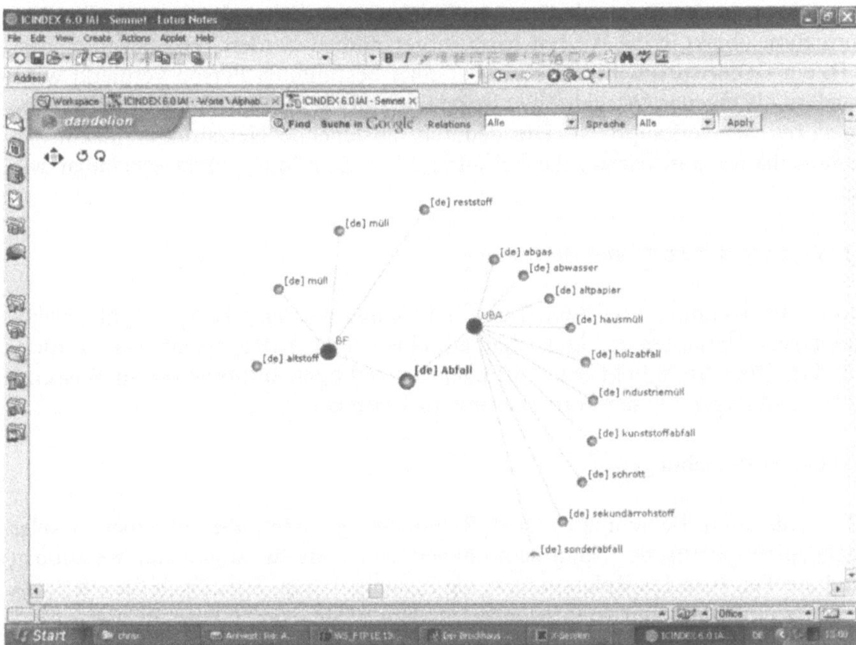

Abbildung 2-13: Graphischer Thesaurusviewer in IC-INDEX

IC-INDEX ist ein Programm, das hervorragend zu Unterstützung mehrsprachiger Indexierung verwendet werden kann. Insbesondere die Einbettung der verschiedenen Übersetzungshilfen (Wörterbücher bzw. eTranslation Server) qualifiziert IC-INDEX für den mehrsprachigen Einsatz.

2.3.3 K-Infinity der Fa. Intelligent - Views GmbH

Das Programmpaket K-Infinity der Firma Intelligent-Views GmbH stellt alle nötigen Funktionen für den Aufbau, die Pflege und die Nutzung eines kompletten Wissensnetzes bereit. Die Fa. Intelligent Views legt dabei folgende Verfahren zur Strukturierung des Wissens zugrunde:

Objektidentität

Mit Objektidentität ist das Prinzip der objektorientierten Wissensmodellierung bezeichnet, in der Eigenschaften von Objekten möglichst als eigenständiges Informationsobjekt in die Wissensbasis aufgenommen werden. Dies bedeutet, dass z.B. ein Geburtsort nicht attributiv bei einer bestimmten Person vermerkt wird, sondern als eigener Ortseintrag existiert und mit dieser Person über die Relation "*geboren in*" verknüpft ist. Die dadurch entstehende Netzstruktur macht Zusammenhänge transparent, die bei attributiver Zuordnung nicht erkennbar wären.

Trennung von Begriff und Benennung

Durch die Trennung von Begriff und Benennung werden z.B. Synonyme, orthographische Varianten etc. konsistent auf einen Begriff (Repräsentanten) zurückgeführt. Dies ermöglicht das Auffinden der richtigen Information im Wissensnetz unabhängig von der Formulierung im Textmaterial.

Typisierte Beziehungen

Mit typisierten Beziehungen sind Relationen gemeint, die allgemeiner oder sachgebietsspezifischer Natur sein können. Beispiele für allgemeine Relationen sind die Teil-/Ganzes-Relation bzw. die Instanzrelation. Spezifisch für ein Sachgebiet sind Relationen wie *"geboren-in"* bzw. *"Sitz-von"*. Diese Relationen ermöglichen es, selektiv dem Wissensnetz Informationen zu entnehmen. Gleichzeitig können über diese Netzstruktur auch Zusammenhänge erschlossen werden. Aus der Information, dass ein Lenkrad ein Teil eines Autos ist und ein Sportwagen ein Unterbegriff von Auto, kann geschlossen werden, dass auch ein Sportwagen ein Lenkrad hat [Intelligent Views 2001].

Die von Intelligent Views angebotene Produktpalette ist in zwei Bereiche aufgeteilt: Redaktionelle Werkzeuge für den Aufbau und die Pflege des Wissensnetzes und Komponenten für die Nutzung des akquirierten Wissens.

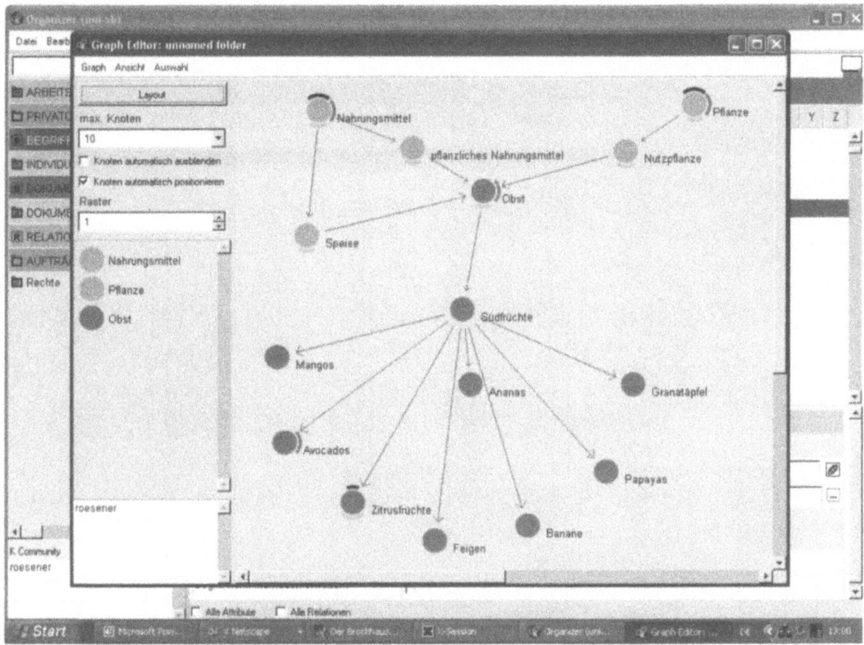

Abbildung 2-14: K-Infinity – Graph-Editor

Redaktionelle Werkzeuge

Mit der Komponente Schema-Editor ist es möglich, Definitionen von Objekt- und Beziehungstypen vorzunehmen. Hier können bestimmte Relationen bzw. Eigenschaften von Objekten, die für das jeweilige Anwendungsgebiet typisch sind, im voraus festgelegt werden. Kernkomponente des Redaktionssystems ist der Knowledge Builder. Mit Hilfe dieses Werkzeugs lassen sich alle Arbeiten am Wissensnetz durchführen: anlegen, löschen, umbenennen bzw. modifizieren von Objekten bzw. Relationen zwischen Objekten. Für die Bearbeitung gibt es zwei verschiedene Editoren, den Graph-Editor (siehe Abbildung 2-14) und den Konzept-Editor. Wie der Name schon andeutet, handelt es sich bei dem Graph-Editor um eine graphische Darstellung des betrachteten Teils des Wissensnetzes. Der Konzept-Editor hingegen bietet eine rein objektorientierte Datenansicht. Beide Editoren bieten dem Wissensredakteur alle oben erwähnten Möglichkeiten der Datenpflege.

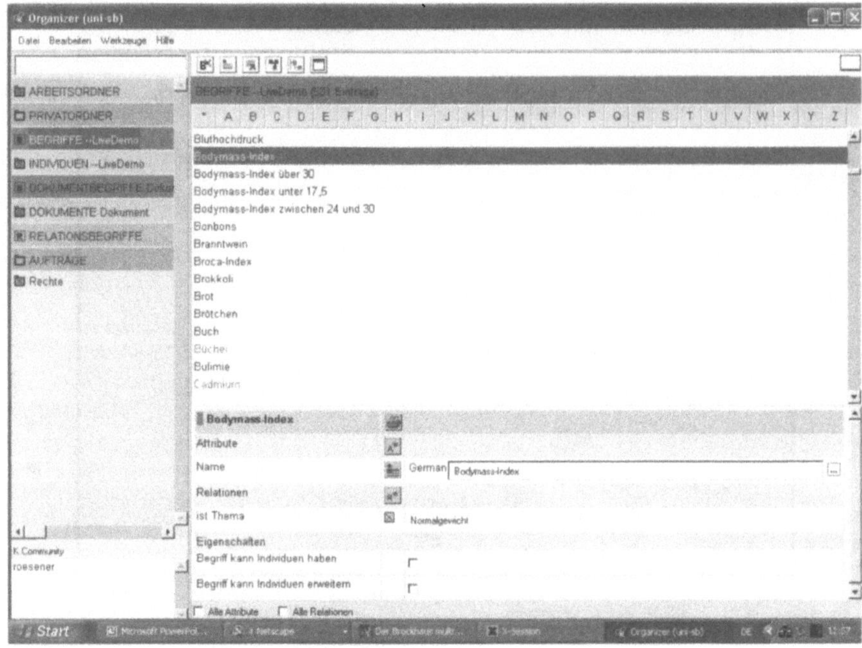

Abbildung 2-15: K-Infinity – Organizer

Neben den Werkzeugen zum Editieren des Netzes stellt K-Infinity noch den Organizer (siehe Abbildung 2-15) bereit, der für die Organisation der täglichen Arbeit gedacht ist. Mit Hilfe des Organizers lassen sich Objekte z.B. nach Eintragsdatum gruppieren oder nach bestimmten Eigenschaften ordnen und in Arbeitsordnern zusammenstellen.

Weitere ergänzende redaktionelle Werkzeuge in K-Infinity sind der Knowledge-Accelerator, der eine Pflege des Wissensnetzes dezentral von verschiedenen Standorten durch mehrere Autoren möglich macht. Der Knowledge-Accelerator arbeitet browserbasiert und macht die Pflege des Wissensnetzes somit unabhängig von firmeninternen Netzstrukturen. Das Markup-Tool dient dazu, neue Texte zu indexieren. Hierbei werden unter Verwendung eines Textanalysewerkzeugs zum einen die Wörter in einem Text gefunden, die schon im Wissensnetz vorhanden sind, zum anderen werden dem Redakteur Begriffe für die Aufnahme in das Wissensnetz vorgeschlagen. Grundlage dieser Vorschläge sind neben linguistischen Verfahren und Spezialwörterbüchern auch das bisherige Auszeichnungsverhalten des Redakteurs. Schließlich bietet Intelligent Views auch noch vorgefertigte Wissensnetze als so genannten Plug-in-Wissensnetzschablonen an. Diese sind u.a. für folgende Bereiche erhältlich: Literatur und Kultur des 20.

Jahrhunderts, Staaten und internationale Organisationen, Personen des öffentlichen Lebens und ihre Rollen und Funktionen in Politik und Wirtschaft.

Werkzeuge zur Wissensnutzung

Für die effektive Nutzung des Wissensnetzes stehen im Programmpaket K-Infinity neben intelligenten Suchen Werkzeuge zur interaktiven Exploration des Netzes zur Verfügung.

Der Semantic-Matcher vergleicht Dokumente auf Ähnlichkeiten in Bezug auf das im Netz modellierte Wissen. So sind sich z.B. zwei Dokumente ähnlich, wenn deren indexierte Begriffe einen geringen Abstand im Wissensnetz haben. Mit dieser Methode können einander ähnliche Dokumente gefunden werden, obwohl es vordergründig auf der Textebene wenige oder keine expliziten Gemeinsamkeiten gibt.

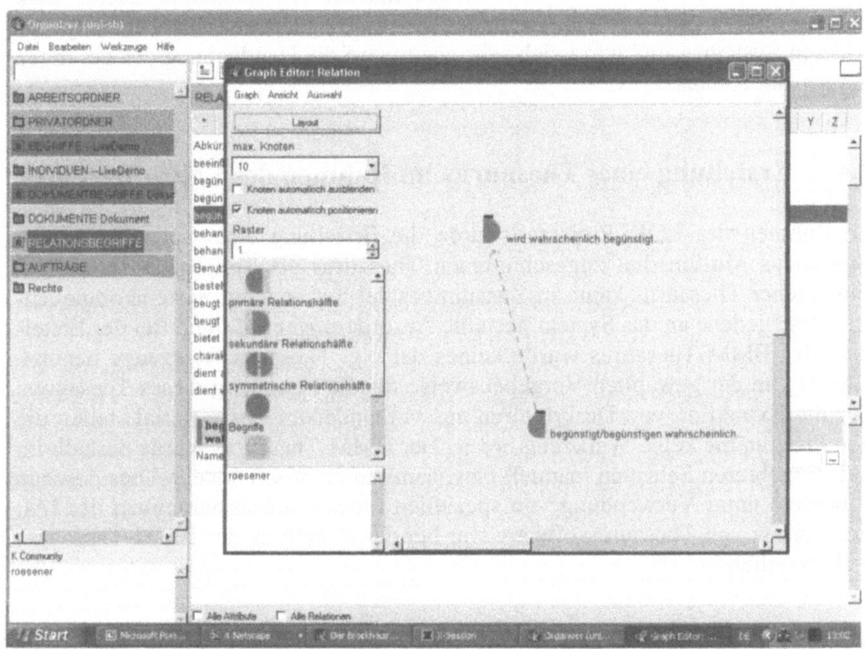

Abbildung 2-16: K-Infinity – Relation im Graph-Editor

Mit dem Semantic-Finder wird eine Suchfunktion bereitgestellt, die in der Lage ist, im Wissensnetz gespeicherte Individuen über deren Kategorien bzw. Relationen zu suchen. Für das interaktive "Browsen" im Wissensnetz stellt Intelligent Views die Komponente Net-Navigator zur Verfügung. Hierbei wird dem Benutzer ein Ausschnitt des Wissensnetzes als Graph dargestellt, auf dem er sich beliebig bewegen kann. Durch klicken auf ein Objekt verschiebt sich die Sichtweise und es werden neue Inhalte dargestellt und alte ausgeblendet.

Für die Einbindung des Wissensnetzes in externe Anwendungen ist im Programmpaket K-Infinity noch die Layout-Engine enthalten. Dieses Modul ermöglicht die Transformation der ermittelten Inhalte in vorgegebene Formate. Mit der Visualisation-Engine schließlich können objektrelationale Daten zur vollautomatischen Konstruktion interaktiver Diagramme verwendet werden, um die Information für den Benutzer verständlicher und einfacher zu machen.

Das Programmpaket K-Infinity der Fa. Intelligent Views deckt aus computerlinguistischer Sicht alle Bereiche ab, die bei der Erstellung, Verwaltung und Nutzung eines Wissensnetzes zu berücksichtigen sind. Die Stärke von K-Infinity liegt insbesondere in den ausgereiften graphischen Komponenten. Dieser stark visualisierte Zugang zu dem vorhandenen Wissen unterscheidet K-Infinity von anderen Systemen und wirkt sich sehr positiv auf die Handhabung des gesamten Wissensnetzes aus.

2.4 Erstellung eines Thesaurus im Rahmen des LeWi-Projektes

Im Rahmen des LeWi-Projektes wurde die Erstellung eines speziell auf den Brockhaus Multimedial zugeschnittenen Thesaurus als Teilprojekt formuliert. Ein solcher Thesaurus kann im Zusammenspiel mit anderen Systemkomponenten verschiedene an das System gestellte Anforderungen erfüllen. Bei der Erstellung des BMM-Thesaurus wurde keines der o.g. Thesauruswerkzeuge benutzt. Dies lag an der gewählten Vorgehensweise für die Erstellung dieses Thesaurus. Für die Extraktion von Deskriptoren aus vorhandenem Textmaterial stellen die o.g. Programme keine Werkzeug bereit. Der BMM-Thesaurus wurde deshalb im IAI in mehreren Schritten manuell bzw. semi-automatisch erstellt. Dies geschah außerdem unter Verwendung von speziellen Indexierungsprogrammen des IAI. Ein Einsatz von Thesaurussoftware war bei der Erstellung des BMM-Thesaurus nicht möglich.

2.4.1 Ausgangsmaterial

Als Ausgangsmaterial für die Erstellung des Thesaurus wurde der gesamte Wortbestand des Brockhaus Multimedial genutzt. Dies waren zu Projektbeginn ca. 110.000 Artikeltexte mit ca. 10 Millionen Wörtern. Die Artikeltexte lagen in einer SGML-getaggten Form vor.


```
iai.iai.uni-sb.de - PuTTY
<ART ID=1><nrimnest nr="9"><dbinfo><dbdata fname="lieferung">9896</dbdata>
<dbdata fname="vz_b5">1</dbdata>
<dbdata fname="vz_b15">1</dbdata>
<dbdata fname="vz_m24">1</dbdata>
<dbdata fname="vz_cd">1</dbdata>
<dbdata fname="vz_dvd">1</dbdata>
<dbdata fname="klassi_grob">14</dbdata>
<dbdata fname="klassi_fein">1401</dbdata>
<dbdata fname="klassi1">14</dbdata>
<dbdata fname="klassi2"></dbdata>
<dbdata fname="klassi3"></dbdata>
</dbinfo>
<biogart art-id="51138600"><lem><t>Wagner,</t></lem><varmmv cd="cja" dvd="dja"><mmverw verw-id="70010709" art
-rid="70002092"></mmverw></varmmv><varmmv cd="cja" dvd="dja"><mmverw verw-id="70006920" art-rid="210001983"><
zzkom>panorama festspielhaus</zzkom></mmverw></varmmv><varmmv b5="bnein" cd="cja" dvd="dja" m24="mnein" b15="
b15nein"><mmverw verw-id="60006278" art-rid="200001176"><zzkom>ton, tannh&auml;user pilgerchor</zzkom></mmver
w></varmmv><varmmv b5="bnein" cd="cja" dvd="dja" m24="mnein" b15="b15nein"><mmverw verw-id="60013364" art-rid
="200007913"><zzkom>ton, tannh&auml;user ouvert&uuml;re</zzkom></mmverw></varmmv><varmmv b5="bnein" cd="cja"
dvd="dja" m24="mnein" b15="b15nein"><mmverw verw-id="60023906" art-rid="206007045"></mmverw></varmmv><varmmv
b5="bnein" cd="cnein" dvd="dnein" m24="mja" b15="b15nein"><mmverw verw-id="60033625" art-rid="206017188"></mm
verw></varmmv><varmmv b5="bnein" cd="cnein" dvd="dnein" m24="mja" b15="b15nein"><mmverw verw-id="60035359" ar
t-rid="206019545"></mmverw></varmmv><varmmv b15="b15ja"><mmverw verw-id="60113575" art-rid="100039774"></mmve
rw></varmmv><varmmv b15="b15ja"><mmverw verw-id="60113576" art-rid="100039798"></mmverw></varmmv><varmmv b15=
"b15ja"><mmverw verw-id="60113577" art-rid="100039799"></mmverw></varmmv><varmmv b5="bja" cd="cnein" dvd="dne
in" m24="mnein" b15="b15nein"><mmverw verw-id="60136063" art-rid="206044430"></mmverw></varmmv><biogkopf><ext
text ext-rid="b5k28496"><exttext ext-rid="b5k27099"><exttext ext-rid="b5jh0175"><vorname>Richard</vorname>, <
natfunk>Komponist, </natfunk><lebdat lebt="nein"><geb datvon="22. 5. 1813">*&spvgev;Leipzig 22.&spfest;5. 181
3, </geb><gest datvon="13. 2. 1883">&dagger;&spvgev;Venedig 13.&spfest;2. 1883</gest></lebdat>; </biogkopf><a
rtcorp><abs>begann seine <ak><kf>musikal.</kf><lf>musikalische</lf></ak> Ausbildung <z datvon="1831">1831</z>
 bei dem Thomaskantor <person><pn>Christian Theodor Weinlig</pn><pa> (<lebdat lebt="nein"><geb datvon="1780">
*&spvgev;1780, </geb><gest datbis="1842">&dagger;&spvgev;1842</gest></lebdat></pa></person>). <z datvon="1833
">1833</z> wurde er Chordirektor in W&uuml;rzburg, <z datvon="1834">1834</z> Musikdirektor in Magdeburg, <z d
atvon="1837">1837</z> Kapellmeister in Riga. <z datvon="1836">1836</z> heiratete er die Schauspielerin <perso
n><pn>Minna Planer</pn><pa> (<lebdat lebt="nein"><geb datvon="1809">*&spvgev;1809, </geb><gest datvon="1866">
&dagger;&spvgev;1866</gest></lebdat></pa></person>). <z datvon="1839" datbis="1842">1839&ndash;42</z> lebte <
:
```


Abbildung 2-17: Beispiel für einen Artikeltext des Brockhaus Multimedial

2.4.2 Verfahrensschritte

Die Erstellung des Thesaurus für den Brockhaus Multimedial wurde in zwei Arbeitsschritten realisiert. Im ersten Schritt wurden alle Titel (Lemmata) der Artikeltexte des BMM als Deskriptoren extrahiert, d.h. alle in den Artikeltiteln vorkommenden Wörter wurden in einem vorläufigen BMM-Wörterbuch mit dem Merkmal „Deskriptor" erfasst.

In einer zweiten Phase wurde dann mit dem Indexierungsprogramm AUTINDEX des IAI unter Verwendung eines bestehenden IAI-Thesaurus sowie des vorher erstellten BMM-Wörterbuchs der gesamte Wortbestand des Brockhaus Multimedial indexiert.

Dieses Verfahren annotierte jeden einzelnen Artikeltext mit folgenden möglichen Features:

Descriptors (Deskriptoren)
Special fields (für diesen Artikel zutreffende Klassifikation lt. den im IAI-Thesaurus annotierten Fachgebieten wie z.B. Physik etc.)

Facets (für diesen Artikel zutreffende Unterklassifikation lt. den im IAI-Thesaurus vergebene Fachgebietseinteilungen z.B. technische Physik)
Oberbegriffe
Possible terms (mögliche Adjektiv – Substantiv Kombinationen)
Free descriptors (Komposita)
Countries (im Artikel vorkommende Länder)

Anschließend wurden die erkannten Deskriptoren erneut gefiltert. Gleichzeitig wurde im BMM vorhandene Information wie z.B. die durch Tags gekennzeichneten Toponyme und Namen beim Filtern zusätzlich markiert. Auch im BMM explizit durch Tags gekennzeichnete Synonyminformation wurde berücksichtigt. Schließlich wurde auch die manuelle Grob- bzw. Feinklassenzuordnung der BMM-Artikel zu den Deskriptoren annotiert.

Durch die unterschiedliche Gewichtung der Deskriptoren wurde abschließend eine Aufaddierung der Gewichte sowie ein letztliches Filtern der Deskriptoren notwendig. Schließlich erfolgte eine Analyse und Normalisierung der erzeugten Datei. Dabei wurden u.a. Dubletten entfernt, überzählige Klassenzuordnungen gelöscht etc.

2.4.3 Thesaurusstruktur

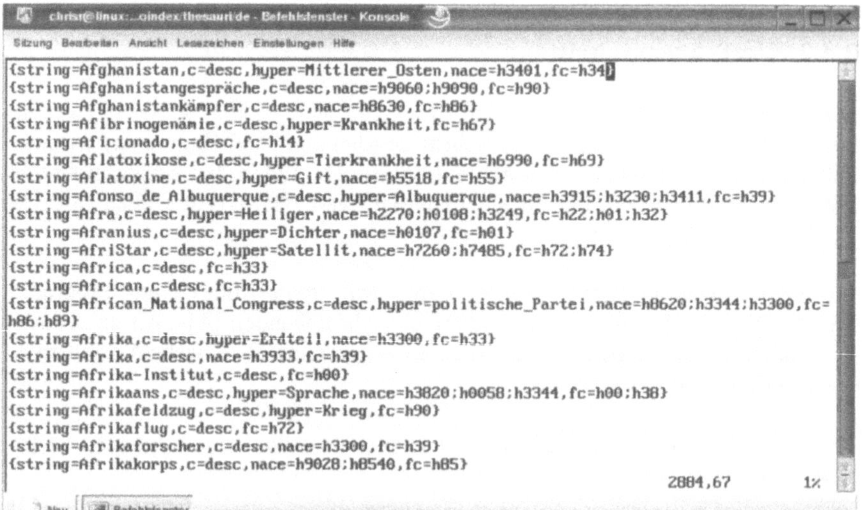

```
chris@linux:...oindex/thesauri/de - Befehlsfenster - Konsole
Sitzung Bearbeiten Ansicht Lesezeichen Einstellungen Hilfe
{string=Afghanistan,c=desc,hyper=Mittlerer_Osten,nace=h3401,fc=h34}
{string=Afghanistangespräche,c=desc,nace=h9060;h9090,fc=h90}
{string=Afghanistankämpfer,c=desc,nace=h8630,fc=h86}
{string=Afibrinogenämie,c=desc,hyper=Krankheit,fc=h67}
{string=Aficionado,c=desc,fc=h14}
{string=Aflatoxikose,c=desc,hyper=Tierkrankheit,nace=h6990,fc=h69}
{string=Aflatoxine,c=desc,hyper=Gift,nace=h5518,fc=h55}
{string=Afonso_de_Albuquerque,c=desc,hyper=Albuquerque,nace=h3915;h3230;h3411,fc=h39}
{string=Afra,c=desc,hyper=Heiliger,nace=h2270;h0108;h3249,fc=h22;h01;h32}
{string=Afranius,c=desc,hyper=Dichter,nace=h0107,fc=h01}
{string=AfriStar,c=desc,hyper=Satellit,nace=h7260;h7485,fc=h72;h74}
{string=Africa,c=desc,fc=h33}
{string=African,c=desc,fc=h33}
{string=African_National_Congress,c=desc,hyper=politische_Partei,nace=h8620;h3344;h3300,fc=
h86;h89}
{string=Afrika,c=desc,hyper=Erdteil,nace=h3300,fc=h33}
{string=Afrika,c=desc,nace=h3933,fc=h39}
{string=Afrika-Institut,c=desc,fc=h00}
{string=Afrikaans,c=desc,hyper=Sprache,nace=h3820;h0058;h3344,fc=h00;h38}
{string=Afrikafeldzug,c=desc,hyper=Krieg,fc=h90}
{string=Afrikaflug,c=desc,fc=h72}
{string=Afrikaforscher,c=desc,nace=h3300,fc=h39}
{string=Afrikakorps,c=desc,nace=h9028;h8540,fc=h85}
                                                              2884,67        1%
Neu  Befehlsfenster
```

Abbildung 2-18: BMM-Thesaurus mit annotierten Merkmalen

Der neu generierte BMM-Thesaurus besitzt pro Eintrag folgende mögliche Merkmale:

> *string = Originalwort; lu = lexical unit (Grundform des Eintrags)*
> *country = Länderinformation*
> *facets = mögliche BMM Grobklasse (annotiert aufgrund spezieller Verfahren, siehe Kapitel 4)*
> *nace = mögliche BMM Feinklasse (annotiert aufgrund spezieller Verfahren, siehe Kapitel 4)*
> *s/ss = semantic structure (semantische Information unterteilt in ca. 140 Klassen)*
> *hyper = Oberbegriff*
> *assoc = assoziierter Begriff (zusätzlicher Deskriptor, wird als Begriff vergeben)*
> *time/era = Zeitangaben*

Der BMM-Thesaurus besteht insgesamt aus vier verschiedenen Dateien. Neben einer Hauptdatei mit allgemeinen Einträgen wurden spezielle Wortbestände separat gespeichert. Dies sind Eigennamen von Personen sowie Länder- und Städtenamen.

Der BMM-Thesaurus hat z.Zt. einen Umfang von ca. 330.000 Einträgen. Neben der Pflege der annotierten Merkmale durch BIFAB erfolgt durch die in Kapitel 4 behandelte Indexierungssoftware eine permanente Evaluierung der Thesaurusdaten. Die annotierten Merkmalsbündel des BMM-Thesaurus sind somit Gegenstand eines ständigen Verbesserungsprozesses im Hinblick auf eine Optimierung des Indexierungssystems.

Kapitel 3: Analysekomponenten

3.1 Sprachliche Phänomene in der maschinellen Textanalyse

Die maschinelle Analyse von Texten bereitet in vielerlei Hinsicht Probleme. Je nach Verwendungszweck der gewonnenen Analyse muss diese unterschiedlich gründlich erfolgen. Reicht es u.U. für gewisse Einsatzzwecke innerhalb des Information Retrieval aus, eine rein statistisch basierte Analyse der Dokumenttexte zu verwenden (z.B. bei der Indexierung nach Wortfrequenz), so sind in anderen Einsatzgebieten wesentlich tiefer gehende linguistische Verfahren notwendig, um das gewünschte Analyseergebnis für die nachfolgende Anwendung zu erzielen (z.B. bei intelligenten Suchmaschinen, Dialogsystemen etc.). Neben der lexikalischen, syntaktischen und semantischen Ebene kann es dabei auch notwendig sein, die Diskursebene bzw. die pragmatische Ebene eines Textes zu berücksichtigen.

Der Aufwand wächst dabei proportional zur Tiefe der Analyse, d.h. je gründlicher ein Text morphologisch, syntaktisch und semantisch analysiert werden soll, um so größer ist die Anzahl der dafür benötigten Prozesse. Im Folgenden werden die wesentlichen linguistischen Phänomene, die bei der maschinellen Analyse von Texten Probleme bereiten, erläutert. Es wird dabei auf lexikalische, syntaktische und semantische Phänomene eingegangen. Auf eine Beschreibung der Probleme auf der Diskurs- bzw. Pragmatikebene wird an dieser Stelle verzichtet. Im Vordergrund des LeWi-Projektes standen die Analyse und Klassifizierung von Lexikonartikeln bzw. Suchanfragen und die damit verbundenen lexikalischen, syntaktischen und semantischen Probleme (Homographie, Synonymie, insbesondere Akronyme, spezielle Wort- und Satzgliedstellung, Komposition etc.). Insofern waren die Probleme auf der Diskurs- bzw. Pragmatikebene nur bedingt relevant.[14]

3.1.1 Wortbildung

Mit der Struktur und Bildung von Wörtern befasst sich die Morphologie. Wörter gehen in Texten verschiedene syntaktische Bindungen ein. Dies wird in vielen Sprachen dadurch gekennzeichnet, dass Wörter in verschiedenen Wortformen vorkommen. Die entsprechende Veränderung der Wörter bezeichnet man als Flexion. Zu unterscheiden sind hierbei Sprachen, die eine Vielzahl von Flexionen aufweisen (z.B. Deutsch, Russisch, Lateinisch) gegenüber Sprachen, die gar

[14] Die Diskursebene wird innerhalb des LeWi-Projektes nur im Folgedialog berührt. Zum Zeitpunkt der Erstellung dieser Arbeit war eine Einbeziehung der Diskursebene in den Nachfragedialog nicht beabsichtigt. Diesbzgl. Untersuchungen sind jedoch geplant.

keine bzw. wenig Flexion besitzen (z.B. Englisch). Man spricht in diesem Zusammenhang auch von stark bzw. schwach flektierenden Sprachen.

3.1.1.1 Reguläre Wortbildung

Ein Wort steht für eine Klasse von Wortformen mit der gleichen Grundbedeutung. Für die Repräsentation der Klasse wird eine spezielle Wortform, das Grundwort oder Lemma, ausgewählt. Bei Substantiven entspricht diese Form dem Nominativ Singular, bei Verben dem Infinitiv und bei Adjektiven der ungesteigerten prädikativen Form.

Beispiele:

Grundform	verschiedene Wortformen
Haus	*Haus, Hauses, Hause, Häuser, Häusern*
fahren	*fahre, fährst, ..., fuhr, fuhrst etc.*
schön	*schöner, schöne, schönem, schönsten etc.*

Alle Grundwörter einer Sprache werden im Lexikon zusammengefasst. Die Repräsentanten der Wörter im Lexikon nennt man Lexeme.

Unterhalb der Wortebene werden in der Morphologie noch kleinere Segmente betrachtet, die Morpheme. Hierbei handelt es sich um die kleinsten Segmente eines Wortes, denen sich noch eine Bedeutung zuordnen lässt. Im Fall, dass ein Morphem in mehreren Ausprägungen vorkommen kann (vgl. *Haus* vs. *Häus*), spricht man von den Allomorphen eines Morphems.

Die Zerlegung eines Wortes in seine einzelnen Morpheme bezeichnet man als morphologische Analyse. Neben der flexivischen Analyse müssen hierbei auch die Derivation, d.h. die Ableitung von Wörtern mit Hilfe von bestimmten Präfixen oder Suffixen bzw. die Komposition, d.h. Zusammensetzung von Wörtern, berücksichtigt werden. Abbildung 3-1 gibt einen Überblick.

Die komplexen Regeln der Wortbildung machen die maschinelle Analyse eines Textes sehr schwierig. Insbesondere stark flektierte Sprachen wie z.B. das Deutsche machen somit eine morphologische Analyse für die korrekte Weiterverarbeitung eines Textes unabdingbar. Nur durch eine vollständige flexivische Analyse ist eine Lemmatisierung, d.h. die Rückführung einer flektierten Wortform auf das entsprechende Grundwort möglich und somit ein "Textverständnis" seitens der Maschine gegeben.

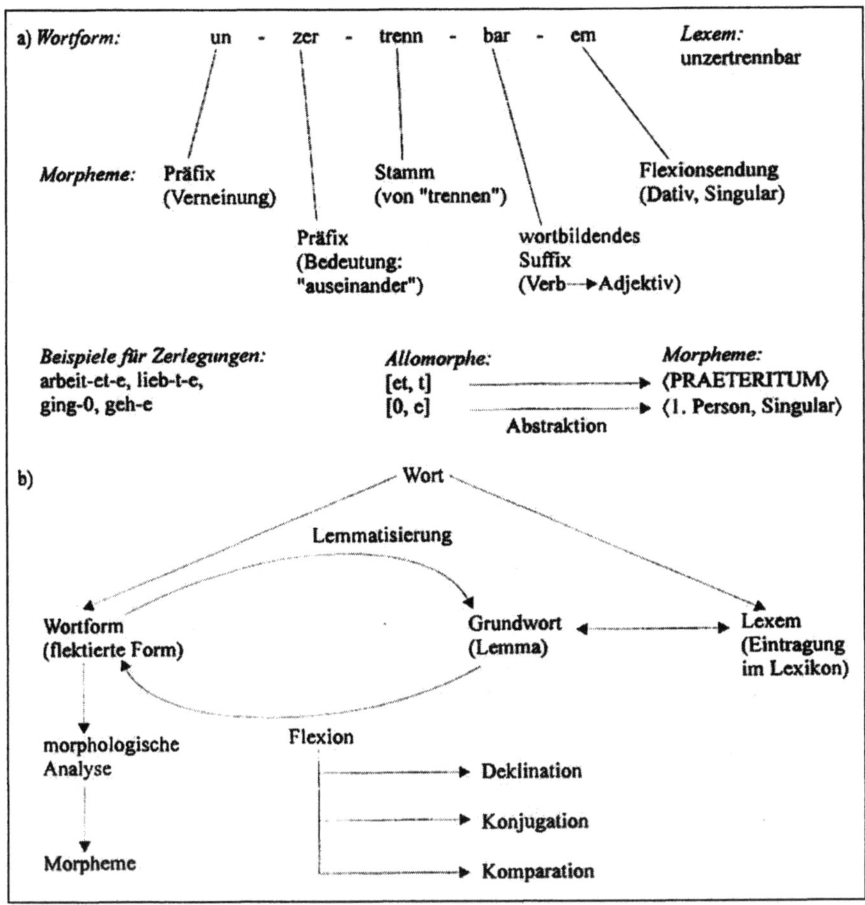

Abbildung 3-1: Zusammenhang der Begriffe auf Wortebene
a) morphologische Zerlegung; b) Begriffszusammenhänge
[Helbig 1996: 299]

3.1.1.2 Komposition

Eine weitere Schwierigkeit gerade bei deutschen Texten ist die Komposition, d.h. die Zusammensetzung von verschiedenen Wörtern zu einem neuen Wort. Die Komposition ist neben der Ableitung (Derivation) und der Präfigierung das am häufigsten verwendete Verfahren der Wortbildung im Deutschen.

Beispiele:

Kalb-fleisch, Haus-tür, Wild-schwein aber auch
Kirch-turm-spitze, Eisen-bahn-fahr-karte,
Donau-dampf-schiff-fahrt

Ein Kompositum ist ein Wort, welches aus mehreren einfachen Wörtern besteht. Für Komposita gibt es in den meisten Fällen bedeutungsgleiche Paraphrasierungen. Die Bedeutung kann in den meisten Fällen aus den Einzelbedeutungen der Konstituenten (Simplizia) hergeleitet werden. Dies gilt jedoch nicht für alle Komposita.

Beispiele:

Filzhut ⇨ ein Hut aus Filz
Krankenhausangestellter ⇨ Angestellter in einem Haus für Kranke

aber

Rundfunk bzw. Rampenlicht

Im Bereich der Komposition besteht die besondere Schwierigkeit für die maschinelle Analyse darin, die Wortgrenzen innerhalb des Kompositums klar zu erkennen (vgl. *Kulturinfiltration*). Weiterhin bestehen Probleme bei der semantischen Deutung der Wortzusammensetzungen (vgl. *Verbrauch-er* vs **Verb-raucher*). Lösungen für diese Probleme, insbesondere die Erkennung der Wortgrenzen, sind essenziell für das maschinelle Verstehen eines Textes. Artikeltexte einer Enzyklopädie enthalten i.d.R. sehr viele Komposita (Lexikonstil). Eine robuste semantische Erkennung dieser Wortzusammensetzungen war deshalb für das LeWi-Projekt besonders wichtig.

3.1.2 Wort- bzw. Satzgliedstellung

Die Beziehungen der einzelnen Zeichen eines Zeichensystems untereinander werden durch die Syntax beschrieben. Syntax bezeichnet "*die Lehre von der Funktion der Wortklassen oder Wortarten bzw. Wortverbindungen/Syntagmen im Satz*" [Lewandowski 1990:1134]. Mit Hilfe der Syntax werden die Struktur eines Satzes sowie die grammatischen Verhältnisse der Wörter zueinander beschrieben. Die Regularitäten der Wortstellung stellen dabei einen zentralen Bereich der Syntax dar. Nach Bestimmung der verschiedenen Wortarten werden die einzelnen Konstituenten dabei in größeren Einheiten gruppiert.

In der Regel ist das Verb ein wichtiger Angelpunkt für die korrekte Stellung der Satzglieder. Dementsprechend wird je nach Stellung des Verbs im Satz auch von Verberst-, Verbzweit- bzw. Verbendsprachen gesprochen. In manchen Sprachen ist die Satzgliedstellung sehr streng geregelt. So ist z.B. in englischen Haupt- und Nebensätzen die Satzgliedstellung relativ fest vorgegeben:

Beispiele:

(1) The fox jumped over the lazy dog.
*(2) * Over the lazy dog jumped the fox.*
(3) John read a book slowly.
*(4) * John read slowly a book.*

Die Satzgliedstellung entspricht in den Beispielen streng der Reihenfolge Subjekt – Verb – Objekt (SVO). Im Deutschen hingegen ist die Wort- bzw. Satzgliedstellung im Prinzip frei.

Beispiele:

(1) Der kleine Junge besuchte den alten Lehrer.
(2) Den alten Lehrer besuchte der kleine Junge.
(3) Peter schenkte dem Neffen das Buch.
(4) Peter schenkte das Buch dem Neffen.

Die in (1) geltende Satzgliedstellung SVO wird in (2) umgedreht (OVS). Die Beispiele (3) und (4) zeigen, dass zusätzlich auch direktes und indirektes Objekt keine festen Positionen im Satz haben. Prinzipiell kann man für jede Wortstellung im Deutschen Beispielsätze finden, wenngleich manche Konstruktionen nur in literarischem Kontext zu finden sind.

Beispiele:

SVO - Der Mann liebt die Frau.
OVS - Den Müller sah ich als erstes, nicht den Meier.
VSO - Erlaubt ihr mir Triumph aus voller Brust [Goethe "Faust"]
OSV - Ihr schmetternd Lied die Lerche singt [Goethe "Faust"]
SOV - Ein prächtig Wort zu Diensten steht [Goethe "Faust"]

Die freie Wort- bzw. Satzgliedstellung macht es für die maschinelle Analyse des Deutschen in manchen Fällen sehr schwierig, ganze Sätze korrekt zu verarbeiten. Gelingt die maschinelle syntaktische Analyse, so können Mehrdeutigkeiten, die aufgrund der morphologischen Analyse noch vorhanden waren, teilweise weiter disambiguiert werden. Abbildung 3-2 gibt ein Beispiel für eine solche Disambiguierung.

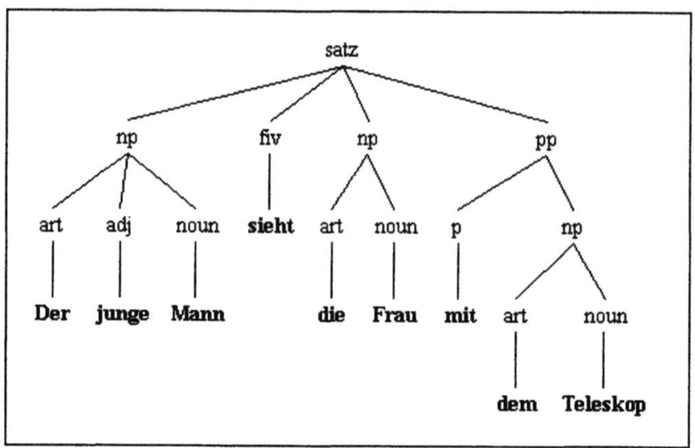

Abbildung 3-2: Baumdarstellung der syntaktischen Analyse mit MPRO

Durch die dargestellte syntaktische Analyse des Satzes *"Der junge Mann sieht die Frau mit dem Teleskop."* können z.B. die Lesarten von *"der"* und *"die"* als Relativpronomen ausgeschlossen werden. Weiterhin können die Lesarten Substantiv für *"junge"* und Adverb oder Verbpräfix für *"mit"* ausgeschlossen werden etc.

Innerhalb der Syntax macht es folglich die relativ freie Wort- bzw. Satzgliedstellung des Deutschen besonders schwierig, Sätze maschinell richtig zu verarbeiten resp. zu "verstehen". Eine vollständige syntaktische Analyse trägt dabei maßgeblich zur besseren maschinellen Verarbeitung bei.

3.1.3 Mehrdeutigkeiten aufgrund von semantischen, syntaktischen und lexikalischen Phänomenen

Semantik bedeutet *"[...] die empirische Analyse der Bedeutungen sprachlicher Zeichen und Zeichenkombinationen, die Beschreibung der (komplexen) Beziehungen zwischen Ausdruck und Inhalt, die Beschreibung der Konstitution von Bedeutungen, der Kombination von Bedeutungen und der Funktion von Bedeutungen auf dem Hintergrund einer semantischen Theorie. [...]. Eine grobe Einteilung der Semantik ist durch die Unterscheidung von Wort- und Satz-Semantik, von linguistischer und logischer Semantik gegeben [...] " [Lewandowski 1990:935].*

Die lexikalische Semantik (Wortsemantik) beschäftigt sich dabei mit den Bedeutungen einzelner Wörter und berücksichtigt Phänomene wie Bedeutungsverwandtschaft, Synonymie, Polysemie und Mehrdeutigkeiten. Die Satzsemantik knüpft daran an und untersucht semantische Phänomene auf Satzebene, z.B. die Kombinierbarkeit von Wörtern (Bsp.: *"*der Hund pfeift*", *"*der Wind bellt*"). Somit sind Wort- und Satzsemantik sehr eng miteinander verknüpft und die lexikalische Semantik kann als Grundlage für die Satz- und Textsemantik betrachtet werden. Die logische Semantik schließlich berücksichtigt neben textinterner Kontextinformation auch textexterne Faktoren unter referentiellen und handlungstheoretischen Gesichtspunkten.

Auch wenn durch eine vollständige maschinelle syntaktische Analyse vieles disambiguiert werden kann, bleiben trotzdem manche Mehrdeutigkeiten in einem Satz bestehen, die nicht allein durch die Syntax aufgelöst werden können. Im obigen Beispiel (Abbildung 3-2) kann sich die Präpositionalphrase *"mit dem Teleskop"* sowohl auf die Subjekt-Nominalphrase *"Der Mann"* als auch auf die Objekt-Nominalphrase *"die Frau"* beziehen. Hierbei handelt es sich um eine semantische Mehrdeutigkeit, in diesem speziellen Fall um ein Phänomen, welches nur durch die Berücksichtigung des Kontexts, in welchem der gesamte Satz vorkommt, disambiguiert werden kann.

Weitere Beispiele, in denen eine Klärung der Bedeutung nur auf der Ebene der Pragmatik d.h. unter Berücksichtigung des Kontexts erfolgen kann:

> *Dirk verliebte sich in Sofia.*
> *Ich kenne den Sekretär des Grafen, der vor dem Hotel steht.*
> *Ich weiß nicht, welche der Tanten Detlef besuchen wird.*

Andere semantische Phänomene, die sowohl satzübergreifend als auch auf Satzebene vorkommen, sind Anaphora und Kataphora, d.h. rück- bzw. vorwärts gerichtete Verweise im Text. Teilweise wird dadurch die maschinelle Analyse sehr schwierig.

Beispiele:

> *Er nahm die Zigaretten, die auf dem Tisch lagen. (Anapher im Relativsatz)*
> *Susi sah sich die Wohnung gestern an. Ihr (Susi) gefiel sie (die Wohnung) nicht. (Pronomen als Anapher)*
> *Als er (Detlef) nach Hause kam, fand Detlef den Rucksack auf dem Tisch. (Katapher).*
> *Das hätte er ahnen können: das Benzin war alle. (Katapher)*
> *Uwe mag seinen Hund, obwohl er (der Hund) ihn (Uwe) manchmal beißt.(Anapher und zusätzlich logisch referentielle Ambiguität)*

Auch Auslassungen von Satzgliedern in einem Text, sog. Ellipsen, sind als Beispiele innerhalb der Satzsemantik zu nennen. Hier wird unterschieden zwischen grammatisch irregulären Ellipsen, die eigentlich nicht zulässig sind und häufig nur in gesprochener Sprache auftreten (*"Ober, ein Helles!", "Was nun?"*) und grammatisch regulären Ellipsen, die durch Satzkoordination bzw. Komparation entstehen.

Beispiele:

Wolfgang wohnt in Berlin und Lisa (wohnt) in Hannover.
Susi arbeitet besser als Conny (arbeitet).

Neben Mehrdeutigkeiten, die durch semantische und syntaktische Phänomene auf Text- bzw. Satzebene entstehen, ergeben sich auf lexikalischer Ebene eine Vielzahl von Mehrdeutigkeiten. Zu nennen sind hier im Bereich der Homonymie, d.h. der Bedeutungsvielfalt gleicher sprachlicher Zeichen zuerst die Phänomene der Homographie und der doppelten Genera, die eine maschinelle semantische Analyse des Deutschen merklich erschweren. Ein weiteres Phänomen innerhalb der Homonymie, die Homophonie, d.h. Wörter, die gleich klingen *(Leere vs. Lehre; Wal vs. Wahl)* stellt bei der maschinellen Analyse von geschriebenem Text kein Problem dar. Bei der Erkennung von gesprochener Sprache ist dieses Phänomen jedoch zu berücksichtigen.

Homographie

Unter Homographie versteht man *"die Erscheinung, daß Wörter, die grammatisch, etymologisch, semantisch und phonetisch nicht übereinstimmen, durch eine identische Schreibweise repräsentiert sind." [Lewandowski 1990:405].* Dies macht es für die maschinelle semantische Analyse extrem schwierig, die Bedeutung des Satzes zu erkennen, da die Betonung eines Wortes in geschriebener Sprache nicht annotiert ist.

Beispiele:

ǜbersetzen – übersètzen
ùmfahren –umfàhren

Stau-becken / Staub-ecken
Wach-stube / Wachs-tube
Ver-sendung / Vers-endung

Doppeltes Genus

Doppelte Genera können die maschinelle Bedeutungsanalyse eines Satzes wesentlich erschweren. Man unterscheidet bei doppelten Genera zwei Arten. Im ersten Fall bleibt die Bedeutung des Wortes bei unterschiedlichen Genera gleich.

Beispiele:

der Liter / das Liter
der Meter / das Meter
der Teil /das Teil
der Joghurt / die Joghurt / das Joghurt

In sehr seltenen Fällen erfüllt das Genus jedoch eine semantische Funktion. Je nach Genus kommt es zu einer Bedeutungsverschiebung d.h. gleich lautende Wörter haben aufgrund des Geschlechts unterschiedliche Bedeutungen.

Beispiele:

der Kiefer / die Kiefer
die Steuer / das Steuer
der Leiter / die Leiter
der Gehalt / das Gehalt

Für die Bedeutungsanalyse bereiten des weiteren Homonymien bzw. Polysemien große Probleme bei der Analyse eines Textes.

Homonymie und Polysemie

Die Grenze zwischen Homonymie und Polysemie ist nicht eindeutig zu ziehen. Als Unterscheidungskriterium wird gelegentlich zugrunde gelegt, dass es sich bei Homonymie um phonetische Identität bei verschiedenen etymologischen Wurzeln handelt (*"kosten"* – lat. costare – *"einen Preis haben"* vs. *"kosten"* – lat. gustare – *"abschmecken"*)[15]. In beiden Fällen handelt es sich jedoch um mehrere Bedeutungen lautlich übereinstimmender sprachlicher Zeichen.

Beispiele:

Bank (Sitzmöbel; Finanzinstitut)
Schloss (Schließvorrichtung; Gebäude)
Pferd (Tier, Turngerät, Schachfigur)
Fuchs (Tier, Sternbild, schlauer Mensch, Abgaskanal, Verbindungsstudent, Spürpanzer)

Solche Homonymien bzw. Polysemien machen es gerade bei der semantischen Analyse von Fragen besonders schwierig, die Bedeutung richtig zu erkennen. Vielfach ist eine maschinelle Verarbeitung eines Fragesatzes mit Homonymien ohne weitere Maßnahmen wie z.B. Nachfragen nicht möglich:

[15] vgl. [Lewandowski 1990:406]

Beispiele:

Woraus besteht Tau?
Was ist ein Fuchs?

Abschließend möchte ich noch auf zwei weitere sprachliche Phänomene hinweisen, die in der maschinellen Analyse von Sprache vordergründig zwar keine sehr großen Probleme bereiten. Für die automatische Indexierung d.h. die Verschlagwortung von Text aufgrund von maschinellem Textverständnis sind sie jedoch von großer Bedeutung: Metonymie und Synonymie.

Metonymie

Unter Metonymie versteht man die *"Ersetzung eines Ausdrucks durch einen anderen Ausdruck, der zu ihm in einer realen, d.h. kausalen, räumlichen oder zeitlichen Beziehung steht." [Lewandowski 1990:712]*. Bei der maschinellen semantischen Analyse gibt es mit Metonymien immer dann Schwierigkeiten, wenn eine Bezeichnungsübertragung auf ein tatsächliches Objekt stattfindet, das Objekt aber nur als Platzhalter für eine Bedeutung dient und nicht notwendigerweise in einem tatsächlich Zusammenhang vorkommt.

Beispiele:

Er gab ihm ein Tempo.
Nehmt euren Cäsar.

aber auch:

Er fährt einen Mercedes.
Christiane liest schon wieder Böll.
Der Kreml reagierte nicht.
Chrysler hat ein neues Modell angekündigt.

Synonymie

Die Bedeutungsidentität von Wörtern wird als absolute bzw. totale Synonymie bezeichnet. Totale Synonymie kommt allerdings sehr selten vor, da als Bedingung die *"Ersetzbarkeit in allen Kontexten bei Erhalt der denotativen (auch begrifflichen, kognitiven) und der konnotativen (emotiven, stilistischen) Bedeutung" [Lewandowski 1990:1126]* gilt. In der Regel wird Synonymie deswegen als Bedeutungsähnlichkeit aufgefasst. Untergruppen von Synonymen sind Abkürzungen bzw. Akronyme. Ein Akronym ist dabei im Unterschied zu einer Abkürzung ein aus den Anfangsbuchstaben mehrerer Wörter gebildetes Wort.

Beispiele für Abkürzungen und Akronyme:

Uni / Universität
Demo / Demonstration
Azubi / Auszubildender
Trafo / Transformator
D-Mark / Deutsche Mark
Ü-Wagen / Übertragungswagen
BMW / Bayrische Motorenwerke
BASF / Badische Anilin- und Soda-Fabrik
NATO / North Atlantic Treaty Organization

Abkürzungen und Akronyme machen, wenn sie vom Analysewerkzeug erkannt werden, bei der maschinellen Analyse von Text keine Schwierigkeiten. Das Hauptproblem ist deren Codierung in entsprechenden Analysewörterbüchern. Es gibt jedoch unter Akronymen auch Homonymien, die wiederum ohne Kontextwissen semantisch nicht analysiert werden können.

Beispiel:

USA - *Union of South Africa*
USA - *United States Army*
USA - *United States of America*

Synonyme selbst stellen bei der morphosyntaktischen maschinellen Analyse zunächst keine Schwierigkeit dar, da sie schlicht als unterschiedliche Wörter erkannt werden. Für die semantische Analyse ist es jedoch äußerst wichtig, Synonymien zu erkennen und zu berücksichtigen.

Beispiele:

Anfang – Beginn
Erdteil – Kontinent
Fahrstuhl – Lift
obwohl - wenngleich
senkrecht – vertikal

Neben den obigen Synonymbeziehungen mit fast 100%iger Bedeutungsübereinstimmung gibt es auch Teilsynonymien, die eine Bedeutungsübereinstimmung nur für einen Teil der Bedeutung abdecken.

Beispiel:

Bar
1a) Nachtbar, Nightclub
1b) Café
2. Schanktisch, Theke;
(bes. nordd.): Tresen. [Duden - Das Synonymwörterbuch 2004]

Im Deutschen existieren sehr viele Synonymbeziehungen. Neben Bedeutungsähnlichkeit werden dabei auch Synonymien mit gewissen Konnotationen (umgangssprachlich, bildungssprachlich, veraltend, abwertend, scherzhaft etc.) berücksichtigt.

Beispiele:

unbesonnen
bedenkenlos, blind, fahrlässig, gedankenlos, geradehin, leichtherzig, leichthin, leichtsinnig, riskant, sorglos, unachtsam, unbedacht, unbedachtsam, unüberlegt, unverantwortlich, unvorsichtig; (abwertend): leichtfertig; (veraltend): mutwillig.

Gedankengang
Gedankenfolge, Gedankenkette, Gedankenlauf, Gedankenreihe, Überlegung; (bildungsspr.): Assoziation, Reflexion; (ugs. scherzh.): Gehirnakrobatik. [Duden – Das Synonymwörterbuch 2004]

Abschließend sei die Konnotation regionaler Natur bei Synonymien besonders erwähnt. Hierbei handelt es sich um regionale Unterschiede in der Bezeichnung von Dingen und Objekten. Diese sind gerade im deutschsprachigen Raum besonders ausgeprägt.

Beispiel:

Frikadelle
[deutsches] Beefsteak, Fleischklops, Fleischkloß; (österr.): faschiertes Laibchen, Fleischlaberl, Fleischlaibchen, Fleischlaiberl; (nordostd.): Bratklops; (südd.): Fleischküchel; (landsch.): Frikandelle; (bes. berlin.): Bulette; (österr. veraltet): Karbonade. [Duden – Das Synonymwörterbuch 2004]

Die angeführten sprachlichen Phänomene zeigen auf wie schwierig es ist, maschinell Sprache morphologisch, syntaktisch und semantisch richtig zu analysieren. Alle o.g. Phänomene sind für das LeWi-Projekt relevant. Eine zuverlässige morphosyntaktische und semantische Verarbeitung ist die Grundvoraussetzung für die Erfüllung der in LeWi formulierten Projektziele. Insbesondere auf der Ebene der Semantik ist es aufgrund mancher Phänomene besonders schwierig,

Text maschinell vollständig zu "verstehen". Die Einbeziehung des Kontextes bzw. außertextlicher Ebenen im Hinblick auf eine Lösung der Probleme bei der semantischen maschinellen Analyse stellt sich als sehr schwierig dar.

Auf Satzebene werden für die Disambiguierung semantischer Mehrdeutigkeiten oft Kasusrahmen bzw. Valenzinformation eingesetzt. Hierbei wird die Fähigkeit von Wörtern, insbesondere von Verben, berücksichtigt, bestimmte Erwartungen und Leerstellen in Sätzen zu öffnen, die von anderen Wörtern oder Satzkonstituenten zu erfüllen sind. Aufgrund dieser Information können dann Satzglieder miteinander in Verbindung gebracht und somit Mehrdeutigkeiten disambiguiert werden. Diese und ähnliche Ansätze werden im nächsten Abschnitt näher diskutiert.

3.2 Analysekomponenten: Lösungen und Forschungsansätze

Für die Verarbeitung natürlicher Sprache und die Bewältigung der aufgeführten Schwierigkeiten im "Verständnis" natürlicher Sprache wurden und werden permanent neue Lösungen entwickelt und Forschungsansätze vorgestellt. Dabei ist zu beachten, dass der Einsatz linguistischer Komponenten in der Sprachverarbeitung sehr stark von der beabsichtigten Verwendung der analysierten Sprachdaten abhängt.

Für gewisse Bereiche der Sprachverarbeitung, z.B. im Bereich des Information Retrieval, d.h. der Informationsspeicherung und –rückgewinnung ist der Einsatz von linguistischen Werkzeugen nicht ganz unumstritten. Aufgrund des manuellen Aufwands für die Pflege linguistischer Ressourcen werden in bestimmten Bereichen (z.B. bei Internet Suchmaschinen) rein statistische Verfahren den linguistischen Methoden vorgezogen. Dabei stehen Zugriffs- und Suchzeitenoptimierung im Vordergrund und der durch die angewandten Methoden entstehende Informationsverlust wird billigend in Kauf genommen. Die Überlegenheit einer Sprachverarbeitung mit linguistischer Intelligenz in Bezug auf Informationserhaltung steht jedoch außer Frage.

Linguistische Analysekomponenten können grundsätzlich auf drei Ebenen der Sprache realisiert werden:

- Morphologische Analyse
- Syntaktische Analyse
- Semantische Analyse

Im Folgenden werden einige Lösungen und Forschungsansätze für linguistische Verfahren vorgestellt, die in der maschinellen Sprachverarbeitung z.Zt. sehr häufig zum Einsatz kommen. Für eine umfassende Darstellung aller z.Zt. existierenden Verfahren wird auf die entsprechende Fachliteratur, die in den einzelnen Unterkapiteln angegeben ist, verwiesen.

3.2.1 Morphologische Analyse

3.2.1.1 Stemming

Die Stammformenreduktion (engl. *stemming*), d.h. das Zurückführen eines beliebigen Wortes auf seinen Wortstamm, stellt den Übergang von rein statistischer Sprachanalyse zu einer Analyse mit linguistischer Intelligenz dar. Dabei wird die Reduktion auf eine formale Grundform, eine lexikalische Grundform oder eine Stammform anhand von definierten Regeln durchgeführt. Abb. 3-3 zeigt diese Reduktionsalgorithmen und ihre Wirkungsweisen.

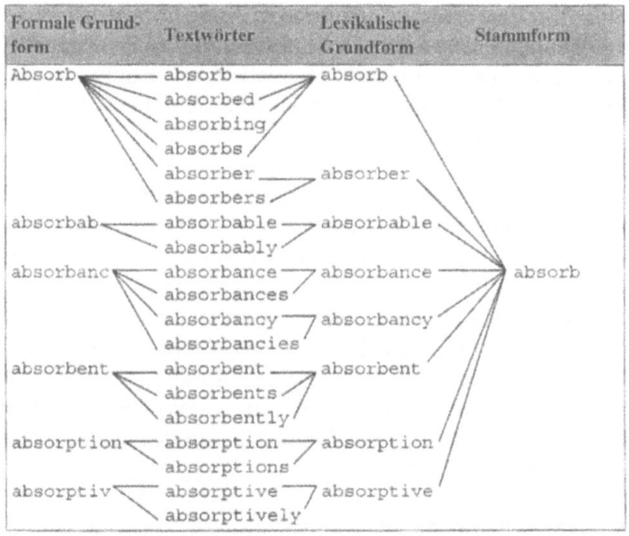

Abbildung 3-3: Reduktionsalgorithmen und ihre Wirkungsweisen [Kuhlen 1974]

Beim Stemming unterscheidet man regelbasierte und wörterbuchbasierte Verfahren. Bei regelbasierten Verfahren werden für das Entfernen von Flexions-

bzw. Derivationsendungen feste Regeln formuliert (Beispiele für Stemming-Algorithmen siehe [Lovins 1968] und [Porter 1980][16]).

Diese Regeln werden auf alle potenziell vorkommenden Fälle angewandt. Hierbei kommt es zu verschiedenen Problemen, da in manchen Fällen verschiedene Wörter aufgrund der gleichen Grund- bzw. Stammformen zusammengeführt werden (engl. *overstemming*). Andererseits kann genau der umgekehrte Fall auftreten, dass Wörter mit eigentlich gleichem Stamm nicht zusammengeführt werden (engl. *understemming*).

Beispiele:

Overstemming

die Wand ⇨ 'wand' *das Wandern ⇨ 'wand'*	*das Eis ⇨ 'eis'* *das Eisen ⇨ 'eis'*	*die Rinde ⇨ 'rind'* *die Rinder ⇨ 'rind'*

Understemming:

der Graphologe ⇨ 'graphologʼ *die Graphologie ⇨ 'graphologi'*	*das Thema ⇨ 'thema'* *die Themen ⇨ 'them'*

Der rein regelbasierte Ansatz bietet den Vorteil, dass er ohne großen Aufwand zu realisieren und zu pflegen ist, da eine individuelle Auseinandersetzung mit einzelnen Wörter und Wortgruppen wegfällt. Es müssen nur einmalig sprachspezifische Regeln definiert werden. Neue bzw. unbekannte Wörter werden anschließend durch die bereits implementierten Regeln verarbeitet.

Ein Nachteil des regelbasierten Ansatzes ist die Rückführung auf formale Stämme, die in der eigentlichen Sprache nicht existieren (vgl. *graphologi*). Dies macht eine spätere lexikalische Disambiguierung unmöglich. Weiterhin ergeben sich bei dem rein regelbasierten Ansatz große Schwierigkeiten im Hinblick auf die Erkennung von veränderten Stammformen (*Haus – Häuser*). Eine regelbasierte Erkennung von Komposita schließlich ist praktisch nur in sehr geringem Maße zu bewerkstelligen, wenn nicht gar unmöglich.

Wörterbuchgestützte Verfahren können hier Abhilfe schaffen. Allerdings ist die Qualität der Formenreduzierung bzw. Kompositazerlegung stark abhängig von Art und Umfang des verwendeten Lexikons. Da es sich bei den Lexika in den meisten Fällen um Vollformenlexika handelt, ist eine Vollständigkeit nur bis zu einem gewissen Grad gegeben und die Pflege der Lexika ist sehr zeitintensiv.

---

[16]Der Porter Stemmer kann unter http://www.ifi.unizh.ch/CL/broder/mue1/porter/ online getestet werden.

Stemming funktioniert je nach gewählter Sprache unterschiedlich gut. Es liegt auf der Hand, dass flexionsarme Sprachen wie z.B. das Englische sich für ein rein regelbasiertes Stemming besser eignen. Für morphologisch komplexe Sprachen wie z.B. das Deutsche, welches eine starke Flexion und sehr viele Komposita besitzt, reichen einfache Reduktionsalgorithmen nicht mehr aus. Bei diesen Sprachen müssen wörterbuchgestützte Verfahren eingesetzt werden.

3.2.1.2 Lemmatisierung mit linguistischer Intelligenz

Einen wesentlich besseren Ansatz zur automatischen Verarbeitung flexionsreicher Sprachen stellen Mischsysteme dar, d.h. eine Verbindung von regel- und wörterbuchbasierten Systemen. Mit solchen Mischsystemen können einerseits relativ sicher alle bekannten Flexionsformen eines Wortes abgedeckt werden. Andererseits ist mit diesen Systemen eine Analyse von Komposita und Derivativa möglich.

Ein verbreiteter Ansatz bei solchen Mischsystemen ist neben der Verwendung von Vollformenlexika der Einsatz eines Morphem- bzw. Stammwörterbuchs. Darin sind alle Morpheme/Allomorphe bzw. Wortstämme der zu analysierenden Sprache abgebildet. Mit Hilfe eines zusätzlichen Regelwerks, welches u.a. bestimmte Wortklassen im Hinblick auf die Flexion definiert, können Wortformen in ihren Stamm und die entsprechenden Präfixe und Suffixe zerlegt werden.

Die hier beschriebenen morphologischen Analysesysteme verfügen somit über folgenden Funktionsumfang:

- Reduktion der Wortformen im Text auf ihre Grundformen bzw. Expansion der Grundform zu allen zugehörigen Wortformen (*Haus, Häuser, Häusern)*
- Zerlegung von Komposita in ihre Bestandteile (*Kulturinfiltration -> Kultur-infiltration*)
- Zusammenführung durch Derivation abgeleiteter Begriffe (*Schönheit -> schön)*

Es existieren z.Zt. eine ganze Reihe leistungsfähiger morphologischer Analysesysteme für komplexe Sprachen wie das Deutsche. An dieser Stelle sollen beispielhaft einige Systeme genannt werden:

MORPHIX bzw. das Nachfolgesystem MONA wurde am Deutschen Forschungszentrum für künstliche Intelligenz entwickelt. Durch den Einsatz einer klassifikatorischen Morphologie kann das System flektierte Wortformen auf deren kanonische Wortstämme zurückführen. Gleichzeitig bietet das System eine

Kompositaanalyse für zusammengesetzte Wörter. Weitergehende Informationen in [Finkler 1988] bzw. [Neumann 1997].

Das GERTWOL-System[17] der finnischen Fa. Lingsoft basiert auf der sog. 'Two-Level-Morphologie'-Methode von [Koskennimemi 1984], die morphologische Phänomene auf zwei Ebenen behandelt. Einem Zeichen auf der lexikalischen Ebene entspricht immer ein Zeichen auf der Oberflächenebene. Diese Methode ermöglicht neben der Analyse auch die Generierung von Wortformen. Das GERTWOL-System leistet eine vollständige Flexionsmorphologie sowie eine umfassende Derivations- und Kompositionsmorphologie. Das System verfügt über ein Wortformenlexikon mit z.Zt. ca. 85.000 Wortformen (Grundwortschatz des Deutschen). Der Geltungsbereich wird durch die morphologischen Komponenten entsprechend erweitert. GERTWOL gibt morphologische Daten zu deutschen Wortformen aus, liefert aber keine semantischen oder syntaktischen Daten [Haapaleinen 1995].

Das System EXTRAKT der Fa. TEXTEC Software Dr. Erwin Stegentritt arbeitet in der morphologischen Analyse im Rahmen der Funktionen INDEX, ANALYZE bzw. GENERATE auf der Basis von sehr umfangreichen Wörterbüchern, die für mehrere Sprachen vorliegen und die durch besondere linguistische Funktionen ergänzt wurden. Die Anzahl der Einträge in den Wörterbüchern etwa für das Deutsche beträgt fast 2 Millionen Formen. Neben der Analyse bzw. Generierung aller Formen eines Wortes kann das System aufgrund der Vollformenlexika auch Komposita verarbeiten [Stegentritt 1994].

Auch das System MPRO des IAI in Saarbrücken ist an dieser Stelle zu nennen. Eine detaillierte Beschreibung des Systems erfolgt an späterer Stelle in diesem Kapitel.

Da morphologische Analysetools auf Wortebene operieren, bleiben bei der Analyse einige Probleme bestehen. Hierzu zählen u.a. in manchen Bereichen das Erkennen von Mehrwortbenennungen (*Europäische Union; Tag der offenen Tür; Nürnberger Prozesse*) sowie die Rückführung von abgetrennten Verbpräfixen (*trat ... zurück -> zurücktreten; stellte ... her -> herstellen*). Eine maschinelle Verarbeitung dieser Problemfälle ist rein auf morphologischer Basis nur bedingt zu leisten. Für die vollständige Analyse dieser Phänomene ist eine morphosyntaktische Analyse notwendig, die die geschilderten Probleme unter Berücksichtigung syntaktischer Information lösen kann.

---

[17] Das GERTWOL-System kann unter http://www.lingsoft.fi/cgi-bin/gertwol online gestestet werden.

3.2.2 Syntaktische Analyse

Syntaktische Analysetools versuchen mit Hilfe von Grammatikinformation die zuvor in der morphologischen Analyse ermittelten Merkmale wie z.B. Wortart, Tempus, Kasus, Genus und Numerus etc. zu vereindeutigen. Aufgrund der Syntax werden bestimmte Lesarten eines Wortes verworfen. Zusätzlich wird auf Satzebene versucht, Strukturen zu größeren Einheiten, sog. Satz- bzw. Oberknoten zusammenzufassen (z.B. Nominalphrasen, Präpositionalphrasen etc.).

3.2.2.1 Grammatikformalismen

Unter einer Grammatik versteht man die *"Beschreibung der Regeln zur sinnvollen Kombination der lexikalischen Elemente einer Sprache; die Ebene sprachlicher Formen, die sich als endliche Menge von Elementen konzipieren und als (funktionierendes) System darstellen lässt." [Lewandowski 1990]*. Es handelt sich bei einer Grammatik also um ein strukturelles Regelsystem, das die formalen Regularitäten einer natürlichen Sprache systematisch beschreibt.

Da die natürliche Sprache unscharf und mehrdeutig sein kann, ist es für die maschinelle Anwendung eines solchen Regelsystems von zentraler Bedeutung, dass es in einer formalen Sprache formuliert ist. Nur dadurch kann eine Eindeutigkeit und Präzision der Regeln erreicht werden. Idealerweise ist die formale Sprache der Grammatik ein mathematisch fundierter Formalismus, durch den einerseits eine klare Terminologie geschaffen wird. Gleichzeitig wird durch die mathematische Fundiertheit eine leichtere und zuverlässigere Überprüfbarkeit der Argumente gewährleistet, d.h., es kann leicht überprüft werden, ob die Grammatik vollständig ist (ein korrekter Satz entspricht nicht der Grammatik bzw. ein falscher Satz entspricht ihr) bzw. ob der zu analysierende Satz den Regeln der Grammatik entspricht.

An dieser Stelle soll zunächst auf die grundlegenden Überlegungen beim Einsatz von formalen Grammatiken in der maschinellen Sprachverarbeitung eingegangen werden. Es werden anhand von gewissen Grundprinzipien die Anwendung von Grammatikformalismen in der maschinellen Sprachanalyse beschrieben.

Ein sehr weit verbreiteter Formalismus zur Beschreibung der Syntax natürlicher Sprachen sind Phrasenstrukturregeln. Dabei handelt es sich um Ersetzungsregeln, die auf der Annahme basieren, dass ein Satz sich aus mehreren Komponenten zusammensetzt, die wiederum aus anderen Komponenten bestehen. Eine typische Regel solcher Konstituenten- bzw. Phrasenstrukturgrammatiken ist in folgendem Beispiel zu sehen:

Beispiel: *S* → *NP VP*

Die Regel besagt, dass ein Satz (*S*) (linke Seite der Regel) aus einer Nominalphrase (*NP*) und einer Verbphrase (*VP*) besteht (rechte Seite der Regel) bzw. dass eine Nominalphrase (*NP*) gefolgt von einer Verbphrase (*VP*) einen Satz (*S*) ergibt. Für die Anwendung der Regel gelten keine weiteren Kontextbedingungen. Somit ist die Grammatik kontextfrei. Das Grundprinzip des Ersetzens wird durch zusätzliche Regeln erweitert. Dabei werden zusätzliche Kategorien eingeführt (*Det=determiner, Bestimmungswort; N=noun, Nomen; V=verb*).

Beispiele:

S → *NP VP*
NP → *Det N*
VP → *V NP*
VP → *V*

Neben diesen kontextfreien Regeln mit so genannten nicht-terminalen Symbolen (grammatische Kategorien, z.B. *NP, VP* etc.) werden zusätzlich noch Regeln mit terminalen Symbolen (lexikalischen Einheiten) eingeführt.

Det → *eine|der|die|den*
N → *Mann|Frau*
V → *sieht|schläft|liebt*

Durch eine so definierte Grammatik sind folgende Sätze unter Berücksichtigung dieser Grammatikregeln erlaubt:

Der Mann schläft.
Die Frau liebt den Mann.
Der Mann sieht eine Frau

Für letzteren Satz ergibt sich folgender Struktur- bzw. Konstituentenbaum:

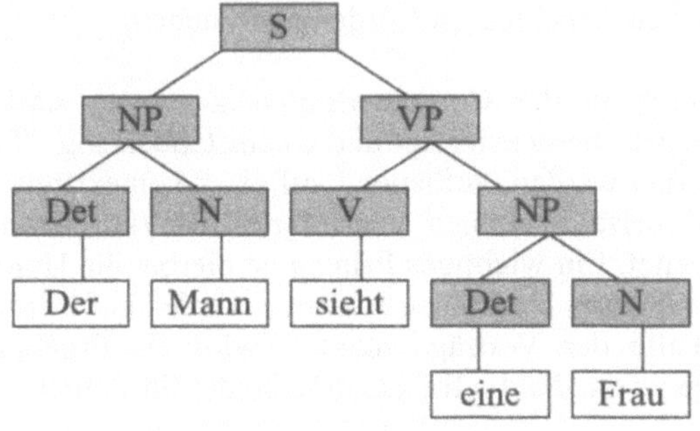

Natürlich ist die vorliegende Grammatik nicht vollständig, da die Abhängigkeiten zwischen den Satzteilen noch nicht ausreichend berücksichtigt sind. So ist z.B. der Satz **Der Mann schläft die Frau* nach obiger Grammatik auch korrekt. Das Beispiel erläutert aber die grundsätzliche Funktionsweise von kontextfreien Konstituenten- bzw. Phrasenstrukturgrammatiken.

Neben den Konstituentengrammatiken existieren in der theoretischen Linguistik als weitere Grammatikmodelle vor allem die Dependenzgrammatiken und die kategorialen Grammatiken. Bei den Dependenzgrammatiken steht an der Spitze der Baumhierarchie immer das Verb und den einzelnen Knoten eines Analysebaumes sind jeweils direkt die Wörter zugeordnet (im Gegensatz zu den Konstituenten in der Konstituentengrammatik).

Kategoriale Grammatiken gehen nur von zwei Grundkategorien - Satz und Nomen bzw. Substantiv – aus. Die Kategorien der anderen Satzbestandteile werden mit Hilfe einer Notation aufgebaut. Die Kombinierbarkeit der einzelnen Kategorien wird durch Kürzungsregeln ausgedrückt. Als Reaktion auf die unzureichenden Beschreibungsmöglichkeiten durch die Phrasenstrukturgrammatiken wurde von [Chomsky 1964] eine generative Transformationsgrammatik entworfen. Wegen ihres Einflusses auf die gesamte Linguistik wird die formulierte Theorie auch als "Standardtheorie" bezeichnet [Helbig 1996].

Die Transformationsgrammatik erlaubt im Gegensatz zu reinen Konstituentengrammatiken eine zusätzliche Beschreibung von Aktiv- und Passivkonstruktionen sowie diskontinuierlichen Konstituenten (z.B. abgetrennte Verbpräfixe) und Permutationen. Der Nachteil der Transformationsgrammatik ist jedoch die geringe Eignung für die maschinelle Verwendung.
Innerhalb der Computerlinguistik und in Forschungen zur Künstlichen Intelligenz (KI) wurden deshalb zunächst ATN-Grammatiken (Augmented Transition Network – dt. etwa "erweitertes Übergangsnetzwerk") entwickelt. In diesen Grammatiken wurde versucht, kontextabhängige Elemente und transformationelle Zusammenhänge in Form von Tests und Registeroperationen einfließen zu lassen. Ein Nachteil dieser Grammatiken ist, dass hier rechentechnische Aspekte im Gegensatz zu linguistischen Aspekten im Vordergrund stehen.

Deshalb wurde im Weiteren in der Computerlinguistik wieder stärker der sprachwissenschaftliche Aspekt berücksichtigt und es entstanden sog. "Featurestrukturgrammatiken". Hierbei werden, aufbauend auf einer kontextfreien Phrasenstrukturgrammatik, definierte Schemata von Merkmals-Wert-Paaren, sog. "Featurestrukturen" verarbeitet. Ein wichtiges Prinzip ist hierbei die Unifikation von Merkmalsstrukturen, d.h. zwei Merkmalsstrukturen werden auf Verträglichkeit geprüft und – im Falle der Verträglichkeit – wird als Ergebnis eine Merkmalsstruktur zurückgeliefert, die die Information beider Strukturen vereint.

Feature-Strukturen und Unifikation sind Bestandteile von mittlerweile sehr vielen Grammatiken. Als typisches Beispiel für eine Featurestrukturgrammatik kann neben vielen anderen die lexikalisch-funktionale Grammatik (LFG) angeführt werden (siehe Abbildung 3-4).

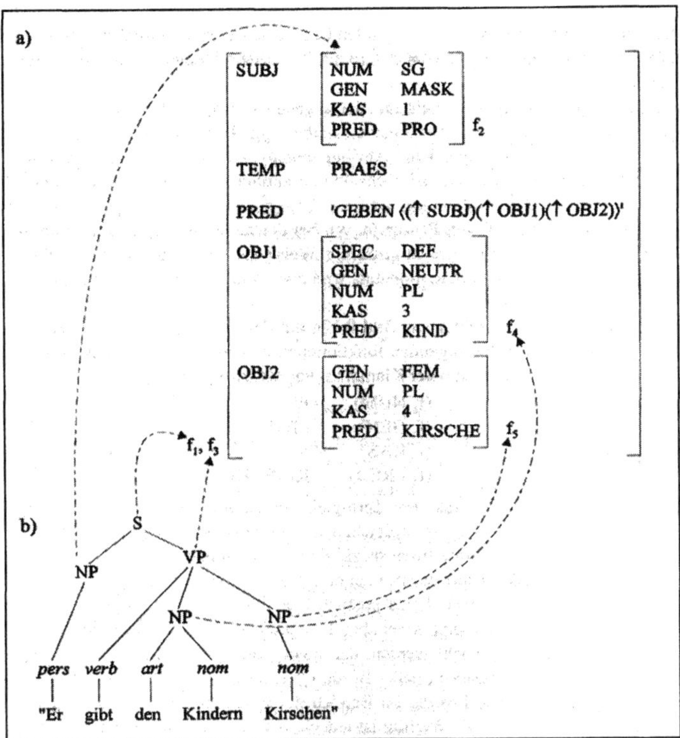

Abbildung 3-4: Strukturbeschreibung in einer LFG [Helbig 1996:333]
a) Featurestruktur (F-Struktur)
b) Konstituentenstruktur (C-Struktur)

Als letzter Ansatz sei noch die Möglichkeit der Darstellung von Sprache mit Hilfe von zweidimensionalen Baumstrukturen in sog. Baumadjunktionsgrammatiken (Tree Adjoining Grammar oder TAG) erwähnt [Joshi 1986]. Anstelle von Produktionsregeln gibt es in TAGs Initialbäume und Auxiliarbäume.

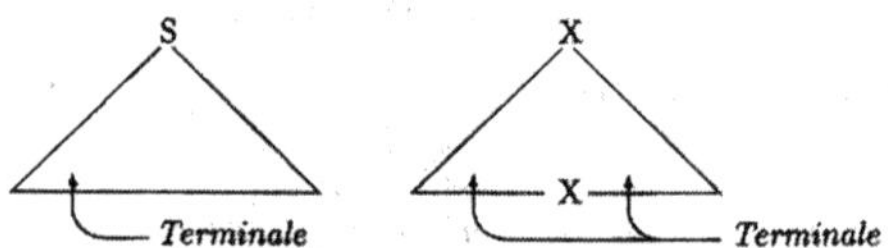

Abbildung 3-5: Initialbäume und Auxiliarbäume [Görz 1995:380]

Initialbäume haben als Wurzel das Startsymbol S und als Blätter ausschließlich Terminale. Auxiliarbäume haben als Blätter eine beliebige Anzahl von Terminalsymbolen sowie ein Nichtterminal. Unter Adjunktion versteht man, dass man jeden Auxiliarbaum an Stelle eines beliebigen Teilbaums in einen anderen Baum einsetzen kann, sofern dieser Teilbaum dieselbe Wurzel besitzt.

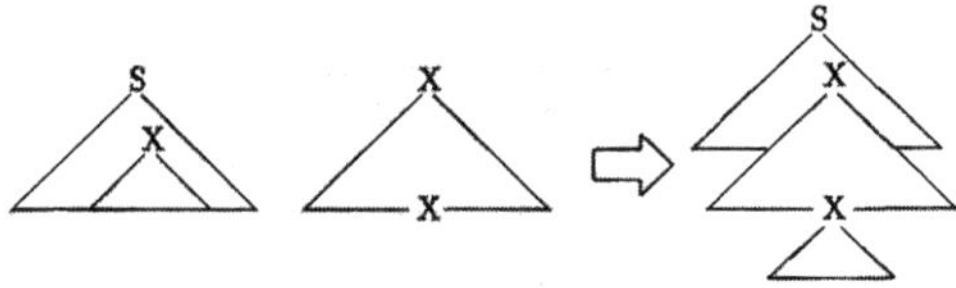

Abbildung 3-6: Baumadjunktion [Görz 1995:381]

Für die Beschreibung von natürlichen Sprachen wurden und werden immer weitere Grammatikmodelle entwickelt bzw. bestehende Grammatiken ergänzt und optimiert. Die verschiedenen Ausprägungen sind inzwischen kaum noch überschaubar. Abbildung 3-7 versucht einen geschichtlichen Überblick sowie zur besseren Übersicht eine Zuordnung zu den einzelnen Forschungsgebieten Linguistik, Computerlinguistik sowie Künstliche Intelligenz.

Für weitergehende Informationen über die einzelnen Sprachbeschreibungsmodelle verweise ich neben den Literaturhinweisen im Text auf weitere entsprechende Fachliteratur (u.a. [Halliday 1985], [Kaplan 1982], [Kay 1979], [Lakoff 1971], [Lohnstein 1993], [Naumann 1994], [Pereira 1980], [Pollard 1994], [Reyle 1987], [Uszkoreit 1986]). Einen allgemeinen Überblick geben [Görz 1995] und [Helbig 1996].

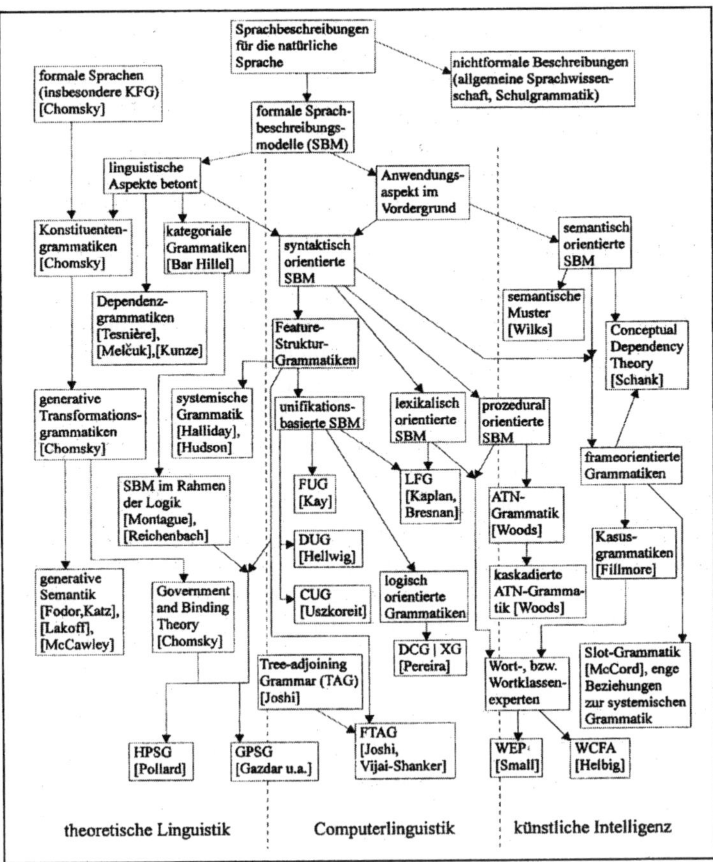

Abbildung 3-7: Überblick über Methoden der Sprachbeschreibung [Helbig 1996:314]

Abkürzungen: ATN augmented transition network; CUG categorial unification grammar; DCG definite clause grammar; DUG dependency unification grammar; FTAG feature based TAG; FUG functional unification grammar; GPSG generalized phrase structure grammar; HPSG head-driven phrase structure grammar; DFG kontextfreie Grammatik; LFG lexical functional grammar; SBM Sprachbeschreibungsmodell/-methode (allgemein); TAG tree-adjoining grammar; WCFA wordclass controlled functional analysis; WEP word-expert parsing; XG extraposition grammar

Abhängig davon, welche Grammatik in der syntaktischen Analyse verwendet werden soll, muss entschieden werden, welche Strategie für deren Verarbeitung gewählt wird. Im Folgenden werden verschiedene Parsingmethoden kurz beschrieben.

3.2.2.2 Parsingmethoden und -systeme

Unter "Parsing" im Bereich der maschinellen Verarbeitung von natürlicher Sprache versteht man die *"Automatische bzw. programmgesteuerte syntaktische Analyse nach einem Grammatikmodell; die Errechnung von Strukturen aus Eingabeketten (Satzglieder, syntaktische Funktionen, Lexeme und deren morphosyntaktischen Bedingungen)." [Lewandowski 1990]*. Ein Parser ist demnach ein grammatischer Analysator, der Sätze nach einem Grammatikmodell zergliedert. Bisweilen wird mit dem Begriff "Parser" aber auch der abstrakte Algorithmus bezeichnet, der einem solchen Programm zugrunde liegt.

Mittlerweile existieren neben den ursprünglichen syntaktischen Parsern auch phonologische, morphologische, semantische und sog. Textparser. Bei letzteren handelt es sich um Systeme, die ganze Text- und Diskursstrukturen analysieren. Aufgrund dieser Entwicklungen muss die oben eingeführte Definition insofern erweitert werden, dass die Einschränkung auf eine syntaktische Analyse aufgehoben wird, d.h. "Parsing" ist ein Prozess der einem sprachlichen Ausdruck eine Strukturbeschreibung zuweist. Dies geschieht im Wesentlichen im Bereich der Satzsyntax.

Für fast alle oben angeführten Grammatikformalismen sind oder werden geeignete Parsingmodelle entwickelt und implementiert. Im Folgenden werden eine Reihe von Parsingalgorithmen beschrieben. Eine ausführlichere Darstellung dieser und anderer Algorithmen findet sich in [Naumann 1994].

Zur Klassifikation von Parsingalgorithmen können grundsätzlich drei Kriterien herangezogen werden:

- die Verarbeitungsrichtung
- die Analyserichtung
- die Suchstrategie

Verarbeitungsrichtung

Die Verarbeitungsrichtung eines Parsingalgorithmus kann entweder unidirektional oder bidirektional geschehen. Im Falle der Unidirektionalität wird differenziert zwischen einer Verarbeitung von links nach rechts bzw. umgekehrt. Bei der Links-rechts-Verarbeitung beginnt die Analyse mit dem ersten Wort des Satzes und arbeitet ihn dann Wort für Wort von links nach rechts ab. Diese Analyserichtung wird in den meisten unidirektionalen Parsern eingesetzt, da sie ein sog.

Online-Parsen erlaubt, d.h. der zu verarbeitende Satz kann schon während der Eingabe nach und nach analysiert werden. Bei der Rechts-Links-Verarbeitung wird der Satz vom Satzende ausgehend in umgekehrter Reihenfolge verarbeitet.

Neben der unidirektionalen Verarbeitung gibt es auch bidirektionale Verfahren. Diese haben entweder zwei feste Startpunkte (Satzanfang und Satzende) oder es werden nach bestimmten Kriterien sog. Wortinseln markiert, von denen ausgehend die Satzverarbeitung bidirektional erfolgt, bis der gesamte Satz verarbeitet ist.

Analyserichtung

Die Analyserichtung bezieht sich auf die Verarbeitungsrichtung der anzuwendenden Grammatikregeln. Unidirektionale Analysen teilen sich wiederum in zwei Unterklassen auf: die Top-Down bzw. die Bottom-Up arbeitenden Algorithmen. Top-Down arbeitende Algorithmen beginnen bei der Analyse eines Satzes mit dem Startsymbol der Syntax und suchen nach einer Ableitung. Dabei sind sie zielgesteuert und terminieren, wenn ein entsprechender Ausdruck gefunden wurde.

Beispiel (basierend auf der Beispielgrammatik im Abschnitt Grammatikformalismen):

Verarbeitungsrichtung Top-Down
S ⇨ NP VP ⇨ Det N VP ⇨ "der Mann" V ⇨ "der Mann schläft"

Bottom-Up Algorithmen gehen den umgekehrten Weg und beginnen mit dem zu analysierenden Ausdruck. Sie suchen datengesteuert nach Reduktionsmöglichkeiten und terminieren, wenn der reduzierte Ausdruck nur noch dem Startsymbol der Syntax entspricht.

Beispiel:

Verarbeitungsrichtung Bottom-Up
"der Mann schläft" ⇨ "der Mann" V ⇨ Det N VP ⇨ NP VP ⇨ S

Aus den genannten Beispielen können die Schwächen beider Algorithmen abgelesen werden. Top-Down-Verfahren können u.U. Kategorien vorschlagen, die nicht terminierbar sind. Andererseits besteht bei Bottom-up-Algorithmen die Gefahr, dass Konstituenten gebildet werden, die nicht weiter reduzierbar sind. Bidirektionale Algorithmen versuchen dieses Manko auszugleichen, indem sie die beiden beschriebenen unidirektionalen Verfahren miteinander kombinieren. Dies kann derart geschehen, dass je nach Gegebenheit das Verfahren angewendet wird, welches zu einer Terminierung führt. Es gibt aber auch Mischsysteme (z.B. die Left-corner-Analyse), die bestimmte Konstituenten Bottom-Up und die verbleibende Menge Top-Down verarbeiten.

Suchstrategien

Die Unterscheidung zwischen deterministischen bzw. nicht-deterministischen Algorithmen berücksichtigt die Tatsache, dass es in bestimmten Analysezuständen zu einer Situation kommen kann, in der mehrere Regeln auf den gleichen Ausdruck angewendet werden können. Deterministische Algorithmen gehen in jeder Situation davon aus, dass es nur eine anzuwendende Regel gibt, die eindeutig identifizierbar ist. Von deterministischen Verfahren wird deshalb immer nur eine Analysemöglichkeit betrachtet.

Nicht-deterministische Algorithmen hingegen berücksichtigen die Möglichkeit, dass es in bestimmten Situationen vorkommen kann, dass mehrere Regeln angewendet werden können. Deshalb müssen sie über eine Kontrollstruktur verfügen, die es in solchen Fällen erlaubt, die Analysemöglichkeiten zu verfolgen. An dieser Stelle sei nur knapp auf die beiden am meisten verwendeten Suchstrategien in diesem Kontext verwiesen:

- die Depth-first-Suche mit Backtracking und
- die Breadth-first-Suche

Eine Depth-first-Suche verfolgt einen begonnenen Pfad immer weiter und berücksichtigt erst dann andere Pfade, wenn der untersuchte Pfad nicht weiter ausgebaut werden kann (Backtracking). Die Breadth-first-Suche hingegen ordnet alle bisher untersuchten Pfade nach deren Länge und erweitert immer den jeweils kürzesten.

Parsingalgorithmen

Eine Klassifikation von Parsingalgorithmen auf der Basis der beschriebenen Parameter zeigt Abbildung 3-8.

Zu den verschiedenen Algorithmen existieren jeweils die entsprechenden Parser. Die elementaren Parsingalgorithmen sind zudem in den anderen Bereichen jeweils in Mischsystemen (z.B. LR-Parser = deterministischer Bottom-up-Parser) angewandt.

Gleichzeitig veranschaulicht Abbildung 3-8, dass nicht-deterministische Parser zusätzlich in zwei Untergruppen unterschieden werden, je nachdem ob sie Teilergebnisse des Analyseprozesses abspeichern, oder nicht. Bei Parsingverfahren, die Teilergebnisse abspeichern, handelt es sich um so genannte Chart-Parser.

Bei der Analyse eines Satzes wird zum Speichern der Teilergebnisse eine Chart (dt. Tabelle bzw. Diagramm) benutzt, in die die schon ermittelten Ergebnisse eingetragen werden.

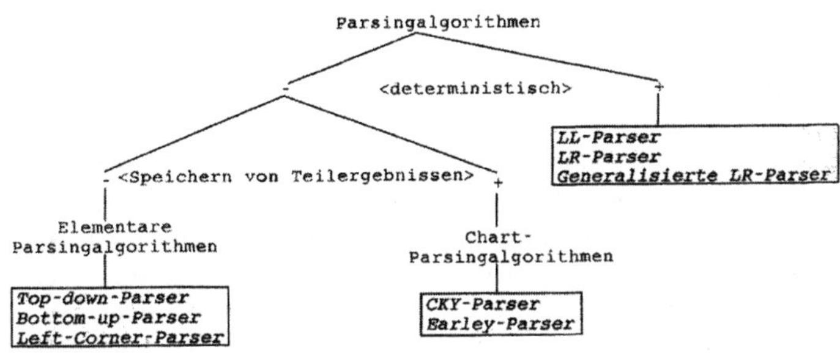

Abbildung 3-8: Parsingalgorithmen [Görz 1995: 410]

Chart-Parser haben gegenüber den Backtrackingalgorithmen der elementaren nicht-deterministischen Verfahren u.a. den Vorteil, dass ein Satzabschnitt nicht mehrfach auf dieselbe Art und Weise analysiert wird. Gewonnene Teilergebnisse werden in der Chart gespeichert und sind abrufbar, wenn für denselben Satz eine andere Analysemöglichkeit geprüft wird. Als Chart-Parsingverfahren seien hier beispielhaft das rein Bottom-up arbeitende Verfahren nach dem Cocke-Kasami-Younger-Algorithmus [Kasami 1965],[Younger 1967] sowie das heute in zahlreichen natürlichsprachlichen Systemen angewandte Verfahren nach dem Earley-Algorithmus [Earley 1970] genannt.

LL- bzw. LR-Parser[18] werden hauptsächlich in der Informatik eingesetzt und gehören in die Klasse der deterministischen Bottom-up-Parser. Da deterministische Parser voraussetzen, dass zu jedem Zeitpunkt der Analyse der nächste Schritt eindeutig identifiziert werden kann, arbeiten sie erheblich effizienter als Parser mit nicht-deterministischen Algorithmen. Eine Speicherung von Teilergebnissen und eine Untersuchung verschiedener Analysemöglichkeiten entfällt. Trotzdem spielten deterministische Parser lange Zeit innerhalb der Computerlinguistik nur eine untergeordnete Rolle. Durch die Beschränktheit der Syntaxen, die sich deterministisch parsen lassen, waren sie für die Verarbeitung von natürlicher Sprache nicht bzw. nur bedingt geeignet.

[18] LL- bzw. LR-Parser arbeiten von Links-nach-rechts (dafür steht der erste Buchstabe L). Der zweite Buchstabe steht für das Verfahren der Bildung einer Links- bzw. Rechtsableitung.

Durch den von M. Tomita entwickelten generalisierten LR-Parsingalgorithmus [Tomita 1986] hat sich diese Situation geändert und der Algorithmus gehört *"[...] zu den in neueren natürlichsprachlichen System am häufigsten verwendeten Algorithmen."* [Görz 1995:417]. Der Algorithmus kann aufgrund eines speziellen technischen Verfahrens mehrere konkurrierende Analysemöglichkeiten eines Satzes gleichzeitig verfolgen.[19]

Statistisches Parsen

Der Vollständigkeit halber müssen an dieser Stelle auch die statistischen Analyseverfahren genannt werden. Diese Verfahren basieren auf einer numerischen Bewertungen von Regeln, Hypothesen oder Strukturen. Auf der Basis von bekannten Systemen wie z.B. kontextfreien Syntaxen verarbeiten die statistischen Methoden zusätzlich statistische bzw. probabilistische Informationen. Dadurch erhalten die Resultate eine Gewichtung, die zur Auswahl der korrekten Analyse mit herangezogen werden kann. So können z.B. im bereits laufenden Parsingprozess schlechter bewertete Teilergebnisse verworfen werden. Viele Ansätze im Bereich des statistischen Parsings bedienen sich dabei der so genannten Hidden-Markov-Modelle. Zur Anwendung siehe u.a. [Brants 1999] und [Waibel 1990].

Auch mit einer vollständigen morphosyntaktischen Analyse bleiben bestimmte Mehrdeutigkeiten in der maschinellen Verarbeitung von Sprache bestehen (z.B. Homonyme und Polyseme im Abschnitt Mehrdeutigkeiten). Soll ein sprachverarbeitendes System aus einer bestimmten Eingabe zusätzlich zur morphologischen und syntaktischen Information auch Bedeutungsinformation extrahieren, so ist dies mit den bisher diskutierten Analyseverfahren nicht zu bewerkstelligen.

3.2.3 Semantische Analyse

Der Einsatz von semantischen Analyseverfahren ist abhängig vom geplanten Einsatz des maschinellen Sprachanalysesystems. So ist es z.B. für ein System zur Rechtschreibkorrektur nicht notwendig, umfangreiche Bedeutungsanalysen vorzunehmen. Der Einsatz von semantischen Analyseverfahren z.B. in Dialogsystemen liegt jedoch auf der Hand. Dialogsysteme versuchen sowohl aus der Eingabe Bedeutungsinformation zu extrahieren, als auch bei der Ausgabe aus Bedeutungsinformation eine sprachliche Aussage zu generieren. Mit dem Problem der semantischen Analyse haben sich neben der Linguistik und Computer-

[19] Unter http://www.cl.uni-heidelberg.de/seminare/studpro03/tomita/tabelleparser/ParserApplet.html kann der Algorithmus getestet werden.

linguistik auch andere Disziplinen befasst. Zu nennen sind hier die Sprachphilosophie, die Logik, die Psychologie und schließlich die künstliche Intelligenz.

Die elementaren Aufgaben für die semantische Verarbeitung lassen sich nach [Pinkal 1993] in folgende Bereiche unterteilen:

- Semantikkonstruktion
  Hierbei wird das semantische Potenzial eines Satzes, d.h die Information, die sich ausschließlich aufgrund von linguistischem Wissen ermitteln lässt, auf der Grundlage von lexikalischen und syntaktischen Informationen extrahiert.
- Semantische Resolution
  Die semantische Resolution bestimmt den aktuellen semantischen Wert eines Satzes in einem gegebenen Äußerungskontext. Dieser Wert wird mit Hilfe von Disambiguierungen und durch Identifikation bestimmter Referenzobjekte für kontextabhängige Ausdrücke bestimmt (Kontextwissen).
- Semantische Auswertung
  Unter Einbeziehung von Weltwissen wird hierbei die relevante Äußerungsinformation eines Satzes ermittelt (Weltwissen).

Im Rahmen dieser Arbeit möchte ich nur kurz auf den Bereich der Semantikkonstruktion näher eingehen. Für eine weitergehende Beschreibung der semantischen Resolution sowie der semantischen Auswertung, d.h. der Einbeziehung von Kontext bzw. Weltwissen in die semantische Analyse siehe [Pinkal 1993]. Für eine Erläuterung existierender Verfahren siehe z.B. für die CD-Theorie [Schank 1981], [Wahlster 1982], für die Montague-Grammatik [Montague 1974], [Gamut 1991] und für die Diskursrepräsentationstheorie [Kamp 1992].

Die Disambiguierung semantischer Mehrdeutigkeiten auf Wort- bzw. auf Satzebene ist eines der schwierigsten Probleme der maschinellen Sprachanalyse. Auf der Ebene der lexikalischen bzw. syntaktischen Informationen werden hierfür sehr oft Kasusrahmen bzw. Valenzinformationen eingesetzt. Hierbei wird die Fähigkeit von Wörtern, insbesondere von Verben, berücksichtigt, bestimmte Erwartungen und Leerstellen in Sätzen zu öffnen, die von anderen Wörtern oder Satzkonstituenten zu erfüllen sind. Aufgrund dieser Information können dann Satzglieder miteinander in Verbindung gebracht und somit Mehrdeutigkeiten disambiguiert werden.

Eine Möglichkeit der Disambiguierung von Homonymen bzw. Polysemen ist der Versuch, diese mit Hilfe von so genannten assoziativen Begriffen auf eine semantische Bedeutung zu reduzieren. Voraussetzung hierfür ist, dass die Homonyme/Polyseme mit allen semantischen Bedeutungen im Lexikon codiert sind und für jede dieser Bedeutungen assoziative Begriffe vorhanden sind.

Innerhalb des LeWi-Projektes wurden semantische Informationen nur in speziellen Bereichen extrahiert und verarbeitet. Der nächste Abschnitt gibt einen detaillierten Überblick über die verwendeten Verfahren.

3.3 Die Analysekomponenten im LeWi-Projekt

Im LeWi Projekt werden in zwei verschiedenen Bereichen Analysekomponenten eingesetzt, und zwar im Bereich der Fragenanalyse und bei der Indexierung der Artikeltexte des BMM.

Innerhalb der Fragenanalyse wird zunächst eine morphosyntaktische Analyse der Frage mit dem Programm MPRO des IAI durchgeführt. Hierbei ordnet MPRO zunächst jedem Wort ein Merkmalbündel ("feature bundle") an morphosyntaktischen und semantischen Informationen zu. Anschließend wird mit Hilfe einer speziell für Fragen entwickelten Grammatik eine sog. logische Form der Frage gebildet. Diese logische Form enthält eine für die weitere Fragenanalyse notwendige Teilauswahl der morphosyntaktischen und semantischen Informationen (u.a. Grundform, Wortklasse, Ableitungen etc.). Ausgehend von dieser logischen Form wird dann der Frage anhand von bestimmten Indikatoren ein Fragentyp nach einer speziell für LeWi entwickelten Fragentypologie zugewiesen. Abschließend wird die logische Form und der Fragentyp an den Suchprozess übergeben.

Die Indexierung der BMM-Artikeltexte geschieht ebenfalls unter Verwendung des Programms MPRO, teilt sich jedoch in zwei voneinander getrennte Verfahren auf. Zum einen werden die Artikeltexte des BMM morphosyntaktisch durch MPRO analysiert und bestimmte Informationen aus dieser Analyse (z.B. Grundformen, Ableitungen, Dekompositionen) direkt an die Begriffe der Artikeltexte annotiert. Die zweite Form der Indexierung ist die automatische Klassifikation der Artikeltexte nach der in Kapitel 2 vorgestellten BMM-Klassifikation. Diese automatische Klassifikation wird in Kapitel 4 eingehend betrachtet. An dieser Stelle sei nur erwähnt, dass auch der automatischen Klassifikation eine morphosyntaktische Analyse durch MPRO vorangeht.

Im Folgenden werden nun die in den verschiedenen Indexierungen verwendeten Methoden bzw. Programmmodule näher betrachtet. Nach einer detaillierten Beschreibung des Programmes MPRO wird anschließend auf die speziell für die Fragenanalyse im LeWi-Projekt entwickelten Komponenten eingegangen.

3.3.1 Linguistische Analyse mit MPRO

MPRO (morphological processing) ist ein Programmpaket zur morphologischen Analyse von Texten, das am IAI (Institut der Gesellschaft zur Förderung der Angewandten Informationsforschung e.V. an der Universität des Saarlandes) entwickelt worden ist. Die MPRO-Analyse annotiert jedes Wort eines Textes mit morphosyntaktischen und je nach Wortklasse auch mit semantischen Informationen. Zusätzlich werden die vor allem im Deutschen häufig auftretenden Komposita in ihre Bestandteile zerlegt. Die vorliegenden Beschreibungen folgen den Ausführungen von [Maas 1996], [Maas 1997] bzw. [IAI 2003].

3.3.1.1 Segmentierung

In der morphologischen Analyse werden durch das Programm MPRO zunächst Satz- und Wortgrenzen ermittelt. Dies geschieht u.a. durch die Berücksichtigung von Leer- und Interpunktionszeichen. Eingeschränkt ermittelt MPRO in diesem Schritt auch feste Fügungen wie z.B. "Schritt für Schritt" oder "Konstruieren-Herstellen-Erproben-Zyklen" mit einer Maximallänge von zehn Elementen.

Für die Erkennung von Satz- bzw. Wortgrenzen benutzt MPRO bestimmte Regeln, die festschreiben, bei welchen Kombinationen von Zeichen und Wörtern ggf. eine neue Zeichenkette bzw. ein neuer Satz beginnt. Gibt es Anzeichen dafür, dass eine Zeichenkette zu Ende ist, wird sie in einem Vollformen-Wörterbuch gesucht bzw. der eigentlichen morphologischen Analyse unterzogen, um die nötigen Informationen für die Anwendung der Satzgrenzenregeln zu beschaffen. Die Regeldatei enthält weiterhin Regeln, mit denen ungewöhnliche „Wörter“, wie etwa E-Mail-Adressen und Datumsangaben, identifiziert und mit entsprechenden Informationen versehen werden. Die Segmentierung arbeitet dabei vollkommen inhaltsunabhängig und berücksichtigt nur reine Zeichenfolgen.

Nach Identifikation der Satz- und Wortgrenzen wird jedem Wort ein Merkmalbündel ("feature bundle") annotiert. Dabei wird bei der Analyse der Wörter (Zeichenfolgen) unterschieden zwischen sog. „normalen“ Wörtern, d.h. Zeichenfolgen, die zumindest in ihrer Grundform in einem Lexikon der deutschen Sprache zu finden sind, ad-hoc-Zeichenfolgen, die als Akronyme, Firmennamen, E-Mail-Adressen etc. erkannt werden, und Zeichenfolgen, die das Programm als möglicherweise falsch geschriebene „normale“ Wörter analysiert und ihnen die Grundform eines „normalen“ Wortes zuweist.

3.3.1.2 Morphologische Analyse

Die morphologische Analyse beruht auf einem Morphemlexikon. Das Lexikon für das Deutsche enthält etwa 90.000 Einträge. Hierbei handelt es sich um verschiedene Formen von Morphemen, die Allomorphe. Den 90.000 Allomorphen im Deutschen entsprechen rund 78.000 Morpheme.

Das deutsche Morphemlexikon enthält außerdem eine große Anzahl von Namen (Familiennamen, Vornamen) sowie viele Namen von Städten, Ländern und Flüssen. Zum Teil besitzen die Einträge eine Markierung, aus welcher Sprache sie stammen. Ein großer Teil des lateinischen und griechischen Wortschatzes ist im deutschen Morphemlexikon vertreten, da diese Morpheme vor allem in der Medizin auftreten und dort auch sehr produktiv weitere Wörter bilden.

Für das Deutsche gilt, dass alle Wörter durch Derivation, Flexion und Präfigierung gebildet werden, so dass ein Wort fast immer nach der Formel

S = *^pref* + *nva* + **deriv*
(Hinterhauses = *hinter* + *haus* + *es)*
W = *S* + *flex*
(Haus = *Haus* + *es)*

zerlegt werden kann. Hierbei bedeutet

S: Stamm
^pref: Es ist ein oder kein Präfix vorhanden
nva: Es ist genau ein Morphem der Klasse Nomen, Verb oder Adjektiv vorhanden
**deriv: Es ist eine Folge von Derivationsmorphemen vorhanden, eventuell auch keines*
W: Wortform
flex: Es ist immer ein Flexionsmorphem vorhanden (darf Null-Morphem sein)
[IAI 2003:3]

Im Deutschen gibt es darüber hinaus die Zusammensetzung oder Komposition, d.h. Wörter können auch folgende Formen haben:

W = *S* + *S* + *flex*
(Dampfschiffs = *dampf* + *schiff* + *s)*
W = *S* + *S* + *S* + *flex*
(Donaudampfschiffs = *donau* + *dampf* + *schiff* + *s)*
[IAI 2003:3]

Dabei können zwischen den Stämmen noch Fugenelemente wie *s, es, n, en, -* auftreten. Die meisten in Texten vorkommenden deutschen Wörter sind jedoch einfach, d.h. sie besitzen nur einen Stamm. Die meisten zusammengesetzten

Wörter bestehen aus zwei oder drei Stämmen. Komposita mit fünf oder gar sechs Stämmen sind sehr selten.

3.3.1.3 Tagging und Lemmatisierung

Die zu analysierenden Wortstrings werden nach diesen Regeln in Morpheme zerlegt. Zunächst wird versucht, das Wort nach Möglichkeit in Bestandteile zu zerlegen, für die es im Lexikon einen Eintrag gibt. Hierbei wird eine Liste von rund 4.000 Allomorphpaaren verwendet, von denen bekannt ist, dass ihr gemeinsames Vorkommen in einer Wortzerlegung nie zu einem Ergebnis führen wird. Damit kann die Anzahl der genauer zu untersuchenden Zerlegungen bereits beträchtlich reduziert werden.

Beispiel [IAI 2003:6]:

abt|ei
abt|eil
abt|rag
abt|reib
abt|ren
abt|renn
abt|ritt

Mit diesen Einträgen werden bestimmte Kompositazerlegungen vermieden, die mit dem Morphem „Abt" beginnen. Danach wird den verbliebenen einzelnen Wörtern die im Lexikon vorhandene Information zugeordnet. Als nächstes werden wieder Wortbestandteile entfernt, von denen es klar ist, dass sie nie in die Wortbildung eingehen (etwa *er* als Suffix am Wortanfang). Nach dieser "Aufräumarbeit" wird die morphologische Grammatik angewandt, die versucht, zwei oder drei Stämme zu einem weiteren Stamm zusammenzufügen. Dabei spielen natürlich die Informationen aus dem Lexikon eine wichtige Rolle. Wenn es gelingt, wenigstens eine komplette Struktur für das gesamte Wort zu bauen, ist die Analyse beendet und die Ergebnisse werden ausgegeben.

Wenn die Suche erfolgreich ist bzw. wenn die Zeichenkette auf andere Art und Weise identifiziert werden konnte (z.B. als Zahl, Datum, Akronym, E-Mail- oder Internet-Adresse), wird sie als ein Wort interpretiert, zusammen mit der ermittelten Information. Diese Information wird als "feature bundle" ausgegeben, d.h. als Folge von Attribut-Wert-Paaren. Wenn das Programm mehrere Resultate ermittelt, werden alle Möglichkeiten ausgegeben.

Das Ergebnis der morphologischen Analyse hat immer folgende Grundstruktur:

{string=Wortform, c=syntaktische Kategorie, sc=Subkategorie, lu=Grundform (Zitatform) usw.}

Neben der obligatorischen Verwaltungsinformation (z.B. Wortnummer, Satznummer etc.) werden bei den „normalen" Wörtern mindestens die Grundform (Zitatform) und die Wortklasse (Substantiv, Verb, Adjektiv usw.) annotiert.

Abhängig von der Wortart liefert MPRO weiterhin Flexionsinformationen (Kasus, Numerus, Genus, Tempus, Person) sowie die Wortstruktur, d.h. die Zerlegung des Wortes in seine Bestandteile. Bei sog. „Bedeutungswörtern" (Nomen, Adjektive, Verben, Adverbien) wird auch immer eine semantische Klassifikation geliefert.

Beispiel für ein "feature bundle" (Wort *Mata Hari*):

> *{ori=Mata_Hari,wnra=1,snr=1,gra=cap,pctr=yes,pctl=no,last=no,ew=1,lw=yes,mori=Mata$aibl$smHari,c=noun,g=f,case=nom;gen;dat;acc,s=name,nb=s,ds=Mata_Hari,ls=Mata_Hari,w=1,lu=Mata_Hari,ehead={case=nom;gen;dat;acc,nb=s,g=f,infl=weak;strong;null},lco=0,rco=0,wnrr=1}*

In diesem Beispiel ist auch die semantische Klassifikation deutlich zu erkennen (*s=name*). Für eine formale Beschreibung der wichtigsten Merkmale, die durch das Programm MPRO ausgegeben werden können siehe Anhang B.

Wenn für die Zeichenkette keine Information gefunden werden kann, wird sie mit einigen Default-Merkmalen ausgegeben, die das Wort als unbekannt kennzeichnen und ihm die syntaktische Kategorie Nomen zuweisen.

Die zugeordneten Informationen bilden formal eine Menge von Attribut-Wert-Paaren. Diese Informationen können – je nach Wort – syntaktisch eindeutig oder mehrdeutig sein. Wenn ein Wort zu mehreren Wortklassen gehört, d.h. ein Lexikonsuchlauf mehr als ein Ergebnis produziert hat, so wird diese Information in getrennten, aufeinander folgenden Merkmalsbündeln dargestellt. Dies wird sichtbar darin, dass alle zu einem Wort gehörigen Pakete die gleichen Verwaltungsinformationen tragen.

Beispiel für mehrere Lesarten (Eingabe *Wer war*):

> {wnra=1,wnrr=1,snr=1,ori=Wer,gra=cap,c=w,sc=pron, ...}
> {wnra=1,wnrr=1,snr=1,ori=Wer,gra=cap,c=w,sc=interr1, ...}
> {wnra=2,wnrr=2,snr=1,ori=war,gra=small,c=verb,vtyp=fiv,tns=past,mode=ind, ds=sein,ls=sein,lu=sein,ts=war,t=sein,saw=&b&n}

In obigem Beispiel werden zwei Lesarten für das Wort *Wer* ausgegeben, als Pronomen (*sc=pron*) bzw. als substantivisches Fragepronomen (*sc=interr1*). Die Verwaltungsinformation (*wnra, wnrr, snr*) bleibt gleich. Gleichzeitig zeigt das Beispiel auch die Zuordnung der jeweiligen Grundformen eines Wortes (Wort: *war => lu=sein*).

Mehrdeutigkeiten innerhalb eines "feature bundle" (z.B. die Flexion betreffenden Mehrdeutigkeiten) werden durch Semikolon voneinander getrennt (z.B. soll *num=sg;pl* bedeuten, dass ein Wort gleichzeitig Singular und Plural sein kann).

Beispiel für eine komplette morphologische Analyse
(Satz *Wer war Mata Hari?):*

```
{wnra=1,wnrr=1,snr=1,ori=Wer,pctr=no,last=no,pctl=no,offset=4,lw=no,gra=cap,c
=w,sc=pron,per=3,ehead={g=m,nb=sg,case=nom},subl={reg=0,dom=0,loc=no,freq
=0},ds=wer,ls=wer,s=nil,w=1,ew=1,lu=wer,saw=&b}
{wnra=1,wnrr=1,snr=1,ori=Wer,pctr=no,last=no,pctl=no,offset=4,lw=no,gra=cap,c
=w,sc=interr1,fu=np,ehead={g=m,nb=sg,case=nom},subl={reg=0,dom=0,loc=no,fr
eq=0},ds=wer,ls=wer,s=nil,w=1,ew=1,lu=wer,saw=&b}
{wnra=2,wnrr=2,snr=1,ori=war,pctr=no,last=no,pctl=no,offset=8,lw=no,gra=small
,c=verb,vtyp=fiv,tns=past,mode=ind,per=1;3,nb=sg,subl={reg=0,dom=0,loc=no,fre
q=0},hsns=hs;ns,cs=v,ds=sein,ls=sein,ss=v,w=1,s=nil,ew=0,lu=sein,ts=war,t=sein,s
aw=&b}
{wnra=3,wnrr=3,snr=1,mori=Mata$iaibl$smHari,ori=Mata_Hari,pctr=yes,
last=no,pctl=no,offset=18,lw=yes,gra=cap,c=noun,g=f,case=nom;gen;dat;
acc,s=name,nb=s,ds=Mata_Hari,ls=Mata_Hari,w=1,ew=0,lu=Mata_Hari,
ehead={case=nom;gen;dat;acc,nb=s,g=f,infl=weak;strong;null}}
{wnra=4,wnrr=4,snr=1,ori=?,pctr=no,last=yes,pctl=no,offset=19,lw=no,gra=other,
c=w,sc=punct,pc=se;se2,s=nil,subl={reg=0,dom=0,loc=no,freq=0},ds=?,ls=?,w=1,
ew=0,lu=?,saw=&n}
```

3.3.1.4 Homographenresolution

Tagging und Lemmatisierung beschränken sich rein auf die wortbasierte Analyse. Dabei werden ausschließlich die Zeichenketten ohne Kontext betrachtet und die erzeugte Information gibt alle möglichen syntaktischen Interpretationen wieder. Mehrdeutigkeiten können dabei noch nicht aufgelöst werden.

Die Homographenanalyse versucht nun anhand von bestimmten Regeln durch Inspektion des Kontextes syntaktische Mehrdeutigkeiten zu reduzieren. So wird z.B. untersucht, ob ein Wort in Einklang mit seiner syntaktischen Funktion korrekt mit einem Groß- bzw. Kleinbuchstaben beginnt. Dies setzt natürlich voraus, dass der eingegebene Text nach der deutschen Rechtschreibung korrekt eingegeben wurde.

Die Information bzw. Lesart, die im gegebenen Kontext nicht zutrifft, wird gelöscht. Eine vollständige Löschung einer Lesart erfolgt jedoch nur in sicheren Fällen. In Zweifelsfällen bleibt die Mehrdeutigkeit bestehen.

3.3.1.5 Wortgruppenanalyse

Für die Zusammenfassung von mehreren Wörtern zu Wortgruppen wird bei der morphologischen Analyse im LeWi-Projekt noch ein zusätzliches morphologisches Analysewerkzeug verwendet. Dieses Modul ermöglicht die Lexikalisierung von morphologischen Strukturen aufgrund zusätzlicher Lexika. Im Rahmen des LeWi-Projektes wird der in Kapitel 2 vorgestellte BMM-Thesaurus als zusätzliches Lexikon in die Analyse mit eingebunden. Die Bearbeitung der Texte bzw. Fragen mit diesem zusätzlichen Analysetool ermöglicht es, gezielt Wörter zu lexikalisieren, die im Brockhaus Multimedial vorkommen. Dies ist sowohl für die Fragenanalyse als auch für die Indexierung sinnvoll. Für die Indexierung ist dieser Schritt zudem sehr wichtig, damit nicht generell alle Wörter zerlegt werden und somit z.B. aus *Zaunkönig* kein *König* hergeleitet wird.

3.3.1.6 MPRO – Grammatik

Nach der vollständigen morphologischen Analyse werden die gewonnenen Informationen an ein weiteres Programmmodul zur syntaktischen Verarbeitung und Mehrdeutigkeitsauflösung übergeben. Dieses Modul basiert auf einer Grammatik, die in einer einfachen formalen Sprache notiert ist.

Beispiel für eine Regel [IAI 2003:18]:

> *{cat=np,c=np,r=212,tr=d_n}[{cat=art;poss;quant;dem;det},{cat=noun}]*
> *{lc=_,rc={cat=fiv}}*

Diese Regel besagt, dass eine NP (Nominalphrase, noun phrase) aus zwei Elementen besteht: das erste Element kann entweder ein Artikel (cat=art), ein Possessivpronomen (cat=poss), ein Quantifier (Zahlwort; cat=quant), ein Demonstrativpronomen (cat=dem) oder ein anderes determinierendes Element (cat=det) sein, das zweite Element muss ein Nomen sein (cat=noun).

Die zweite Zeile spezifiziert wiederum über ähnliche Regeln den Kontext, in dem die NP-Regel aus der ersten Zeile angewendet werden darf. Hierbei steht das Merkmal lc für Kontext links und das Merkmal rc für Kontext rechts von den Zeichenfolgen, auf die die Regel angewendet werden soll. Im obigen Fall bedeutet ein Unterstrich bei dem Merkmal lc, dass es keine Restriktionen auf der linken Seite bzgl. des Kontextes gibt, d.h. für die obige Regel ist der Kontext zur linken Seite beliebig. Für den Kontext rechts von der neu zu bildenden NP gibt es jedoch eine Bedingung: cat=fiv für das Merkmal rc bedeutet, dass das nachfolgende Wort auf der rechten Seite ein finites Verb sein muss. Wird diese Voraussetzung nicht erfüllt, so kann die obige Regel nicht angewendet werden.

Das Attribut r (in diesem Fall 212) dient lediglich zur Identifizierung der Regel. Es zeigt im Analyseergebnis an, mit welcher Regel die entsprechende Struktur gebildet wurde. Das Attribut tr ruft ein eingebautes Unterprogramm auf, welches die Kongruenz prüft. Das Resultat der Prüfung wird in einem neu gebildeten Oberknoten (Kategorie np) abgespeichert. In der zweiten Zeile kann auch angegeben werden, welche Merkmale von den Tochterknoten in den Oberknoten vererbt werden sollen (siehe hierzu die spezielle Fragengrammatik).

Die Regeln werden nach einem sehr einfachen Verfahren abgearbeitet: Das Programm versucht, eine Subgrammatik nach der anderen auf den Satz anzuwenden. Wenn alle Regeln einer Subgrammatik abgearbeitet wurden und wenigstens eine Regel dabei erfolgreich war, wird dieselbe Subgrammatik noch einmal auf den Satz angewandt; andernfalls wird die nächste Subgrammatik begonnen.

Die Regeln werden der Reihe nach angewandt. Wenn alle Bedingungen einer Regel erfüllt sind, wird die in der Regel beschriebene Struktur gebaut und ersetzt die Originaleinträge. Dies bedeutet, dass syntaktische Ambiguitäten nicht verfolgt werden (etwa durch Backtracking) und deshalb Fehlanalysen vorkommen können. Eine Reihe von Fehlanalysen wird durch eine geeignete Reihenfolge der Regeln und entsprechende Kontextangaben (vgl. obiges Beispiel rc={cat=fiv}) vermieden. Die Prozedur ist dank ihrer Einfachheit recht schnell und liefert in den meisten Fällen eine vollständige syntaktische Analyse des Satzes.

Beispiel für eine syntaktische Fragenanalyse (Satz *Wer war Mata Hari?*):

```
<1> bis <4>: fragesatz
{cat=fragesatz,c=fragesatz,r=339a,gov=sein,ds=sein,snr=1}
{ori=Wer,saw=&b,wnra=1,wnrr=1,snr=1,gra=cap,pctr=no,pctl=no,last=no,
c=w,sc=interr1,fu=np,ehead={g=m,nb=sg,case=nom},ds=wer,ls=wer,s=nil,
w=1,lu=wer, state=ok,cat=interr1,case=nom,nb=sg,g=m}
{cat=hs,c=hs,r=311,tr=fiv+vzs,gov=sein,ds=sein,snr=1}
{ori=war,saw=&b,wnra=2,wnrr=2,snr=1,gra=small,pctr=no,pctl=no,last=no,c=ver
b,vtyp=fiv,tns=past,mode=ind,per=3,nb=sg,hsns=hs;ns,cs=v,ds=sein,ls=sein,ss=v,w
=1,s=nil,lu=sein,ts=war,t=sein,state=ok,cat=fiv}
{cat=np,c=np,typ=normal,r=232,snr=1}
{ori=Mata_Hari,wnra=3,wnrr=3,snr=1,gra=cap,pctr=yes,pctl=no,last=no,mori=Ma
ta$iaibl$smHari,c=noun,s=name,ds=Mata_Hari,ls=Mata_Hari,w=1,lu=Ma-
ta_Hari,ehead={case=nom;gen;dat;acc,nb=s,g=f,infl=weak;strong;null},    state=ok,
cat=noun,case=nom;gen;dat;acc,nb=s,g=f}
```

<4> bis <5>: punct
{wnra=4,c=w,sc=punct,pc=se;se2,s=nil,ds=?,ls=?,w=1,lu=?,state=ok,cat=punct,ori =?,saw=&n,wnrr=4,snr=1,gra=other,pctr=no,pctl=no,last=yes}

Die sich aus der syntaktischen Analyse ergebende Baumstruktur ist im obigen Beispiel gut zu erkennen. Zur Erklärung der in diesem Schritt angegebenen Merkmale siehe Anhang B.

Hauptsächlich werden die Werte des Attributs c im Attribut cat wiederholt. Im Attribut cat können allerdings auch zusätzliche Werte wie fiv oder pred (für möglicherweise als Prädikate auftretende Funktionsnomen) auftreten, die als einzelne Knoten (z.B. innerhalb von hs) eine Rolle spielen können. Das Merkmal cat kann auch die Werte des vtyp annehmen (z.B. izu und inf), wenn ein solcher Knoten beim Parsen eingefügt wird – z.B. um einen entsprechenden Nebensatz zu kennzeichnen.

Zusätzlich ist im Feature-Bundle die Nummer der angewandten Regel aus der Grammatik enthalten (r=Zahl), Attribute und Werte, wie sie auch bei Nomina, Adjektiven und Verben zur Flexion vergeben werden.

Wenn c=satz, kann auch im Attribut gov (Governor) die Grundform des den Satz regierenden Verbs stehen, sofern dies erkannt wurde. Die zu einem Oberknoten gehörenden Feature-Bundles sind durch entsprechende Einrückung gekennzeichnet.

Im Rahmen des LeWi-Projektes wurde die syntaktische Analyse in zwei Modulen verwendet – der Fragenanalyse und der automatischen Indexierung. Für die spezielle Aufgabenstellung der Fragenanalyse war es jedoch notwendig eine separate Grammatik zu entwickeln, die die Besonderheiten der Analyse von Fragen im Deutschen berücksichtigt.

3.3.1.7 Besonderheiten bei der Fragenanalyse im Deutschen

Bei der maschinellen morphosyntaktischen Analyse von Fragen im Deutschen sind bestimmte Schwierigkeiten zu lösen, die aufgrund der Syntax des Deutschen bei Fragestellungen entstehen. Dabei handelt es sich um Phänomene, die über die Analyse eines "normalen" Textes hinausgehen. Die in der oben erwähnten allgemeinen Grammatik aufgestellten Regeln sind in diesem Fall nicht mehr in der Lage, die Sätze richtig zu analysieren.

Die Schwierigkeiten bei der Analyse von Fragen liegen hauptsächlich in zwei Bereichen: in der besonderen Satzstellung bei Fragen und in den für Fragen typischen orthographischen Besonderheiten.

Im Folgenden sollen einige der Probleme, die sich in Bezug auf die Fragenanalyse im Deutschen ergeben, erläutert werden. Bzgl. der veränderten Satzstellung bei Fragen sind folgende Probleme zentral:

Inversion

Die im Deutschen hauptsächlich vorkommende Wortstellung ist Subjekt-Prädikat-Objekt. Jedoch können durch Umstellung der Satzglieder im Deutschen Fragesätze gebildet werden.

Beispiele:

Findet die Europameisterschaft alle vier Jahre statt?
Kann ein Computer Sprache erkennen?
Um welche Landspitze herum segelte Magellan?

Dies stellt ein großes Problem für die maschinelle Analyse dar, da bei der Bildung solcher Fragen die "normale" Wortfolge verändert wird. Dadurch können einerseits bestehende Grammatikregeln nicht mehr angewandt werden, zum anderen können Grammatikregeln zur Anwendung kommen, die für den gegebenen Kontext nicht zutreffen.

W-Fragen

Durch die häufige Nutzung von Fragepronomina bzw. Frageadverbien ergibt sich im Deutschen ein großer Komplex so genannter W-Fragen.

Beispiele:

Wer gründete der Sage nach Rom?
Was ist die Ursache von Ebbe und Flut?
Wann war die Watergate-Affäre?

Schwierigkeiten in der Analyse ergeben sich hier insbesondere bei der Erkennung von substantivischen bzw. adjektivischen Fragepronomina. Für die Unterscheidung von Pronomen und Fragepronomen müssen bestehende Grammatikregeln abgeändert bzw. neue Regeln hinzugefügt werden.

Analyse von Nebensätzen

Nebensätze stellen schon in normalem Fließtext ein großes Problem für die maschinelle Analyse dar. Im Deutschen können Nebensätze auch Teil des Fragesatzes sein.

Beispiele:

Wie heißt das Käppchen, das Juden tragen?
Woran merke ich, ob ich SARS habe?
Wann war das wärmste Jahr in Deutschland, seitdem das Wetter aufgezeichnet wird?

Neben der eigentlichen Erkennung des Nebensatzes besteht gleichzeitig das Problem, dass der Nebensatz mit dem Hauptsatz der Frage in Zusammenhang gebracht werden muss. Eine vollständige Analyse ist nur dann gegeben, wenn Nebensatz und Hauptsatz zusammen als Fragesatz analysiert werden. Auch für die Analyse von Nebensätzen muss das bestehende Regelwerk verändert bzw. müssen neue Regeln definiert werden.

Abgetrennte Verbpräfixe

Ein weiteres Problem für die maschinelle Analyse von Fragesätzen im Deutschen sind die abgetrennten Verbpräfixe. In vielen Fragen wird im Deutschen davon Gebrauch gemacht.

Beispiele:

Was für ein Produkt stellte Adam Opel zuerst her?
Wann trat Willy Brandt zurück?
Wie hängen hygienische Verhältnisse mit bestimmten Krankheiten zusammen?

Für die morphosyntaktische Analyse ist es in diesen Fällen wichtig, zu erkennen, dass es sich am Ende des Satzes um ein Verbpräfix handelt (vgl. dazu: *Wieso werden Blätter im Herbst bunt?*). Ist dies zuverlässig geschehen, ist es für eine vollständige Analyse der Frage notwendig, das Hauptverb des Satzes aus seinen verteilten Konstituenten zusammenzusetzen. Zusätzlich ist es notwendig, neue Regeln zu definieren, die eine Weitergabe des Hauptverbs des Satzes an die Oberknoten gewährleisten.

Nominalgruppen

Das Vorkommen von Nominalgruppen in Fragesätzen bricht die normale Satzstellung des Deutschen zusätzlich auf und führt zu sehr schwer zu analysierenden Konstruktionen.

Beispiele:

Bei welchen Anlässen muss der Bundestag Gesetzen zustimmen?
Durch welche Ereignisse kam es zum amerikanischen Bürgerkrieg?
Auf welche Weise gelangen Schadstoffe in Lebensmittel?

Insbesondere durch die Konjugation im Deutschen entstehen Konstrukte (*Bundestag Gesetzen; zum amerikanischen Bürgerkrieg; Schadstoffe in Lebensmittel*), die für sich betrachtet zunächst grammatikalisch falsch sind. Nur aufgrund des syntaktischen Kontextes können diese Verbindungen richtig analysiert werden. Hierzu bedarf es neuer Grammatikregeln, damit diese Probleme bei der maschinellen Analyse von Fragesätzen gelöst werden können.

Feste Wendungen

Schließlich existieren gerade bei Fragesätzen eine Vielzahl von festen Wendungen, die bei der maschinellen Analyse zusätzlich Schwierigkeiten bereiten.

Beispiele:

Stimmt es, dass München 3 Millionen Einwohner hat?
Was passiert, wenn Öl und Wasser gemischt werden?
Woran stellt man fest, ob eine Melone reif ist?

Solche festen Wendungen machen die konsistente maschinelle Analyse sehr schwer bzw. teilweise unmöglich. Innerhalb des LeWi-Projektes wurden deshalb für die Analyse dieser Fragesätze nicht nur neue Grammatikregeln programmiert sondern auch bestimmte Wendungen in ein Zusatzwörterbuch aufgenommen. Dadurch werden diese Wendungen in ihrer Gesamtheit als Fragepronomen behandelt und somit ist eine Analyse der Fragesätze wieder möglich.

Orthographische Besonderheiten

Probleme bei der maschinellen Analyse von Fragesätzen bereiten auch spezielle, sehr häufig in Fragen auftretende orthographische Besonderheiten. Bedingt durch die Frage nach einem bestimmten Sachverhalt kommt es sehr häufig vor, dass Ausdrücke in Anführungszeichen gesetzt werden.

Beispiele:

Aus welcher Oper stammt die Arie „Nessun Dorma“?
Wer spielte in dem Film "Der Dritte Mann"?
Von wem ist "Freude schöner Götterfunken"?

Die Ausdrücke in Anführungszeichen sind in diesen Fällen immer als Nominalphrase zu betrachten. Hierfür wurden neue Grammatikregeln programmiert. Es ist jedoch zu berücksichtigen, dass auch die Einzelteile des in Anführungszeichen stehenden Ausdrucks weiter zur Verfügung stehen, damit im Falle einer erfolglosen Suche des gesamten Ausdrucks auf diese zurückgegriffen werden kann.

Als weitere orthographische Besonderheit, die auch häufig in Fragesätzen anzutreffen ist, sind Zahlen in Form von Datumsangaben bzw. römische Zahlen zu nennen.

Beispiele:

Was geschah am 17. Juni 1953?
Wann begann der 30-jährige Krieg?
Wann lebte Heinrich VIII.?
Wo fand die XX. Olympiade statt?
Was geschah auf dem XX. Parteitag der UdSSR?

Bei der maschinellen morphosyntaktischen Analyse von Zahlen wurde im LeWi-Kontext besonderes Gewicht auf die korrekte Analyse von Datumsangaben gelegt. Hierfür wurden zusätzliche Grammatikregeln implementiert. Für eine bessere morphologische Erkennung von römischen Zahlen wurden, ähnlich dem Verfahren bei festen Wendungen, neue Einträge in einem Zusatzwörterbuch vorgenommen.

3.3.1.8 Spezielle Fragengrammatik

Alle diese Besonderheiten, die sich bei der Analyse von Fragen im Deutschen ergeben, haben es notwendig gemacht, die existierende Phrasenstrukturgrammatik des Programms MPRO in Hinblick auf die Fragenanalyse zu ergänzen bzw. auszubauen. Da die MPRO-Grammatik in eine Folge von Subgrammatiken aufgeteilt ist, mussten neben einer Vielzahl von neuen Regeln auch bestehende Regeln innerhalb der Grammatik verschoben werden. Dadurch wird erreicht, dass diese Regeln zu einem anderen Zeitpunkt bearbeitet werden und somit andere, ggf. neue Regeln zuerst behandelt werden können.

Im Folgenden wird an verständlichen Beispielen erläutert, wie bestimmte Probleme mit Hilfe von neuen Grammatikregeln gelöst werden konnten. Diese Darstellung kann in keinem Fall umfassend für alle innerhalb des LeWi-Projektes erfolgten Grammatikänderungen sein. Innerhalb des LeWi-Projektes wurden etwa 70 neue Grammatikregeln der bestehenden MPRO-Grammatik hinzugefügt. Die Erläuterungen verdeutlichen beispielhaft die Ansätze bzw. zeigen große generelle Änderungen in der Strategie der morphosyntaktischen Erkennung von Fragen im Deutschen auf.

Typisierung von Nominal- und Präpositionalphrasen

Einige der o.g. Probleme bei der Analyse von Fragesätzen des Deutschen fallen syntaktisch dadurch auf, dass sich eine Präpositionalphrase (PP) bzw. Nominalphrase (NP) mit Interrogativpronomen am Anfang des Satzes befindet.

Beispiele:

Um welche Landspitze herum segelte Magellan?
Auf welche Weise gelangen Schadstoffe in Lebensmittel?
Aus welcher Oper stammt die Arie „Nessun Dorma"?

oder auch:

Welches Ereignis führte zum 1. Weltkrieg?

Da diese Präpositionalphrasen bzw. Nominalphrasen ohne weiteres auch in normalen Aussagesätzen vorkommen können (vgl. *Der Bericht erläuterte, auf welche Weise Schadstoffe in Lebensmittel gelangen.)*, reicht es innerhalb der maschinellen Analyse nicht aus, nur die PP's bzw. NP's resp. die Interrogativpronomina zu identifizieren. Es muss eine zusätzliche Unterscheidung eingeführt werden, die das verschiedenartige Vorkommen der NP/PP's bzw. der Interrogativpronomina als Merkmal festhält und damit die Erkennung eines Fragesatzes im Gegensatz zu einem Aussagesatz ermöglicht.

Dies gilt nicht nur für Interrogativpronomina, sondern auch für Interrogativadverbien, wenn sie nicht am Satzanfang vorkommen.

Beispiele:

Bis wann bestand das römische Reich?
In wie vielen Jahren wird das letzte deutsche Atomkraftwerk abgeschaltet?

Zur Lösung dieser gesamten Problematik wurde für die Fragenanalyse innerhalb des LeWi-Projektes eine Typisierung von Nominal- und Präpositionalphrasen vorgenommen. Für NP's bzw. PP's wurde ein neues Merkmal *typ* eingeführt und in die bestehende Phrasenstrukturgrammatik aufgenommen. Dieses neue Merkmal kann die Werte *normal* und *question* annehmen. Die Einführung des Merkmals machte es erforderlich, alle bisher bestehenden NP/PP-Regeln zunächst um dieses Merkmal anzureichern. Nach Abschluss dieser Arbeiten wurden der Grammatik schließlich ergänzende Regeln hinzugefügt, die das neue Merkmal für Fragesätze definieren.

Beispielregeln (jeweils zutreffende Beispielsätze in Klammern):

{cat=pp,c=pp,typ=question,r=310l}[{cat=p;part},{cat=interr1;interr2},{cat=adv;post;np}]
{lc=_}
("In welchem Zeitraum lebten Dinosaurier?")

{cat=pp,c=pp,typ=question,r=310m}[{cat=p;part},{cat=wh_adv;interr1}]
{lc=_}
("Seit wann gibt es die Kartoffel in Europa?")

{cat=np,c=np,typ=question,r=310n}[{cat=interr1;interr2},{cat=np;adv}]
{lc=_}
("Welcher große Staatsmann wurde nach Elba verbannt?")

Mit Hilfe dieser zusätzlichen Unterscheidung ist es jetzt möglich, Nominal- bzw. Präpositionalphrasen, in denen Fragepronomina bzw. Frageadverbien vorkommen, gezielt zu erkennen, als unterschiedlich zu kennzeichnen und differenziert weiterzuverarbeiten. Damit jedoch eine differenzierte Verarbeitung erfolgt, wurden zusätzliche Regeln auf der Ebene der Satzerkennung programmiert.

Regelergänzungen zur Erkennung von Hauptsätzen

Viele der o.g. Probleme bei der maschinellen Analyse von Fragesätzen machen es notwendig, auch das Regelwerk für die Erkennung von Hauptsätzen zu überarbeiten und zu ergänzen. Insbesondere im Falle von Inversion, aber auch bei abgetrennten Verbpräfixen, speziellen W-Fragen sowie Nominalgruppen in Fragesätzen, war es der bisherigen Analyse oft unmöglich, eine Satzstruktur in Fragesätzen zu erkennen. In einem ersten Schritt musste deshalb zunächst die zugrunde liegende Hauptsatzerkennung der existierenden MPRO-Grammatik überarbeitet werden. Dies erfolgte anhand eines umfangreichen Fragenkorpus. Es wurde versucht, alle grammatikalischen Phänomene, die bei der maschinellen Analyse von Fragen Schwierigkeiten bereiten, in der Sammlung der Beispielfragen zu berücksichtigen.

Einige Beispielregeln (jeweils zutreffende Beispielsätze in Klammern):

Inversion

{cat=hs,c=hs,r=310r}[{cat=fiv,hsns=hs},{cat=feld;part;np;pp;adv;noun;quant;pers;refl},{cat=adv;deg=comp},{cat=pp}]
{lc=_,rc={cat=punct,lu=?},perc={1:{lu=$L,ds=$G}>0:{gov=$L,ds=$G}}
("Werden Elefanten älter als Menschen?")

Abgetrennte Verbpräfixe

{cat=hs,c=hs,r=310c}[{cat=fiv,hsns=hs},{cat=feld;part;np;pp;adv;noun;quant;pers;refl},{cat=vpref}]
{lc=_,rc={cat=punct,lu=?},perc={3:{lu=$L,ds=$H},1:{lu=$P,ds=$G}>0:{gov=LP,ds=$H_$G}}
("Warum trat Willy Brandt zurück?")

W-Fragen

{cat=hs,c=hs,r=310a}[{cat=fiv,hsns=hs},{cat=feld;part;np;pp;adv;noun;quant;pers;refl},{cat=ptc2}]
{lc=_,rc={cat=punct,lu=?},perc={3:{lu=$L,ds=$G}>0:{gov=$L,ds=$G}}}
("Wann wird ein Elfmeter gegeben?")

Nominalgruppen

{cat=hs,c=hs,r=310s,tr=fiv+vzs}[{cat=fiv,hsns=hs},{cat=np;pp;noun;quant;pers},{cat=np;pp;noun;pers;refl},{cat=vpref;inf;pred}]
{lc=_,rc={cat=punct},perc={1:{lu=$L,ds=$G},4:{cat=vpref;pred,lu=$P,ds=$H}>0:{gov=PL,ds=$H_$$G}}}
("Bei welchen Anlässen muss der Bundestag Gesetzen zustimmen?")

Die verbesserte Hauptsatzerkennung zusammen mit der Typologisierung der Nominal- bzw. Präpositionalphrasen stellen die Grundlage dar, auf der eine anschließende Fragesatzbestimmung erfolgen kann. Durch die geleisteten Basisanalysen kann nun auf der Satzebene aufgrund der Konstituenten entschieden werden, ob es sich um einen Fragesatz handelt. Allerdings sind zur genauen und vollständigen Bestimmung von Fragesätzen letztendlich noch Ergänzungen im Regelwerk für die Fragesätze erforderlich.

Regelergänzungen zur Erkennung von Fragesätzen

Wichtige neue Regeln berücksichtigen zunächst die neu geschaffenen Merkmale. Insbesondere gilt es, die neu geschaffenen Typologisierungen der Nominal- bzw. Präpositionalphrasen am Anfang des Fragesatzes mit in die Regeln zur Erkennung von Fragesätzen aufzunehmen.

Beispiele:

{cat=fragesatz,c=fragesatz,r=339h}[{cat=np;pp,typ=question},{cat=hs}]
{lc=_,perc={2:{gov=$L,ds=$G}>0:{gov=$L,ds=$G}}}
("Nach wem ist Amerika benannt?")

{cat=fragesatz,c=fragesatz,r=339i}[{cat=np;pp,typ=question},{cat=fiv},{cat=z}]
{lc=_,perc={2:{lu=$L,ds=$G}>0:{gov=$L,ds=$G}}}
("Welcher große französische Staatsmann starb 1821?")

Beide Beispiele zeigen, dass aufgrund der zusätzlich vorgenommen Typologisierungen eine Unterscheidung zwischen Aussagesatz und Fragesatz nun möglich ist. Neben der Verarbeitung der zusätzlich geschaffenen Merkmale ist es zudem notwendig, für eine ganze Reihe von Sonderfällen spezielle Regeln zur Erkennung einerseits von Hauptsätzen, andererseits von Fragesätzen zu formulieren, um die morphosyntaktische Fragenerkennung robust zu optimieren. Im Folgenden werden für diese Fälle Beispiele aufgezeigt.

Einzelne Regelbeispiele für Sonderfälle

Die Beispiele für die zu lösenden Sonderfälle stellen nur einen Ausschnitt aus den zu behandelnden Problemen dar. Aufgrund der Vielfältigkeit der Formulierungsmöglichkeiten einer Sprache, insbesondere des Deutschen, ist die Entwicklung von Grammatikregeln für sprachliche Sonderfälle ein permanenter Prozess, der nie abgeschlossen sein kann.

Für die Darstellung der Sonderfallregeln wird eine umgekehrte Anzeigereihenfolge gewählt. Es wird zunächst auf das sprachliche Problem hingewiesen und ein Beispielsatz formuliert. Anschließend wird die Regel aufgezeigt, die das Problem innerhalb der morphosyntaktischen Analyse auflöst.

Spezielle Konstruktionen in Hauptsätzen:

Die nachfolgenden Regeln beschäftigen sich wiederum mit dem Problem, dass in Fragesätzen spezielle Konstruktionen vorkommen, die von MPRO zunächst als Hauptsatz erkannt werden müssen. Erst danach kann eine Verarbeitung im Hinblick auf die Fragesatzerkennung erfolgen.

Beispiele:

Adverb und Partizip am Ende des Satzes

"... sind wieder akut geworden?"
{cat=hs,c=hs,r=310b}[{cat=fiv,hsns=hs},{cat=feld;part;np;pp;adv;noun;quant;pers;refl},{cat=adv},{cat=ptc2}]
{lc=_,rc={cat=punct,lu=?},perc={4:{lu=$L,ds=$G}>0:{gov=$L,ds=$G}}}

Adverb am Ende des Satzes

"Warum ist der Abendhimmel rot?"
{cat=hs,c=hs,r=310p}[{cat=fiv,hsns=hs},{cat=feld;part;np;pp;adv;noun;quant;pers;refl},{cat=adv}]
{lc=_,rc={cat=punct,lu=?},perc={1:{lu=$L,ds=$G}>0:{gov=$L,ds=$G}}

Prädikativ gebrauchtes Adjektiv am Ende des Satzes

"Warum ist die Erde rund?"
{cat=hs,c=hs,r=310d}[{cat=fiv,hsns=hs},{cat=feld;part;np;pp;adv;noun;quant;pers;refl},{cat=pred}]
{lc=_,rc={cat=punct,lu=?},perc={3:{lu=$L,ds=$H},1:{lu=$P,ds=$G}>0:{gov=$L_$P,ds=$H_$G}}}

Substantivgruppen im Satz

"Auf welchen Gebieten haben Frauen besondere Beiträge hervorgebracht?"
{cat=hs,c=hs,r=310e}[{cat=fiv,hsns=hs},{cat=np;noun},{cat=noun;np},{cat=ptc2}]
{lc=_,rc=_,perc={4:{lu=$L,ds=$G}>0:{gov=$L,ds=$G}}}

Substantivgruppen mit Eigennamen

"Wie viele Jahre lang war Konrad Adenauer Bundeskanzler?"
{cat=hs,c=hs,r=310f}[{cat=fiv,hsns=hs},{cat=np;noun,ehead={case=nom;acc;dat}},
{cat=noun;np}]
{lc=_,rc=_,perc={1:{lu=$L,ds=$G}>0:{gov=$L,ds=$G}}}

Substantivgruppen am Ende des Satzes

"Worin bestehen die Unterschiede zwischen Affe und Mensch?"
{cat=hs,c=hs,r=310i}[{cat=fiv,hsns=hs},{cat=np},{cat=p},{cat=np}]]
{lc=_,rc=_,perc={1:{lu=$L,ds=$G}>0:{gov=$L,ds=$G}}}

Modalverb plus Infinitiv am Ende des Satzes

"Kann ein Panzer statt mit Benzin mit Salatöl fahren?"
{cat=hs,c=hs,r=310j}[{cat=fiv;s=modal},{cat=np},{cat=pp},{cat=pp},{cat=inf}]
{lc=_,rc=_,perc={1:{lu=$L,ds=$G},>0:{gov=$L,ds=$G}}}

Erweiternde Präpositionalphrasen am Ende des Satzes

"Was besagt das Wappen von Österreich?"
{cat=hs,c=hs,r=310k}[{cat=fiv,hsns=hs},{cat=np},{cat=pp}]
{lc=_,rc=_,perc={1:{lu=$L,ds=$G}>0:{gov=$L,ds=$G}}}

Spezielle Konstruktionen in Fragesätzen

Für manche der oben genannten Phänomene sind wiederum spezielle Regeln notwendig, um auch die Fragesätze gezielt zu erkennen.

Beispiele:

Frageadverbien

"Wie alt ist die Erde?"
{cat=fragesatz,c=fragesatz,r=339a}[{cat=wh_adv1;wh_adv;interr1},{cat=hs}]
{lc=_,rc={cat=punct;comma},perc={2:{gov=$L,ds=$G}>0:{gov=$L,ds=$G}}}

Abgetrennte Nominalphrasen

"Wer regierte länger, Kaiser Wilhelm oder Kaiser Franz?"
{cat=fragesatz,c=fragesatz,r=339test5}[{cat=wh_adv1;wh_adv;interr1;interr2;pron}
,{cat=hs},{cat=comma},{cat=np;noun}]
{lc=_,rc=_},perc={2:{gov=$L,ds=$G}>0:{gov=$L,ds=$G}}}

Hauptsätze ohne Frageadverb

"Sind Mobiltelefone strahlungsgefährlich?"
{cat=fragesatz,c=fragesatz,r=339b}[{cat=hs}]
{lc={c=satzanfang},rc={cat=punct,lu=?},perc={1:{gov=$L,ds=$G}>0:{gov=$L,ds=
$G}}}

"Wie+Verb"-Fragen

"Wie schlafen Fische?"
{cat=fragesatz,c=fragesatz,r=339d}[{cat=wh_adv1;wh_adv;interr1},{cat=pred},{cat =np}]
{lc={c=satzanfang},rc={cat=punct,lu=?},perc={2:{lu=$L,ds=$G}>0:{gov=$L,ds=$ G}}}

Fragesätze mit Fragenominalphrasen

"Nach wem ist Amerika benannt?"
{cat=fragesatz,c=fragesatz,r=339h}[{cat=np;pp,typ=question},{cat=hs}]
{lc=_,perc={2:{gov=$L,ds=$G}>0:{gov=$L,ds=$G}}}

Fragesätze mit doppeltem Nomen

"Wieso heißen die Sachsen Sachsen?"
{cat=fragesatz,c=fragesatz,r=339l}[{cat=wh_adv1;wh_adv;interr1},{cat=np}]
{lc={c=satzanfang},rc={cat=punct,lu=?},perc={2:{lu=$L,ds=$G}>0:{gov=$L,ds=$ G}}}

Fragesätze mit Nebensätzen

"Was passiert, wenn .....?"
{cat=fragesatz,c=fragesatz,r=339m}[{cat=wh_adv1;wh_adv;interr1},{cat=comma}, {cat=nbs}]
{lc={c=satzanfang},rc={cat=punct,lu=?},perc={3:{gov=$L,ds=$G}>0:{gov=$L,ds= $G}}}

Spezielle Grammatik für so genannte Nonsensfragen

Im Rahmen eines Projektes über die natürlichsprachliche Anfrage an Volltextdatenbanken kann nicht immer davon ausgegangen werden, dass eine erfolgte Eingabe durch den Benutzer des Systems immer a) grammatikalisch korrekt und b) inhaltlich sinnvoll ist. In Bezug auf die grammatikalisch korrekte Eingabe wird an dieser Stelle auf Kapitel 5 verwiesen, wo auf das Problem der korrekten Rechtschreibung und Grammatik näher eingegangen wird. Um jedoch die Sinnhaftigkeit einer Eingabe schon frühzeitig auf morphosyntaktischer Ebene, so weit möglich, anzugehen, wurde im Rahmen des LeWi-Projektes, zusätzlich zu den bestehenden Grammatikregeln ein spezieller Grammatikteil zur Bearbeitung so genannter Nonsensfragen eingeführt. Da die morphosyntaktische Analyse in der Lage ist, z.B. den Numerus sicher zu erkennen, konnte dies dazu verwendet werden, bestimmte Fragen von vornherein vom Suchprozess auszuschließen und einer anderen Verarbeitung zuzuführen.

Beispiele:

Nonsensfragen

("Wer bist Du?")
{cat=nonsens,c=nonsens,r=nonsens1}[{cat=wh_adv1;wh_adv;interr1},{cat=fiv},{cat =pers,lu=du}]
{lc={c=satzanfang},rc={cat=punct,lu=?},perc={2:{lu=$L,ds=$G}>0:{gov=$L,ds=$ G}}}

("Bist Du blöd?")
{cat=nonsens,c=nonsens,r=nonsens2}[{cat=fiv},{cat=pers,lu=du},{cat=adv}]
{lc=_,rc={cat=punct,lu=?},perc={1:{lu=$L,ds=$G}>0:{gov=$L,ds=$G}}

("Wie geht es Dir?")
{cat=nonsens,c=nonsens,r=nonsens3}[{cat=itj}]
{lc=_,rc={cat=punct,lu=?}}

Durch die Erkennung dieser Fragen schon in der morphosyntaktischen Analyse, kann eine Weiterverarbeitung außerhalb der normalen Fragenspezifikation und des anschließenden Suchlaufs erfolgen. Die Nonsensfragen werden im LeWi-Dialogmodul sofort in einen so genannten 'smalltalk' hinüber geführt (siehe dazu Kapitel 5).

3.3.1.9 Erzeugung einer logischen Repräsentation der Frage

Die nach der morphologischen, semantischen und syntaktischen Analyse vorliegende Struktur wird anschließend in eine so genannte logische Form überführt. Diese logische Form hat immer die gleiche Struktur. Am Anfang steht das Hauptverb des Satzes, danach in verschiedener Klammerung die jeweiligen Satzeinheiten (NP, PP) und schließlich das Fragepronomen.

Beispiel für eine logische Form:

("Wer war Mata Hari?"):
sein< >[past] (({[Mata_Hari< >[person],noun]}),([wer< >,interr1]))

Hierbei berücksichtigt bei längeren Sätzen die Klammerung in gewisser Weise die syntaktischen Einheiten (NP's, PP's etc.). Somit ist diese Information in der logischen Form nicht verloren und kann im Weiteren verwendet werden.

Die Erzeugung der logischen Form basiert auf dem Output der MPRO-Analyse. Mit Hilfe eines Java-Programms werden anschließend über spezielle Algorithmen bestimmte Informationen aus der MPRO-Analyse extrahiert und in die obige Form überführt. Von zentraler Bedeutung für die logische Form ist das Hauptverb des Satzes. Das Hauptverb eines Fragesatzes muss innerhalb der morphosyntaktischen Analyse von Knoten zu Knoten weitergereicht werden, damit es schließlich auf der obersten Ebene als Hauptverb, als so genannter *governor*, erscheint. Das Weiterreichen von Information von Unterknoten zu Oberknoten innerhalb der morphosyntaktischen Analyse bezeichnet man als Perkolieren. Für das Perkolieren des Hauptverbs bei Fragesätzen müssen wiederum spezielle Regeln geschaffen werden.

Beispiel:

"Wer war Mata Hari?"
{cat=fragesatz,c=fragesatz,r=339}[{cat=wh_adv1;wh_adv;interr1;interr2},{cat=hs}]
{lc=_,rc={cat=punct;comma},perc={2:{gov=$L,ds=$G}>0:{gov=$L,ds=$G}}}

Die Perkolierregeln sind immer mit dem Merkmal perc gekennzeichnet. Die obige Regel besagt, dass das finite Verb an zweiter Stelle im Satz als so genannter *govenor* (Merkmal gov) im Oberknoten erscheinen soll. Die Erkennung des Hauptverbs eines Fragesatzes wird jedoch zunehmend schwieriger, je komplexer die Satzkonstruktionen werden. Schon bei Modalkonstruktionen mit Partizip II am Satzende ist die Erzeugung eines Hauptverbs des Fragesatzes nicht mehr trivial. Die Zusammenführung des Hauptverbs bei abgetrenntem Verbpräfix stellt eine weitere große Schwierigkeit dar.

Beispiele:

W-Fragen

{cat=hs,c=hs,r=310a}[{cat=fiv,hsns=hs},{cat=feld;part;np;pp;adv;noun;quant;pers;refl},{cat=ptc2}]
{lc=_,rc={cat=punct,lu=?},perc={3:{lu=$L,ds=$G}>0:{gov=$L,ds=$G}}}
("Wann wird ein Elfmeter gegeben?")

Abgetrennte Verbpräfixe

{cat=hs,c=hs,r=310c}[{cat=fiv,hsns=hs},{cat=feld;part;np;pp;adv;noun;quant;pers;refl},{cat=vpref}]
{lc=_,rc={cat=punct,lu=?},perc={3:{lu=$L,ds=$H},1:{lu=$P,ds=$G}>0:{gov=LP,ds=$H_$$G}}
("Warum trat Willy Brandt zurück?")

Die Entscheidung innerhalb des LeWi-Projektes, dass auch Ableitungen der im Fragesatz vorkommenden Wörter in der so genannten logischen Form vorkommen sollen, machte es notwendig, dass auch die derivationelle Struktur der Wörter in die jeweiligen Oberknoten perkoliert werden musste. Alle bis dahin erstellten Regeln wurden diesbezüglich erweitert (Erweiterung der perc-Regeln um die Variable ds).

Beispiel:

"Ist Fasten gesundheitsschädlich?"
sein<>[pres](({[fasten<>,inf],[gesundheitsschädlich<gesund;schädlich>,adv]}) ,())
Entscheidungsfrage

Neben dem Hauptverb des Satzes wird in der logischen Form auch die Derivationsstruktur des Adverbs mit ausgegeben und steht somit für den anschließenden Suchprozess zur Verfügung.

3.3.2 Fragentypologie und Fragentypzuweisung

Um innerhalb des LeWi-Projektes individueller resp. präziser auf gestellte Fragen einzugehen, wurde zu Beginn des Projektes der Beschluss gefasst, die morphosyntaktisch erkannten Fragen noch weiter zu klassifizieren. Zu diesem Zweck wurde eine Fragentypologie erarbeitet. Um die Fragen automatisch einer bestimmten Klasse zuzuordnen, mussten spezielle Parameter festgelegt werden, im Folgenden Fragentypindikatoren genannt, die eine Klassifizierung der Fragen möglich machen. Die automatische Zuordnung einer Frage zu einem Fragentyp ermöglicht es im Weiteren individuell auf bestimmte Fragen einzugehen, d.h. sowohl im anschließenden Suchablauf als auch bei einer eventuellen Rückfrage bzw. einem Folgedialog den Fragentypus und somit die Zielrichtung der Frage im Hinblick auf das Ergebnis zu berücksichtigen.

Die Fragentypbestimmung basiert auf der erarbeiteten Fragentypologie, den Fragentypindikatoren und einem speziellen Verfahren der Bestimmung.

Fragentypologie

Ausgehend von der Annahme, dass durch natürlichsprachliche Eingaben mehr Intentionen des Fragestellers übermittelt werden als bei einer Schlagwortsuche, ermöglicht eine Systematisierung von Fragestellungen eine Abbildung und Unterscheidung von Informationswünschen. Somit schafft eine Fragentypologie die Basis für computerlinguistische Auswertungen und kann zugleich zusätzlich als Grundlage für die Kommunikation zwischen Benutzer und System dienen. Dabei können die Fragentypen nicht nur Suchvorgänge steuern, sondern auch Rückfragen und Ergebnisdarstellungen individuell beeinflussen.

Als eine erste grobe Unterteilung der möglichen Fragentypen wurde eine Unterscheidung nach dem Umfang der Antwort getroffen:

- Ergänzungsfragen (*Wer entdeckte Amerika?*)
- Entscheidungsfragen (*Ist der Blinddarm lebensnotwendig?*)
- Essayfragen (*Was macht ein Computerlinguist?*)

Schnell wurde jedoch ersichtlich, dass eine weitere Unterteilung notwendig ist, da die Zielrichtung einer Frage vor allem abhängig ist von den gesuchten Objekten (Person, Ort, Prozess etc.) bzw. der Art der gesuchten Information (Ursachen, Definitionen, Unterschiede etc.). Als Erarbeitungsstrategie für eine Fragentypologie wurde schließlich eine gruppenweise Zusammenfassung von Fragen nach der Zielrichtung der Antwort gewählt. Ausschlaggebend für den Fragentypus ist demnach der Sachverhalt, der erfragt wird (Ursache, Funktion, Zusammenhang, Unterschied, Definition etc.).
Für die Erarbeitung der Fragentypologie wurden zu Beginn des LeWi-Projektes zunächst 600 Beispielfragen gesammelt. Anschließend wurden diese Fragen nach Art und Gegenstand der gewünschten Antwort klassifiziert und für jeden Fragentyp eine formale Beschreibung entwickelt. Als Ergebnis wurden 22 verschiedene Fragentypen erarbeitet, mit denen sich gut 95% der Testfragen identifizieren und für eine Weiterverarbeitung klassifizieren lassen.

Diese Fragentypologie legt dabei fünfzehn Hauptfragentypen fest, wobei zwei Fragentypen noch weitere Untertypen besitzen.

Auszug aus der Fragentypologie:

1.1 Ursachenfrage: allgemeine Erklärung
...
2. Methoden-/Funktionsfragen
3. Zusammenhangsfragen
...
7. Personenfragen
8. Ortsfragen
9. Gegenstandsfragen
...
12.3 Gewichtsfragen
12.4 Geschwindigkeitsfragen
...
15. Bedeutungsfragen

Für Beispielfragen zu einzelnen Fragentypen siehe Anhang C.

Fragentypindikatoren

Diesen bestehenden Fragentypen wurden anhand der Beispielfragen bestimmte Indikatoren zugeordnet. Diese Indikatoren können aus konkreten Wörtern oder Redewendungen (z.B. Fragepronomina *Wer; Wie; Wann* oder auch *Welch_Bedeutung/ Relevanz/ Stellenwert haben* usw.) oder aus morphosyntaktischer Information bestehen (z.B.: Wortart, Tempus etc.). Die Einbeziehung von

Wortarten und Tempora als Parameter bzw. Indikatoren stellte eine große Schwierigkeit im Prozess der Fragentypzuweisung dar. Dadurch, dass in dem Moment, in dem eine Regel zutrifft, der Prozess der Fragentypindikation abgebrochen wird ist die Abfolge der Regeln, d.h. in welcher Reihenfolge sie angewendet werden, von allergrößter Bedeutung. Es stellt sich grundsätzlich ein ähnliches Problem wie in der Anwendung der MPRO-Fragengrammatik (kein Backtracking). Somit mussten an dieser Stelle zusätzliche Regeln für die Verarbeitungsabfolge der Indikatorregeln geschaffen werden (Abbildung 3-9).

FI + GOV[past] + NOUN
FI + GOV[pres] + NOUN
FI + GOV + NOUN
FI + GOV+ADJ[sup]
FI + GOV+ADJ[comp]
FI+GOV+ADJ
...
FI + GOV + PERSON
FI + GOV[past]
FI + PAST;
FI + GOV[pres]
FI + GOV;
FI + PRES;
FI + GEO
FI + OBJECT + PAST
FI + OBJECT + PRES
FI + TIME
FI + PERSON
FI

Abbildung 3-9: Auszug aus der Verarbeitungsabfolge der Indikatoregeln
FI = Fragenindikator
(wie z.B. *wer; was* oder auch *in_welch* etc.)
GOV = Hauptverb des Fragesatzes
NOUN = Nomen bzw. Substantiv
ADJ = Adjektiv bzw. Adverb
GEO/TIME/PERSON/OBJECT = Semantische Klassen
PAST/PRES = Verb im Perfekt/Präsens
Angaben in Klammern = Tempus bzw. Steigerung des vorhergehenden Platzhalters

Auch Semantik, wenn vorhanden, wird in manchen Regeln berücksichtigt. Folgende semantischen Merkmale kommen dabei zur Anwendung: GEO, OBJECT, PERSON, TIME. Diese semantischen Kategorien wurden jeweils aus verschiedenen, wesentlich differenzierteren Kategorien abgeleitet resp. gemappt. Ein Auszug aus den insgesamt zur Verfügung stehenden semantischen Features findet sich in Anhang D.

Fragentypbestimmung

Anhand dieser Fragentypindikatoren wurden anschließend Regeln zur Fragentypbestimmung gebildet.

Beispiel für Indikatorregeln (methodisch):

> *"An_welch_Zeitpunkt" = 12.2 (Zeitfrage)*
> *"Bei_welch_Temperatur" = 12.6 (Temperaturfrage)*
> *"Was_sein [past]_grund" = 1.2 (Ursachenfrage: singuläres Ereignis)*

Regeln in XML-Struktur:

> *<fi>an_welch_TIME</fi><noun>TIME</noun><type>12.2</type>*
> *<fi>bei_welch_temperatur</fi><noun>temperatur</noun><type>12.6</type>*
> *<fi>was_sein[past]_grund</fi><verb>sein</verb><noun>grund</noun><type>1.*
> *2</type>*

Die Implementierung der Indikatorregeln in eine XML-Struktur wurde notwendig, da für den anschließenden Suchprozess die Nomen und Verben aus den Fragenindikatoren zur Verfügung stehen mussten, um die Suchen zu modifizieren (Suche mit und ohne Fragenindikator; siehe Kapitel 4). Die dritte Regel zeigt beispielhaft die Verbindung von konkretem Verb und Tempusinformation zur Fragentypbestimmung. Insgesamt sind z.Zt. 362 Regeln für die Fragentypzuordnung implementiert. Für den strukturellen Aufbau der Regeldatei siehe Anhang E.

Beispiel für eine vollständige Fragenanalyse durch den Frageninterpreter:

> Frage: *"Wer war Mata Hari?"*
>
> Analyse:
> *sein< >[past] (({[Mata_Hari< >[person],noun]}),([wer< >,interr1]))*
> *Personenfrage*
> Analysedetails:
> *******wer_sein[past]_mata_hari*
> *******wer_sein_mata_hari*
> *******wer_mata_hari*
> *******wer_sein_PERSON*
> *******wer_sein[past]*

```
*******wer_PAST
*******wer_sein
*******wer_PERSON
*******wer
sein< >[past] (( {[Mata_Hari< >[person],noun]}),([wer< >,interr1])).
Personenfrage
```

In den obigen Analysedetails ist die Abfolge der angewandten Indikatorregeln gut zu erkennen. Anhand eines speziellen Ablaufschemas werden die auf den Fragesatz möglicherweise zutreffenden Regeln in einer bestimmten Reihenfolge abgeprüft. Trifft eine Regel zu, ist die Fragentypzuordnung abgeschlossen und die logische Form der Frage wird zusammen mit dem ermittelten Fragentyp/den ermittelten Fragentypen ausgegeben. Abbildung 3-10 zeigt die Ergebnisse der Fragenanalyse eines der Testkorpora. Nur 0,4 % der Fragen konnten nicht analysiert werden. 78,6 % der Fragen konnte ein eindeutiger Fragentyp zugeordnet werden.

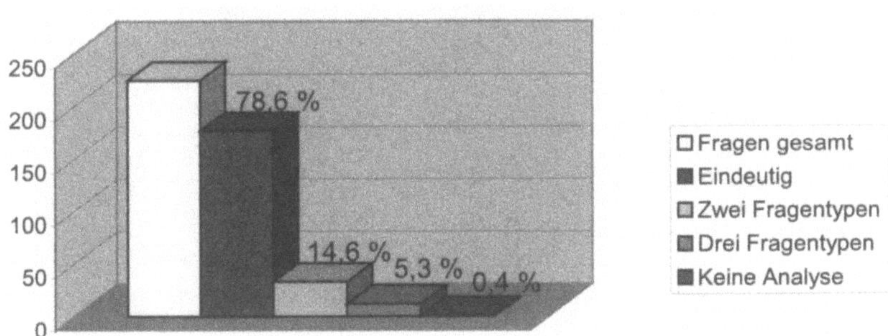

Abbildung 3-10: Ergebnisse der Fragenanalyse (Testkorpus mit ca. 220 Fragen)

Kapitel 4: Information Retrieval

Die Kernanforderung an das LeWi-Projekt ist das Auffinden von relevanter Information zu einer natürlichsprachlichen Suchanfrage innerhalb nicht thematisch eingeschränkter Volltextdaten. Dies ist die klassische Aufgabenstellung des Information Retrieval. Dabei werden die zentralen Grundprobleme des Information Retrieval berührt: die Indexierungsproblematik, d.h. wie Dokumente effizient zu organisieren sind, damit sie schnell und unter allen notwendigen resp. gewünschten Aspekten zugänglich sind, und die Relevanzproblematik, d.h. die Entscheidung, welches Dokument zu der gegebenen Suchanfrage relevant ist.

Im LeWi-Kontext kommt erschwerend hinzu, dass es sich um thematisch nicht eingeschränkte Daten handelt. Deshalb ist eine Eingrenzung der Suchanfragen bzw. eine Indexierung der Dokumente mit einer bestimmten Fachterminologie nicht möglich. An eine Enzyklopädie können Anfragen aus jedem Themengebiet gestellt werden.

Das vorliegende Kapitel ist in zwei Abschnitte unterteilt. Im ersten Teil werden zunächst einige Grundbegriffe und Probleme im Bereich Information Retrieval erörtert. Anschließend werden verschiedene Möglichkeiten der Indexierung diskutiert und es wird ein Überblick über die unterschiedlichen Verfahren gegeben. In einem zweiten Teil wird dann das im LeWi-Projekt angewandte Indexierungsverfahren BROCKINDEX dargestellt. Schließlich werden im letzten Teil des Kapitels die Suchstrategien detailliert erläutert, die im LeWi-Projekt zum Einsatz kommen.

4.1 Grundlagen des Information Retrieval

Mit der Bezeichnung Information Retrieval wird eine Vielzahl von separaten Prozessen bezeichnet. Dazu gehören einerseits die Repräsentation, Speicherung und Organisation von Informationen. Des Weiteren beinhaltet der Begriff aber auch den Prozess des Zugriffs auf Informationen. Für ein Information Retrievalsystem geben Salton/McGill folgende Definition:

> *"Ein Information Retrievalsystem ist ein Informationssystem, das Dokumente speichert, analysiert, wiederauffindbar macht, heraussucht und für den Benutzer dieses Systems kopiert.* [Salton 1987:10]

Die in Retrievalsystemen abgespeicherte Information unterliegt grundsätzlich keinerlei Restriktionen. In den meisten Fällen handelt es sich bei den Informationen um Texte in jeglicher Form (Bücher, Dokumente, Briefkorrespondenz, Zeitungsartikel, Berichte etc.).

Auf die verschiedenen Möglichkeiten der Repräsentation ist schon in Kapitel 2 dieser Arbeit eingegangen worden. Um den Zugriff auf die gespeicherten Informationen zu gewährleisten, werden die Daten in den meisten Fällen sowohl physikalisch als auch logisch organisiert, d.h. es werden z.B. in einer Bibliothek nicht nur Signaturen für die Bücher vergeben (physikalische Organisation), sondern es wird auch ein Schlagwortkatalog gepflegt (logische Organisation), der einen Zugriff auf die Bücher über bestimmte Begriffe erlaubt.

4.1.1 Indexierung

Für eine logische Organisation nach bestimmten inhaltlichen Kriterien muss die vorhandene Information inhaltlich erschlossen werden. Diesen Prozess bezeichnet man als Indexierung.[20] Eine Indexierung kann sowohl manuell, semiautomatisch, als auch automatisch geschehen. Die Dokumente werden dazu mit speziellen Deskriptoren[21] versehen und nach bestimmten Regeln klassifiziert. Schließlich wird aufgrund eines speziellen Regelwerks als Antwort auf eine Suchanfrage eine Menge von Referenzen ausgegeben, die den Benutzer auf die entsprechenden Dokumente verweisen.

Die Relevanz von Dokumenten zu einer Suchanfrage wird somit nicht direkt bestimmt, sondern über den Umweg einer Indexierungssprache vorgenommen. Dabei ist es notwendig, dass neben den Dokumenten auch die Suchanfragen indexiert werden. Die Begriffe der Indexierungssprache können vorher festgelegt werden (kontrolliertes Vokabular) oder sie stammen direkt aus dem Text der Dokumente und Suchanfragen (unkontrolliertes Vokabular).

Abbildung 4-1 zeigt, wie der Vergleichsoperator (ÄHNLICH) die entsprechenden Dokumente zu einer Suchanfrage bestimmt, indem er die Repräsentationen der Suchanfragen und der Dokumente miteinander vergleicht.

Die inhaltliche Erschließung und die adäquate Repräsentation der Dokumente ist bei Aufbau und Pflege eines Dokumenten-Retrievalsystems das bei weitem schwierigste Problem. Die vergebenen Deskriptoren sollen das Dokument durch stichwortartige Kurzbeschreibungen repräsentieren. Gleichzeitig soll die Ge-

---

[20] Für das Indexieren gibt es eine DIN Norm: DIN 31623 *"Indexierung zur inhaltlichen Erschließung von Dokumenten"* (Teil 1-3); Berlin 1988

[21] Ein Deskriptor ist ein *"[...] Wort (oder eine Zeichenfolge), das als Beschreibungselement in einem Dokument dient. Deskriptoren werden in Dokumentationssystemen [Information Retrievalsystemen – a.d.A.] zur schnellen Wiederfindung eines Sachverhalts (Retrieval) eingesetzt. Sie eignen sich in der Form von Schlüssel- oder Schlagwörtern zur Indexierung." [Brockhaus Multimedial 2004]*

samtheit der Deskriptoren eines Dokuments dessen gesamten Inhalt wiedergeben.

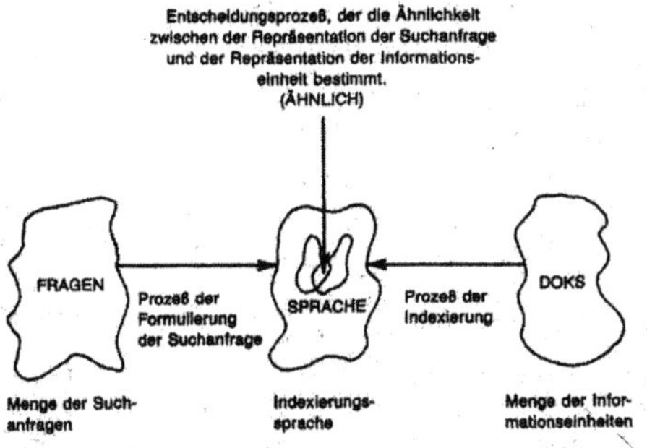

Abbildung 4-1: Überblick über die Funktionen eines Information Retrievalsystems [Salton 1987]

4.1.1.1 Deskriptorenermittlung

Zu Beginn der Deskriptorenermittlung steht die Frage, welche Begriffe als Deskriptoren geeignet sind. Es muss sichergestellt werden, dass die benutzten Deskriptoren den Inhalt der Dokumente repräsentieren. Unterscheidet man bei der Repräsentation eines Dokuments formale Information (z.B. Autor, Verlag, Datum und Ort der Veröffentlichung) und inhaltliche Information, so ist die Vergabe der Deskriptoren zur Beschreibung der inhaltlichen Information die weitaus schwierigere Aufgabe.

Für die generelle Ermittlung von Deskriptoren muss zuerst entschieden werden, ob für die Indexierung ein kontrolliertes oder unkontrolliertes Vokabular verwendet werden soll. Kontrolliertes Vokabular hat den Vorteil, dass es eine Kontrolle der Schreibweise der Deskriptoren erlaubt und dass Synonyme und verwandte Begriffe durch einen einzigen Deskriptor (Vorzugsbegriff) pro Synonymgruppe resp. Thesaurusklasse ersetzt werden können. Kontrolliertes Vokabular fördert deshalb die Präzision eines Retrievalsystems und schließt Mehrdeutigkeiten aus. Allerdings muss kontrolliertes Vokabular in speziellen Terminologielisten bzw. Thesauri vorgehalten und gepflegt werden. Es entsteht somit ein zusätzlicher Erstellungs- und Pflegeaufwand. Zudem erfordert kontrolliertes Vokabular für die effektive Formulierung der Suchanfragen mit den korrekten Suchbegriffen in vielen Fällen eine genaue Kenntnis der eingesetzten Terminologie.

Demgegenüber fällt bei der Verwendung von unkontrolliertem Vokabular keinerlei Pflege- und Erstellungsaufwand an. Unkontrolliertes Vokabular deckt die ganze Bandbreite der natürlichen Sprache ab, so dass für die Formulierung von Suchanfragen keine genaue Kenntnis der Terminologie notwendig ist. Somit ist unkontrolliertes Vokabular für den Laien besser geeignet. Der Nachteil von unkontrolliertem Vokabular liegt in den bestehenden Mehrdeutigkeiten natürlicher Sprache und die damit möglichen Fehlinterpretationen.[22]

Je nach verwendetem Vokabular ergibt sich entweder die Extraktions- bzw. die Additionsmethode zur Ermittlung der Deskriptoren [Ladewig 1997]. Bei der Extraktionsmethode werden die Deskriptoren unmittelbar aus dem Text ermittelt. Deshalb wird diese Methode hauptsächlich in automatischen Indexierungsverfahren angewandt. Die Additionsmethode hingegen verwendet Deskriptoren, die nicht notwendigerweise im Dokument stehen müssen (z.B. wenn zu jedem Dokument ein Ländername zu indexieren ist).

Unabhängig von der Indexierungsart gilt als allgemeine Anforderung an die Indexierung von Dokumenten, dass immer so erschöpfend wie möglich und so spezifisch[23] wie möglich indexiert werden sollte, d.h. es sollten einerseits möglichst alle Themen und Argumente eines Dokuments in der Deskriptorenliste vorkommen. Andererseits sollten durch die Indexierung mit spezifischen präzisen Begriffen irrelevante Dokumente beim Retrieval ausgeschlossen werden und das vorliegende Dokument sehr präzise beschrieben werden. Für eine gute Indexierungsleistung muss hier ein Mittelweg gefunden werden.

Die Auswahl der Deskriptoren ist entscheidend für die Leistungsfähigkeit eines Information Retrievalsystems. Je nach Art des Vokabulars, das zur Indexierung benutzt wird, unterscheidet man zwischen Einzelbegriffen (singulären Deskriptoren) und kontextbezogenen Deskriptoren (Mehrwortbenennungen, Adjektiv-Substantiv-Kombinationen usw.)[24]. In der manuellen Indexierung wird bevorzugt kontrolliertes Vokabular mit zusammengesetzten präkoordinierten Begriffen eingesetzt. Automatische Indexierungssysteme verwenden dagegen meist Einzelbegriffe.

---

[22] Fugmann schlägt zur Überwindung der Festlegung auf kontrolliertes bzw. unkontrolliertes Vokabular sog. Hybrid-Indexieren vor. Hiebei handelt es sich bei der Dokumentationssprache um eine Kombination aus Natur- und Indexsprache [Fugmann 1999:121].

[23] Salton/McGill sprechen in diesem Zusammenhang von *"exhaustivity"* und *"specificity"* [Salton 1987:60]

[24] Die Kombination mehrerer Einzelbegriffe in einer Suchanfrage wird Postkoordination genannt. Die Zusammensetzungen von komplexen Themenbeschreibungen bereits zum Indexierungszeitpunkt wird als Präkoordination bezeichnet [Buder 1990:125]

4.1.1.2 Deskriptorengewichtung

Bei der manuellen Indexierung wird die Entscheidung, ob ein Deskriptor einem bestimmten Dokument zuzuordnen ist, von geschultem Fachpersonal aufgrund von inhaltlichen Faktoren, allgemeiner Sachkenntnis sowie Kenntnis des Indexierungsvokabulars und schließlich aufgrund von Erfahrung mit dem System getroffen. Ist ein Deskriptor einmal zugeordnet, so wird beim Retrieval das Dokument bei Eingabe des korrespondierenden Deskriptors gefunden. In diesem Fall kann eine Gesamtergebnisliste keine Rangreihenfolge besitzen, da ein Dokument nur der Suchanfrage entsprechen kann (true) oder nicht (false).

Bei der automatischen Indexierung, die auf der Basis von unkontrolliertem Vokabular Begriffe aus dem Text als Deskriptoren extrahiert, muss ein Mechanismus die intellektuelle Leistung der manuellen Indexierung, ob ein Deskriptor für das jeweilige Dokument repräsentativ ist oder nicht, ersetzen. Deshalb werden in der automatischen Indexierung den Deskriptoren nach bestimmten Regeln Gewichtungswerte zugeteilt, die wiedergeben sollen, in wieweit ein Deskriptor für das entsprechende Dokument relevant ist.

Ein wesentlicher Faktor für die Gewichtung eines Deskriptors bei der automatischen Indexierung ist die Häufigkeit, mit der ein Begriff im jeweiligen Dokument vorkommt[25]. Dabei wird berücksichtigt, dass die Häufigkeit einzelner Wörter mit deren Bedeutsamkeit für die inhaltliche Repräsentation des Dokuments in Beziehung steht. Jedoch sind weder Begriffe mit hoher Häufigkeit noch Begriffe mit niedriger Häufigkeit als Deskriptoren geeignet. Abbildung 4-2 zeigt die Verteilung aufgrund der "Entscheidungsstärke".[26]

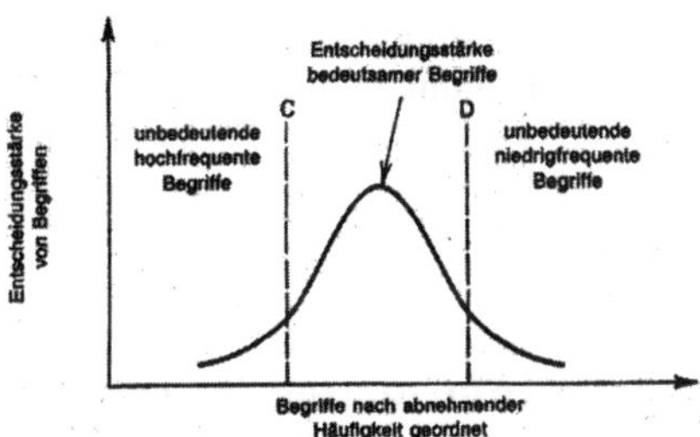

Abbildung 4-2: Entscheidungsstärke bedeutsamer Begriffe [Salton 1987]

---

[25] Nach dem Zipfschen Gesetzt läßt sich die Verteilung von Wörtern in einem Dokument wie folgt darstellen: Häufigkeit x Rangplatz = Konstant [Salton 1987:65].
Rangplatz bezieht sich auf die nach ihrer Häufigkeit absteigend geordnete Liste der Wörter.

[26] Unter Entscheidungsstärke wird die Fähigkeit eines Deskriptors verstanden, relevante Dokumente nachzuweisen bzw. sie von irrelevanten Dokumenten zu unterscheiden.

Die relative Häufigkeit als Grundlage für Deskriptorengewichtung birgt jedoch zwei Probleme. Beim Aussortieren von hoch- als auch niederfrequenten Begriffen können evtl. relevante Dokumente aus der Repräsentation fallen. Zudem ist es sehr schwierig festzulegen, wo die entsprechenden Schwellenwerte liegen, um den mittleren Häufigkeitsbereich zu bestimmen. Um diese Probleme zu lösen sind verschiedene Verfahren entwickelt worden. An dieser Stelle soll eines dieser Verfahren, die inverse Dokumenthäufigkeit, näher erläutert werden. Für weitere detaillierte Beschreibungen dieser und anderer Verfahren siehe u.a. [Buder 1990], [Fugmann 1999], [Ladewig 1997], [Panyr 1985] und [Zimmermann 1983].

Das Verfahren der inversen Dokumenthäufigkeit basiert auf der Annahme, dass sich die Bedeutung eines Begriffs proportional zur Häufigkeit des Begriffs im Dokument verhält, jedoch umgekehrt proportional zur Gesamtzahl der Dokumente, denen der Begriff als Deskriptor zugeordnet ist. Zur Berechnung dieser Gewichtung werden zwei Werte bzgl. des Deskriptors benötigt:

- $FREQ_{ik}$ gibt an, wie oft das Dokument i den Deskriptor k enthält (engl. document frequency)
- $DOKFREQ_k$ gibt an, wie oft der Deskriptor k in allen Dokumenten vorkommt (engl. collection frequency)

Aufgrund dieser Werte kann anschließend eine Gewichtung mit folgender Formel errechnet werden, wobei n die Anzahl aller Dokumente ist:

$$GEWICHT_{ik} = FREQ_{ik} \text{ x } [\log_2(n) - \log_2(DOKFREQ_k) + 1]$$

Bei der Gewichtung über die inverse Dokumenthäufigkeit wird ein Begriff umso höher gewichtet, in je weniger Dokumenten er insgesamt vorkommt. Gleichzeitig wird jedoch die relative Häufigkeit pro Dokument mit berücksichtigt. Kommt ein Begriff in sehr vielen Dokumenten nur relativ selten vor, so wird ihm ein geringes Gewicht zugeteilt.

4.1.2 Dokumentsuche im Information Retrieval

4.1.2.1 Datenorganisation und Speicherung

Um den Zugriff auf die gespeicherte Information möglichst effizient und schnell zu gewährleisten, müssen sowohl die Dokumente als auch ihre Repräsentanten zusammengefasst und in bestimmte Dateistrukturen gebracht werden. Die einfachste Art Dokumente und ihre Repräsentanten zusammenzufassen ist eine lineare Liste. Allerdings hat diese Lösung den Nachteil, dass u.U. die ganze Liste durchsucht werden muss, um ein bestimmtes Dokument zu finden.

Da für die Dokumentsuche in den meisten Fällen bestimmte Teile (bzw. Felder) eines Dokuments interessant sind (z.B. der Nachname des Autors) werden die Dateien nach diesen sog. Schlüsselfeldern geordnet. Ein Suchzugriff erfolgt daraufhin über diesen Schlüssel (z.B. alphabetisch über den Autorennamen). Eine solche Lösung verwendet statt linearer Listen sequentiell geordnete Dateien. Bzgl. der Effizienz der Suche haben sequentiell geordnete Dateien gegenüber linearen Listen den Vorteil, dass nicht alle Datensätze nacheinander durchsucht werden müssen. Mit der sog. Binärsuche wird immer in der Mitte der Daten mit der Suche begonnen. Je nachdem ob der gesuchte Wert sich vor oder nach dieser Stelle befindet, kann jeweils die Hälfte der Daten unberücksichtigt bleiben. Dies führt zu einer erheblichen Steigerung der Effizienz.

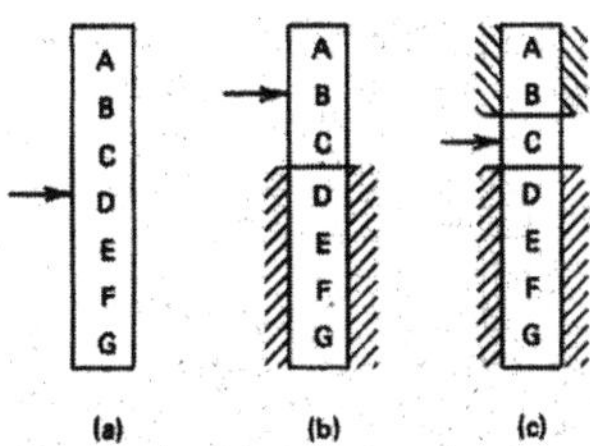

Abbildung 4-3: Binäre Suche. Beispiel für die Suche nach Schlüsselwert C
(a) Erster Vergleich mit dem mittleren Element (D)
(b) Nächster Vergleich mit dem mittleren Element der oberen Hälfte (B); vernachlässige die untere Hälfte
(c) Abschließender Vergleich mit dem verbleibenden Element (C); vernachlässige die obere Hälfte. [Salton 1987]

Der Nachteil von sequentiell geordneten Dateien liegt darin, dass, um ein neues Dokument hinzuzufügen, ein Teil der Dokumente verschoben werden muss, um an geeigneter Stelle innerhalb der Ordnung Platz für das neue Dokument zu schaffen.

Um den Suchzugriff noch weiter zu beschleunigen, können zusätzlich sog. Indizes verwendet werden, die einen gezielten Zugriff auf einzelne Segmente einer sequentiell geordneten Datei ermöglichen. In einem solchen Index werden Datenkombinationen gespeichert, die gezielt auf eine bestimmte Stelle in der Datei zeigen (z.B. den Anfangsbuchstaben des Autorennachnamens zusammen mit der Stelle innerhalb der Daten, an denen die Autoren mit diesem Buchstaben beginnen). Der Vorteil von solchen Indizes ist, dass eine Suche zuerst nur über den Index stattfindet. Natürlich haben die Indizes den Nachteil, dass bei einer Aktualisierung des Dokumentbestandes nicht nur die Stammdatei, sondern auch der Index geändert werden müssen.

Indizes sind ideal für den Fall, dass ein Dokument nicht nur über einen einzigen Schlüssel, sondern über mehrere zugänglich gemacht werden soll. In diesem Fall wird eine sog. invertierte Datei (umgekehrter Index) erstellt, die die Begriffe bzw. Deskriptoren und die entsprechenden Verweise auf die dazugehörigen Dokumente enthält. Ein sogenannter invertierter Index ermöglicht einen sehr schnellen Zugriff auf Dokumente, da bei der Suche allein der Index und nicht die Dokumentdatei durchsucht wird (vgl. Abbildung 4-4).

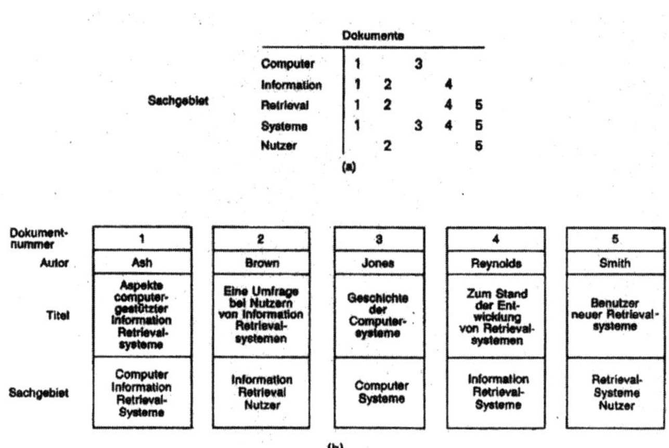

Abbildung 4-4: Beispiel einer invertierten Datei
(a) Invertierter Index verweist auf die Nummern der Dokumente eines Sachgebiets
(b) Beispieldokumente [Salton 1987]

Das Einfügen von neuen Dokumenten ist auch bei invertierten Indizes recht aufwendig. Allerdings entfällt der Schritt der sequentiellen Einordnung des Dokuments in die Dokumentendatei, da invertierte Indizes keine sequentielle Struktur benötigen. Die Effizienz von Indexsuchen lässt sich abermals erhöhen, indem man einen Index über den Index aufbaut. Um Suchprozesse so schnell wie möglich zu machen, können ganze Indexhierarchien verwendet werden. Natürlich steigt hierbei der Aufwand bei Änderungen sehr stark an, da Aktualisierungen in allen Indizes durchgeführt werden müssen.

4.1.2.2 Suchoperatoren

Da in der Regel die Suche nach einem einzigen Suchbegriff sehr viele relevante Ergebnisse liefert, ist es in einem Information Retrievalsystem möglich, mehrere Suchbegriffe in einer Suchanfrage zu verknüpfen, um so die Anzahl der gelieferten Ergebnisse möglichst klein zu halten. Die Verknüpfung von mehreren Suchbegriffen baut auf der Boolschen Logik und den Boolschen Operatoren AND, OR und NOT auf.

Der AND-Operator verknüpft Suchbegriffe derart, dass z.B. die Suche nach "Geige AND Stradivari" die Schnittmenge zwischen den Mengen der Dokumente bezeichnet, die einerseits den Begriff *Geige* und andererseits den Begriff *Stradivari* beinhalten. Der OR-Operator (*Geige OR Stradivari*) verknüpft die beiden Mengen und gibt sowohl die Dokumente aus, die entweder *Geige* oder *Stradivari* als Deskriptor beinhalten als auch die Schnittmenge aus beiden. Der NOT-Operator (*Geige NOT Stradivari*) schließlich gibt nur die Restmenge aus, die als einzige den Begriff *Geige* enthält. Abbildung 4-5 stellt die einzelnen Mengen graphisch dar.

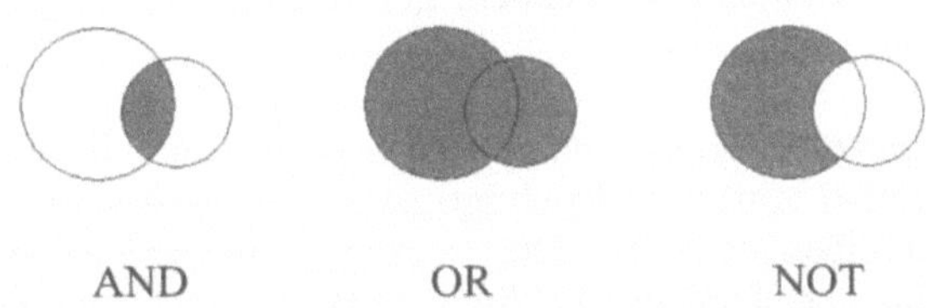

Abbildung 4-5: Schnittmenge, Vereinigungsmenge und Restmenge, erzeugt durch die jeweiligen Boolschen Operatoren

Neben den einfachen Boolschen Operationen sind die einzelnen Suchoperatoren weiterhin untereinander kombinierbar, so dass z.B. Suchausdrücke wie *Geige AND Stradivari NOT Guarneri* möglich sind. Wie diese komplexen Suchanfragen ausgewertet werden, kann durch die Verarbeitungsrichtung vorgegeben (von links nach rechts bzw. umgekehrt) bzw. durch Klammerung der Ausdrücke gesteuert werden.

Beispiele:

"(Geige AND Stradivari) NOT Guarneri"

"Geige AND (Stradivari NOT Guarneri)"

sowie

"(Geige AND (Stradivari OR Guarneri)) NOT Amati"

Hierbei werden Ausdrücke in Klammern immer zuerst ausgeführt bzw. berechnet. Werden mehrfache Klammern für Suchanfragen von einem Information Retrievalsystem zugelassen, werden immer die inneren Klammern zuerst ausgeführt. Neben den Boolschen Suchoperatoren werden in einigen kommerziellen Systemen noch weitere Suchfunktionen zur Verfügung gestellt. Beispiele für zusätzliche Operatoren siehe u.a. bei [Buder 1990], [Salton 1987], und [Zimmermann 1983].

4.1.2.3 Retrievalmethoden

Die Retrieval- oder Suchstrategie eines Information Retrievalsystems basiert auf dem Vergleich zwischen der Suchanfrage und den Dokumentrepräsentationen. Auf die Probleme, die bei der Verarbeitung von natürlicher Sprache entstehen (Flexion, Homonymie, Polysemie etc.), wurde schon in Kapitel 3 näher eingegangen. Alle diese Phänomene bereiten auch im Information Retrieval große Schwierigkeiten. Grundsätzlich können Information Retrievalsysteme in zwei Kategorien unterteilt werden: *exact match* und *partial match*. Im ersten Fall muss das Ergebnis exakt der Suchanfrage entsprechen. Gibt es keinen Indexbegriff, der dem Begriff der Suchanfrage entspricht, so ist das Ergebnis gleich Null. Systeme, die diese Strategie verwenden, geben i.d.R. eine Ergebnisliste ohne Rangreihenfolge aus.

Demgegenüber geben *partial match*-Systeme eine Ergebnisliste mit einer Relevanzreihenfolge aus. Dabei wird berücksichtigt, dass manche Deskriptoren ein Dokument besser beschreiben als andere. Die Relevanzwerte werden dabei unter Berücksichtigung vieler verschiedener Faktoren (z.B. der Grad der Übereinstimmung mit der Suchanfrage, das Termgewicht, die Worthäufigkeit etc.) errechnet (siehe Abschnitt Deskriptorengewichtung). Systeme, die die Methode des *partial match* anwenden, können aufgrund weiterer Strukturunterschiede noch detaillierter untergliedert werden. Abbildung 4-6 gibt einen generellen Überblick.

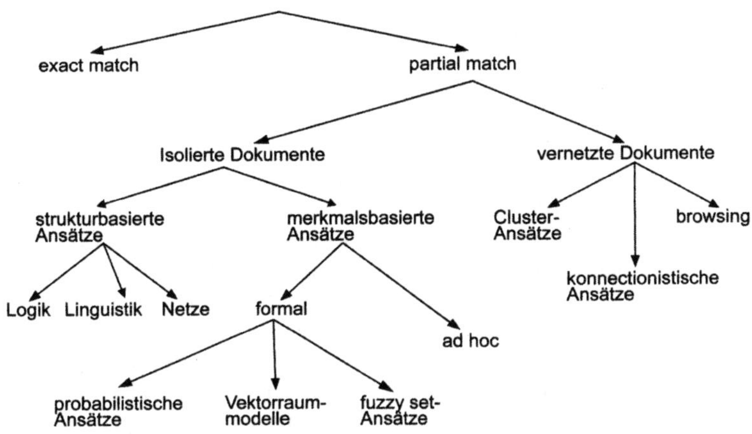

Abbildung 4-6: Klassifikation von Retrievaltechniken [Knorz 1996]

Als bekannteste Methoden werden hier nur das Vektorraummodell, die probabilistischen Modelle und die Fuzzy-Set-Ansätze genannt. Das Vektorraummodell fasst Suchanfragen und Ergebnisse als Vektoren in einem vieldimensionalen Vektorraum auf und versucht die Ähnlichkeit zwischen diesen Vektoren zu bewerten. Die probabilistischen Modelle versuchen auf der Basis von bestimmten Merkmalen die Wahrscheinlichkeit zu erschließen, ob ein Dokument zu einer Frage relevant ist. Die Fuzzy-Set-Ansätze schließlich können als Erweiterung der Boolschen Logik (*exact match*) um eine Gewichtungskomponente angesehen werden. Zur Vertiefung sei auf die Fachliteratur verwiesen, u.a. [Knorz 1994], [Kuhlen 1997], [Ferber 2003], [Nohr 2003] und [Salton 1987].

Durch die immer größer werdende Bedeutung des Internet als Informationsquelle wurden in den letzten Jahren neue Retrieval-Methoden entwickelt, die sich auf Dokumenten-Clustering[27] bzw. die zwischen Dokumenten bestehenden Hyperlinks stützen. Ein berühmtes Beispiel hierfür ist der PageRank Algorithmus von Google [Brin 98]. Da diese Methoden allerdings nur bedingt linguistisches Wissen für das Retrieval benutzen, werden sie in dieser Arbeit nicht weiter behandelt.

[27] Dokumenten-Clustering bezeichnet ein Verfahren der Datenanalyse mit dessen Hilfe Gruppierungen von Dokumentinhalten nach inhaltlichen Schwerpunkten und Ähnlichkeiten ermittelt werden können. Aufgrund hauptsächlich statistischer Informationen (z.B. Vorkommen gleicher Terme in unterschiedlichen Dokumenten) werden dabei Ähnlichkeitsmaße zwischen Dokumenten bestimmt. Ein bekanntes Verfahren, das diese Methode verfeinert anwendet, ist das sog. Latent Semantic Indexing.

4.1.3 Bewertung der Retrievalleistung

Die Hauptanforderungen an ein Information Retrievalsystem sind, soviel wie möglich relevante und so wenig wie möglich nicht relevante Dokumente zu einer Suchanfrage zu finden. Die Erfüllung dieser Forderungen wird von sehr vielen Faktoren beeinflusst wie z.B. von der Auswahl der richtigen Datenbasis, von der Vollständigkeit und Aktualität der Daten, von der formalen und inhaltlichen Aufbereitung, von den angebotenen Retrievalfunktionen etc. Zudem fließt in die Bewertung eines ganzen Retrievalsystems natürlich mit hinein, wie viel Aufwand ein Rechercheur in die Formulierung der Suchanfragen stecken muss bzw. wie viel Kenntnis des Systems notwendig ist, um es zu benutzen. Alle diese Faktoren müssen bei einer umfassenden Bewertung eines Retrievalsystems mit einbezogen werden. An dieser Stelle sollen diese Faktoren nicht im Einzelnen besprochen werden. Es soll nur auf zwei Parameter näher eingegangen werden, die für die Bewertung der Retrievalleistung innerhalb des LeWi-Projektes verwendet werden: "Recall" und "Precision".

Die beiden Parameter Recall und Precision dienen zur Beschreibung der Retrievalleistung eines Information Retrievalsystems. Der Recall misst dabei den Anteil der relevanten Informationen, die mit einer Suchanfrage nachgewiesen werden.

RECALL = Vollständigkeit
("Wie viele der relevanten Dokumente sind tatsächlich gefunden worden?)

Somit ergibt sich folgende Gleichung:

$$RECALL = \frac{\textit{Anzahl der gefundenen relevanten Dokumente}}{\textit{Anzahl aller relevanten Dokumente in der Datenbank}}$$

Der Recall spiegelt die Fähigkeit eines Systems wieder, alle relevanten Dokumente zu finden. Gleichzeitig wird mit dem Recall die Indexierungsbreite gekennzeichnet (je breiter die Indexierung, d.h. je weniger spezifisch die Deskriptoren, umso besser der Recall).

Die Precision gibt im Gegenzug den Anteil der gefundenen relevanten Dokumente an den insgesamt gefundenen Dokumenten an.

PRECISION = Genauigkeit
("Wie viele der gefundenen Dokumente sind tatsächlich relevant?")

Somit ergibt sich für die Precision folgende Gleichung:

$$PRECISION = \frac{\textit{Anzahl der gefundenen relevanten Dokumente}}{\textit{Anzahl der gefundenen Dokumente}}$$

Durch die Precision wird ausgedrückt, wie genau das System ist. Werden wirklich nur relevante Dokumente gefunden oder befindet sich unter den Ergebnissen sehr viel Abfall bzw. Ballast, d.h. viele nicht relevante Dokumente. Der Precisionwert ist zudem ein Maß für die Spezifizität der Indexierungssprache eines Systems (je spezifischer die Indexierungssprache, d.h. je genauer die Deskriptoren, umso höher ist die Precision).

Gute Information Retrievalsysteme sollten gleichzeitig einen möglichst hohen Recall- und Precisionwert haben. Zu den Recall verbessernden Eigenschaften eines Systems zählen u.a. Synonymerkennung, Berücksichtigung von Begriffsbeziehungen etc. Die Precision wird hingegen z.B. durch Gewichtung von Deskriptoren und Mehrwortbegriffen verbessert. Mit einer erschöpfenden Indexierung und einer spezifischen Indexierungssprache lassen sich hohe Recall- und Precisionwerte realisieren.

Das Hauptproblem bei der Bestimmung von Recall und Precision ist die Definition der Relevanz, d.h. ab wann gilt ein Dokument als relevant zu einer gestellten Suchanfrage. Berücksichtigt man in diesem Zusammenhang den Nutzer als Individuum, so fließt dessen Wissensstand in die Frage mit ein, ob das gelieferte Dokument für ihn relevant ist. Hierbei handelt es sich um eine "subjektive" Relevanz. Z.B. ist ein Dokument dann nicht relevant, wenn der Nutzer mit dem Inhalt des Dokuments bereits vertraut ist.

Definiert man Relevanz jedoch als kontextuelle Übereinstimmung von Suchanfrage und Dokument, so drückt sie objektiv den Grad aus, mit dem ein Dokument einer Suchanfrage entspricht. Mit einer objektiven Relevanzdefinition lässt sich die Retrievaleffektivität wesentlich leichter bestimmen als mit dem subjektiven Relevanzkriterium. Dennoch bestehen weitere Schwierigkeiten Relevanz zu berechnen. Insbesondere die Festlegung der Grenze zwischen relevant und irrelevant ist gerade in Zweifelsfällen äußerst schwierig zu treffen.

Wie gut die verschiedenen Indexierungsverfahren wirklich sind, ist letztlich abhängig von der Qualität, Präzision und Konsistenz der Indexierung. Bei der manuellen Indexierung stellt sich das Problem, dass es grundsätzlich schwierig, ist Präzision und Konsistenz über eine längeren Zeitraum zu gewährleisten (wechselndes Fachpersonal, äußere Einflüsse etc.). Im Falle der automatischen Indexierung entfällt diese Problematik. Demgegenüber stellt sich in einem unkontrollierten natürlichsprachlichen automatischen Indexierungssystem das Problem, dass der Dokumententext alleinige Grundlage für die Indexierung ist. Somit fließt z.B. bei der automatischen Indexierung unweigerlich die

fließt z.B. bei der automatischen Indexierung unweigerlich die individuelle Sprache des jeweiligen Autors mit ein.

Im Folgenden werden nun einige automatische Indexierungsmethoden und existierende automatische Indexierungsverfahren vorgestellt.

4.2 Automatische Indexierungsmethoden und -verfahren

Automatische Indexierungsverfahren analysieren vollautomatisch Dokumente aus einem Datenbestand. Anschließend werden auf der Basis dieser Analyse entweder bestimmte Begriffe aus den Dokumenten extrahiert (Extraktionsverfahren) oder es werden dem Dokument Deskriptoren aus einer kontrollierten Indexierungssprache zugewiesen (Additionsverfahren). Es existieren auch Verfahren, die als semi-automatisch bezeichnet werden können. Dabei werden maschinell erzeugte Terme dem menschlichen Indexierer als mögliche Indexterme vorgeschlagen und können durch diesen kontrolliert bzw. nachbearbeitet werden.

Automatische Indexierungsverfahren nehmen keine Inhaltsanalyse im Sinne eines "Verstehens" der Bedeutung eines Textes vor, wie sie Voraussetzung für die intellektuelle Indexierung ist. Die Analyse der Dokumente orientiert sich rein an statistischen bzw. linguistischen Kriterien oder führt eine Mustererkennung durch. Zunächst werden in diesen Systemen reine Extraktionverfahren verwendet, d.h. es werden als Deskriptoren nur Begriffe ausgewählt, die auch tatsächlich in dem jeweiligen Dokument vorkommen. Allerdings werden über statistische Methoden bzw. über den Abgleich mit Wörterbüchern sog. "gute" Indexterme als Deskriptoren ausgewählt. Die informationslinguistischen Verfahren gehen über diesen Schritt hinaus und stellen Werkzeuge bereit, die die extrahierten Terme einer weiteren Behandlung mit linguistischen Werkzeugen unterziehen (Grundformenreduzierung, Dekomposition etc.). Verfahren der Mustererkennung (pattern matching) nehmen neben der informationslinguistischen Verarbeitung für die Zuweisung von Deskriptoren zusätzlich einen Vergleich von sprachlichen Wort- bzw. Satzmustern des Dokuments und Mustern aus einer vorliegenden Wissensbasis vor.

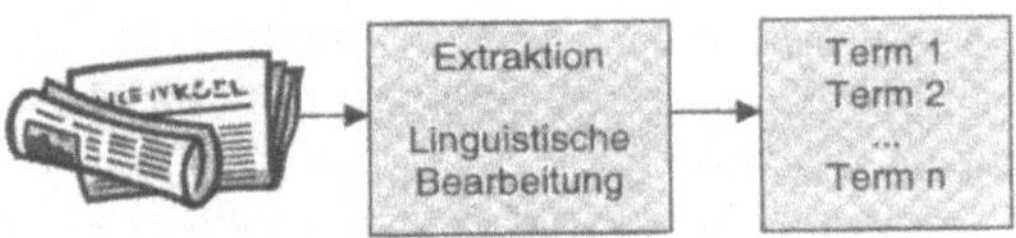

Abbildung 4-7: Modell der Extraktionsverfahren [Nohr 2003]

Begriffsorientierte Verfahren wollen prinzipiell eine bedeutungsabhängige Repräsentation erreichen. Auch diese Verfahren "verstehen" noch keinen Text. Sie versuchen über den Umweg einer bestimmten Indexierungssprache die begriffliche Bedeutung von dem vorhandenen Wortmaterial in einem Dokument abzuleiten. Die meisten dieser Verfahren bedienen sich dabei eines Thesaurus. Ein eingesetzter Thesaurus bietet zusätzlich die Möglichkeit, neben Indextermen auch Klassen eines Klassifikationssystems zuzuweisen. Dies ist eine der Aufgabenstellungen innerhalb des LeWi-Projektes.

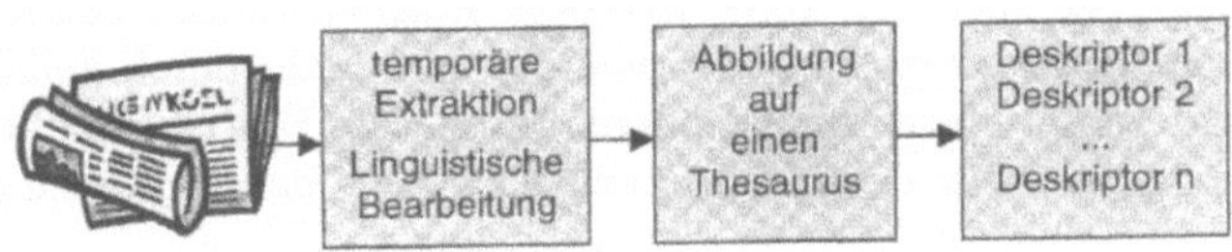

Abbildung 4-8: Modell begriffsorientierter Verfahren [Nohr 2003]

4.2.1 Manuelle vs. automatische Indexierung

Seit dem Aufkommen automatischer Indexierungssysteme wird diskutiert, ob manuelle oder automatische Indexierungsverfahren die bessere inhaltliche Erschließung liefern resp. die besseren Verfahren sind. Als Kritik an der automatischen Indexierung wird i.d.R. die Vielfalt und der Variantenreichtum natürlicher Sprache angeführt, die maschinell nicht verarbeitbar seien. Eine inhaltliche Erschließung eines Textes wird als ein Prozess angesehen, der nicht formalisierbar ist und der deshalb nicht automatisch durch eine Maschine ausgeführt werden kann. Demgegenüber führen die Befürworter der automatischen Indexierung die Tatsache ins Feld, dass die heutzutage anfallende Information durch manuelle Indexierer schlicht nicht mehr verarbeitbar ist (Informationsflut). Zudem wird anhand von Retrievaltests nachgewiesen, dass automatische Systeme beim Retrieval qualitativ mindestens gleichwertig sind.

> *"Die Legitimation für die eine oder andere Art der Indexierung sollte letzten Endes über die Retrievalresultate erfolgen. Es läßt sich heute nachweisen, dass einfache automatische Indexierungsverfahren schnell und kostengünstig arbeiten, und dass sie Recall- und Precisionwerte erreichen, die mindestens genauso gut wie bei der manuellen Indexierung mit kontrolliertem Vokabular sind." [Salton 1987:65]*

Ein weiterer Vorteil der automatischen Indexierung ist der angesprochene Kostenfaktor. Neben den erheblichen Kosten für die intellektuelle Indexierung sind hierbei auch die menschliche Inkonsistenz und der damit verbundene Informationsverlust bei der Recherche zu berücksichtigen.

Ohne weiter auf die Diskussion pro bzw. contra maschinelle Indexierung eingehen zu wollen[28] soll abschließend das Problem der Informationsflut noch einmal betrachtet werden. Die zu verarbeitenden Informationen wachsen heute aufgrund schnellerer Kommunikation, hochverfügbarer Datenspeicher und des unablässig wachsenden Internet täglich. Eine Lösung, wie diese Informationsflut noch intellektuell inhaltlich erschlossen werden soll, bieten die Kritiker der automatischen Verarbeitung nicht an. Neben den höheren Kosten einer qualitativ hochwertigen intellektuellen Indexierung gewinnt zudem der Faktor Zeit eine immer größere Bedeutung. Die Verfügbarkeit und Aktualität von Informationen spielt eine immer bedeutendere Rolle. In dieser Situation ist eine zeitliche Verzögerung in der Verarbeitung von Information, verursacht durch zeitintensive manuelle Indexierung, schwer zu akzeptieren. In diesem Fall ist einer automatische Verarbeitung, die zeitnah und kostengünstig erfolgt, der Vorzug zu geben.

Im Folgenden werden einige automatische Verfahren kurz beschrieben. Die vorliegende Untergliederung stellt die grundlegenden Methoden dar und folgt dabei den Ausführungen von [Nohr 2003]. Da mehr oder weniger alle Verfahren untereinander kombinierbar sind, ist eine vollständige Systematisierung kaum möglich.

4.2.2 Statistische Verfahren

Automatische Indexierungsverfahren, die auf Statistik basieren, sind in vielen Informations- und Datenbanksystemen integriert. Statistische Verfahren sind die ältesten Verfahren in der automatischen Indexierung. Grundannahme ist, dass Sprache allgemein gewissen statistischen Gesetzmäßigkeiten folgt und dass die Häufigkeit eines bestimmten Wortes in einem Dokument in Korrelation mit der Bedeutung dieses Wortes für den gesamten Text steht. Diese Annahme geht auf die Arbeiten von [Luhn 1958] zurück. Statistische Systeme wählen i.d.R. nur bestimmte Terme eines Dokuments als Indexterme aus und vergeben für diese ausgewählten Terme zusätzlich eine Gewichtung (vgl. Abschnitt Deskriptorengewichtung). Beispiele für statistische Indexierungssysteme sind neben verschiedenen Suchmaschinen im Internet (Lycos oder Excite) das SMART-System der Cornell University [Salton 1980], das System INQUERY vom Center for Intelligent Information Retrieval (CIIR)[29] sowie das Okapi-System vom Department of Information Science at City University London [Robertson 1997].

---

[28] Zur Vertiefung der Diskussion manuelle vs. automatische Indexierungsverfahren siehe u.a. [Jüttner 1988], [Luckhardt 1996], [Mandl 2001], [Nohr 2003] und [Salton 1987].

[29] Weitere Information stehen unter http://ciir.cs.umass.edu/research/ im Internet zur Verfügung.

4.2.3 Informationslinguistische Verfahren

Informations- bzw. computerlinguistische Verfahren extrahieren nicht nur Indexterme, sondern bearbeiten diese weiter. Dabei kann die Bearbeitung der Terme vor oder nach der Extraktion erfolgen. Die Bearbeitung der Deskriptoren durch linguistische Werkzeuge verfolgt dabei folgende Ziele:

- Ausschließen von Wörtern, die für das jeweilige Dokument keine sinntragende Funktion haben (meistens anhand von Stoppwortlisten)
- Reduzierung der Deskriptoren auf die Grund- bzw. Stammformen
- sinnvolle Dekomposition von zusammengesetzen Begriffen
- zuverlässige Erkennung von Mehrwortbegriffen

Informationslinguistische Verfahren können zusätzlich in regelbasierte und wörterbuchbasierte Verfahren eingeteilt werden. Regelbasierte (algorithmische) Verfahren versuchen sprachliche Regelhaftigkeiten mit Algorithmen auszudrükken. Anschließend werden alle Terme auf der Basis dieser Regeln analysiert und bearbeitet. Regelbasierte Verfahren gelten infolgedessen als nicht sehr aufwendig, da die Erstellung der Algorithmen einen einmaligen Vorgang darstellt, da im Anschluss neue Wörter im Normalfall durch vorhandene Regeln korrekt analysiert werden. Allerdings stoßen regelbasierte Verfahren insbesondere bei der deutschen Sprache schnell an ihre Grenzen. Schon unregelmäßige Pluralbildungen (vgl. Kapitel 3 Analysekomponenten) sind mit generellen Regeln schwer zu beschreiben. Eine sinnvolle Zerlegung von Komposita ist über Regeln kaum zu realisieren.

Um diese Probleme zu lösen, verwenden wörterbuchgestützte Verfahren umfangreiche Wörterbücher, in denen die notwendigen Informationen für eine lingustische Verarbeitung der Indexterme, wie z.B. Grundformen, Dekompositionsinformation etc. abgelegt sind. Wörterbuchgestützte Verfahren sind wesentlich zuverlässiger als regelbasierte Verfahren, da durch die einzelnen Einträge in einem Wörterbuch individuelle Entscheidungen getroffen werden können, die eine Berücksichtigung von sprachlichen Unregelmäßigkeiten möglich machen. Allerdings ist der nicht unerhebliche Pflegeaufwand der Wörterbücher als Kostenfaktor zu bedenken. Durch die praktisch unbegrenzten Möglichkeiten insbesondere der deutschen Sprache, Komposita und Mehrwortbegriffe zu bilden, sind wörterbuchgestützte Verfahren jedoch immer mehr oder weniger unvollständig. Ein Beispiel für ein regelbasiertes Verfahren ist das deutsche Bibliothekssystem OSIRIS[30]. Die Systeme PASSAT [Gräbnitz 1987], IDX [Zimmermann 1997] oder EXTRAKT [Stegentritt 1994] verwenden alle einen wörterbuchgestützten Ansatz.

---

[30] Informationen über das OSIRIS-System stehen im Internet unter http://www.ub.uni-osnabrueck.de/osiris/ zur Verfügung.

4.2.4 Pattern-Matching Verfahren

Die Verfahren der Mustererkennung (*pattern matching*) versuchen, innerhalb eines Dokuments Terme bzw. Termgruppen anhand von erlernten oder in einer Wissensbasis gespeicherten Mustern zu erkennen. Diese Wissensbasis kann auf neuronalen Netzen basieren. Bei der Mustererkennung werden z.B. ganze Textblöcke auf bestimmte Fakten mit Hilfe von Schlüsselwörtern analysiert. Anschließend können über bestimmte Regeln[31] dem jeweiligen Dokument Indexinformationen zugewiesen werden. Ein großer Vorteil von Pattern-Matching Verfahren ist, dass sie für den Einsatz in lernfähigen Systemen geeignet sind. In einem permanente Lernprozess wird dabei durch die Bewertung der automatischen Indexierung bzw. Klassifizierung eine ständige Verfeinerung des Systems möglich. Pattern-Matching ist ein mächtiges Analyseverfahren zur Informationsfilterung aus Texten, solange es sich um fest eingrenzbare Diskursbereiche handelt. Zudem sind die Verfahren der Mustererkennung nicht auf Texte beschränkt, sondern lassen sich durchaus auch auf andere Dokumentformate (Bild-, Film- bzw. multimediale Dokumente) anwenden. Beispiele für Pattern-Matching Systeme sind das Volltextanalysesystem FIPRAN (Firmen und Produkt Analyse) [Volk 1992] sowie das System Brainware der Firma SER-Systems[32].

4.2.5 Begriffsorientierte Verfahren

Im Gegensatz zu allen bisher beschriebenen Verfahren wählen begriffsorientierte Verfahren nicht oder nur bedingt Terme aus dem jeweiligen Dokument als Deskriptoren aus. Stattdessen werden die Terme linguistisch bearbeitet und mit Hilfe eines Thesaurus werden dem Dokument Deskriptoren einer kontrollierten Indexierungssprache zugeordnet. In gewisser Weise versuchen begriffsorientierte Verfahren die Arbeitsweise eines Humanindexierers nachzustellen. Durch Abstrahieren von der gegebenen Wortwahl wird versucht, auf die Bedeutung der Texte zu schließen.

Durch die Indexierung mit Deskriptoren, die nicht notwendigerweise im zu indexierenden Dokument vorkommen, werden begriffsorientierte Verfahren als Additionsverfahren betrachtet. Begriffsorientierte Verfahren existieren in sehr vielen verschiedenen Formen. Dabei ist in der Hauptsache die Analysemethode das Unterscheidungskriterium. Neben wissensbasierten oder probabilistischen

---

[31] Eine Beispielregel für ein Mustererkennungssystem ist z.B. *"Treten in einem [Text-; a.d.A] Block sowohl Länderschlüssel als auch Firmenschlüssel auf, so wird daraus geschlossen, dass dieses Land Firmensitz ist." [Nohr 2003]*

[32] Informationen zu SER-Brainware stehen im Internet unter http://www.ser.de zur Verfügung.

Analysemethoden wurden auch pragmatische Herangehensweisen realisiert. Im Idealfall wird der Kontext von den Analyseverfahren mit berücksichtigt. Dies ist von statistischen Systemen nicht zu leisten.

Der in vielen Systemen eingesetzte Thesaurus bietet neben den kontrollierten Indextermen zusätzlich die Möglichkeit, den Dokumenten auch Klassen eines Klassifikationssystems zuzuweisen. Diese Funktion ist auch eine der Aufgabenstellungen innerhalb des LeWi-Projektes. Beispiele für begriffsorientierte Verfahren sind neben dem Verfahren, welches im LeWi-Projekt angewandt wurde, u.a. das System DocCat der Firma TEMIS [Geißler 2000], das System AIR/X [Fuhr 1991] sowie das System GERHARD[33], ein Informationssystem zum Auffinden deutscher wissenschaftlicher WWW-Seiten .

4.3 Automatische Indexierung des BMM im Rahmen des LeWi-Projektes

4.3.1 Zielsetzung und Funktionsweise

Die Indexierungssoftware, die vom Institut der Gesellschaft zur Förderung der Angewandten Informationsforschung e.V. (IAI) im Rahmen des BMBF-Projektes Lexikonbasierte Wissenserschließung (LeWi) entwickelt wurde, dient dazu, jedem Text, der durch das Programm bearbeitet wird, eine oder mehrere Klassen der aktuellen Brockhaus Klassifikation (vgl. Kapitel 2) zuzuordnen. Die Brockhaus Klassifikation besteht z.Zt. aus ca. 80 Grob- bzw. 2.200 Feinklassen. Die Grobklassen (GK) bestehen aus zwei Ziffern und der dazu gehörigen Grobklassenbezeichnung (z.B. *01 Nationalliteraturen*). Die Feinklassen (FK) bestehen aus vier Ziffern und der dazugehörigen Feinklassenbezeichnung (z.B. *0166 mongolische Literatur*).

Ziel der automatischen Klassifikation von Texten innerhalb des LeWi-Projektes ist es, die Speicherung und das Wiederauffinden von Information, in diesem Fall BMM-Artikeln, mit Hilfe der zusätzlichen Grob- und Feinklassenparameter zu verbessern. Mit Hilfe einer konsistenten automatischen Klassifikation sind Zugriffe auf die Information unter bestimmten neuen Aspekten, z.B. nach Sachgebiet geordnet, möglich. Dies eröffnet bisher nicht vorhandene neue Suchmöglichkeiten und dient so der Optimierung des Retrievalprozesses. Durch eine Automatisierung des Vorgangs der Indexierung reduziert sich zudem der äußerst zeit- und kostenintensive Aufwand für die manuelle Indexierung. Die evtl. notwendige Nachbearbeitung einer automatischen Indexierung durch einen Humanindexer fällt im Gegensatz zu einer vollständigen manuellen Indexierung we-

[33] Das System GERHARD steht im Internet unter http://www.gerhard.de zur Verfügung

sentlich geringer aus. Mittlerweile konnten aufgrund der Zeitersparnis durch das automatische Verfahren alle Artikeltexte des BMM grob- und feinklassifiziert werden.

Für das automatische Indexierungssystem innerhalb des LeWi-Projektes wurde ein spezielles Lernverfahren angewandt. Auf der Grundlage des existierenden Brockhaus Multimedial (BMM) wurde das System trainiert. Die manuell indexierten BMM-Artikeltexte dienten dabei als Lernmaterial. Zu Beginn des Trainings waren 100% der BMM-Artikeltexte von Hand grobklassifiziert und ca. 40% der BMM-Artikeltexte feinklassifiziert. Nach der ersten Lernphase wurden die Wörter des BMM in einem neuen speziellen BMM-Thesaurus (vgl. Kapitel 2) zusammen mit ihren Grob- bzw. Feinklassen abgespeichert, in denen sie im BMM auftraten. Anschließend wurde der Thesaurus umfangreich manuell nachgebessert und korrigiert. Schließlich erfolgte eine Verbesserung des Systems durch zyklische Evaluierungen.

Wird dem System ein Dokument zur Verarbeitung übergeben, so ermittelt die Indexierungssoftware nach einer morphosyntaktischen Analyse des Ausgangstextes, aufgrund der im Text vorkommenden Wörter, die möglichen BMM-Klassifikationen für diesen Text. Dies erfolgt unter Berücksichtigung der im Thesaurus für die vorkommenden Wörter gespeicherten möglichen Klassifikationen anhand eines komplexen Regelwerks. Liegt der Ausgangstext im Standard SGML-Format des BMM vor, so werden zusätzlich verschiedene SGML-Tags des BMM innerhalb des Regelwerks für die Deskriptorenauswahl bzw. die Klassifikation berücksichtigt. Schließlich wird der Text mit den automatisch zugeordneten Grob- bzw. Feinklassen in einer Datei ausgegeben.

Im Folgenden wird auf die einzelnen Module von BROCKINDEX näher eingegangen und die Funktionsweise des Programms detailliert beschrieben. Anschließend werden die verschiedenen Entwicklungsphasen skizziert und eine Bewertung des Systems vorgenommen.

4.3.2 Indexierungssoftware BROCKINDEX

Die unter Linux lauffähige Indexierungssoftware BROCKINDEX bezeichnet ein Programmpaket, das aus insgesamt über 30 Einzelprogrammen besteht. Die Software basiert auf der vom Institut für Angewandete Informationsforschung (IAI) entwickelten Software AUTINDEX [Nübel 2002], [Maas 2002]. Das Programmpaket BROCKINDEX wurde bzgl. der Aufgabenstellung innerhalb des LeWi-Projektes verändert und für die speziellen Bedürfnisse einer automatischen Klassifizierung optimiert. Das Programm gliedert sich in fünf Hauptprogrammteile, die nacheinander ablaufen. Nach der linguistischen Analyse werden zusätzlich Wortgruppen durch ein Oberflächenparsing ermittelt. Anschließend erfolgt eine semantische Evaluierung der Textelemente. Im vorletzten Schritt werden die Klassifikationen automatisch berechnet und schließlich wird das gesamte Ergebnis in einem speziellen Ausgabeformat präsentiert.

Für die linguistische Analyse innerhalb des automatischen Indexierungstools wird das bereits in Kapitel 3 beschriebene Programm MPRO verwendet. Im Gegensatz zur Fragenanalyse wird MPRO im Programmpaket BROCKINDEX jedoch modifiziert eingesetzt.

4.3.2.1 Morphosyntaktische Verarbeitung

Nach Beendigung der morphologischen Analyse durch MPRO sind alle Wortformen mit zwei Informationsblocks verknüpft, dem Merkmalbündel für die flexionsmorphologischen Features und der Wortstruktur (Derivation und Komposition). Daran anknüpfend führt MPRO mit Hilfe einer externen Nominalphrasengrammatik, die für den Einsatz in LeWi optimiert wurde, ein sog. Oberflächenparsing durch, um zusätzlich Mehrwortlexeme und Nominalsyntagmen und deren syntaktische Varianten zu ermitteln.

Prinzipiell kann mit BROCKINDEX jeder Text verarbeitet werden. Aufgrund des LeWi-Projektes wurden jedoch die Funktionen von BROCKINDEX im Hinblick auf die Verarbeitung von BMM-Artikeltexten optimiert. Deshalb berücksichtigt BROCKINDEX schon in diesem frühen Arbeitsschritt bestimmte Auszeichnungsbefehle (SGML-Tags) der BMM-Artikeltexte, um ganze Textabsätze von der Bearbeitung auszuschließen (z.B. den Tag *<berwerk>*=Werkbereich), die aufgrund der in diesem Tag stehenden Angaben für eine Indexierung resp. Klassifikation irrelevant sind.

4.3.2.2 Evaluierung der Textelemente

Nach der morphosyntaktischen Analyse werden die Textelemente, die zu den Wortklassen Nomen, Verb und Adjektiv gehören (den so genannten bedeutungstragenden Wortklassen), einer weiteren Analyse unterzogen. Es werden die semantischen Klassen herausgefiltert, die MPRO den Wörtern oder Wortteilen von Komposita zugeordnet hat (siehe Kapitel 3).

Anschließend werden auf der Basis dieser Filterung die mehrheitlich verwendeten semantischen Klassen pro Dokument bzw. Artikeltext festgestellt. Wörter oder Wortteile von Komposita, deren semantische Klasse z.B. nur ein einziges Mal im Text vorkommt, werden im Rahmen der internen Relevanzbewertung von BROCKINDEX sehr niedrig gewichtet, da sie nur bedingt aussagekräftig für einen bestimmten Artikeltext sind. Die Wörter bzw. Wortteile von Komposita, die den häufigsten semantischen Klassen des Dokuments angehören, erhalten demgegenüber ein entsprechend höheres Gewicht.

Beispiel:

In einem Dokument befinden sich mehrere Wörter, die der semantischen Klasse "Firma, Institut" angehören (Bundesfinanzministerium, Bundesamt für Umweltschutz, Verwaltungsgericht etc.). Gleichzeitig kommt jedoch ein Wort aus einer anderen semantischen Klasse, z.B. Entwicklung (sem. Klasse "Tätigkeit, Vorgang") vor. Dann werden die Deskriptoren aus der Wortliste, die der häufigeren semantischen Klasse angehören (in diesem Falle die Klasse "Firma, Institut") höher gewichtet.

Es wird somit durch eine Quantifizierung der annotierten semantischen Merkmale sicher gestellt, dass die Wörter, deren semantischer Typ sehr häufig im Text vorkommt, auch ein entsprechend hohes Gewicht zugewiesen bekommen. Nicht-Kopf-Bestandteile von Komposita z.B. werden dabei grundsätzlich geringer gewichtet als der jeweilige Kopf eines Kompositums. Das Gesamtgewicht eines Wortes innerhalb von BROCKINDEX errechnet sich aus der Wortfrequenz und dem Gewicht, das der jeweiligen semantischen Klasse zugewiesen wurde.

Weiterhin wird der Gewichtungswert eines Wortes in BROCKINDEX über einen schon an dieser Stelle vorgenommen Abgleich mit dem BMM-Thesaurus beeinflusst. Abhängig von den vorhandenen Merkmalen des jeweiligen Thesauruseintrags werden die Wörter unterschiedlich gewichtet. So werden z.B. verschiedene Relationsangaben wie Oberbegriff und Unterbegriff bzw. Synonymangaben berücksichtigt und fließen mit in die Berechnung der Gewichtung ein.

Handelt es sich zudem um einen Artikeltext des BMM, so werden wiederum von BROCKINDEX zusätzlich bestimmte Auszeichnungsbefehle, die in BMM-Artikeltexten vorkommen, bei der Errechnung der Gewichtungswerte berücksichtigt. Dabei handelt es sich um BMM-eigene Tags, die innerhalb der BMM-Artikeltexte bestimmte Wörter z.B. als Artikelüberschrift (Tag=<*lem*>) oder als Synonyme (Tag = <*synonym*>) kennzeichnen. Diese Tags werden von BROCKINDEX bei der Berechnung der Gewichtung der einzelnen Wörter bzw. Wortteile von Komposita ausgewertet. So wird z.B. eine Artikelüberschrift höher gewichtet als das gleiche Wort im Fließtext. Schließlich werden die Wörter mit ihren errechneten Gewichtungswerten an das nächste Programmmodul weitergegeben. Die errechneten internen Gewichtungswerte dienen somit als eine der Grundlagen für die anschließende Klassifikation.

4.3.2.3 Ermittlung der Klassifikation mit Hilfe des BMM-Thesaurus

Mit Hilfe des BMM-Thesaurus (vgl. Kapitel 2) wird nun die Grob- bzw. Feinklassenzuordnung für die einzelnen Artikeltexte getroffen. Dies erfolgt zum einen unter Berücksichtigung der möglichen Klassifikationen, die im BMM-Thesaurus zu den in dem Artikel vorkommenden Wörtern annotiert sind.

Speziell für das LeWi-Projekt wurden jedoch für das automatische Klassifikationswerkzeug BROCKINDEX noch weitere Parameter eingeführt, wenn es sich bei den zu klassifizierenden Texten um BMM-Artikel handelt. Berücksichtigt werden erneut bestimmte Auszeichnungsbefehle des BMM, durch die die Zugehörigkeit eines Artikeltextes zu einem bestimmten Artikeltyp (z.B. Tag=*<sachart>* für einen Sachartikel) und zu bestimmten Geltungsbereichen[34] (Tag=*<geltber>*) gekennzeichnet ist. Diese Tags werden von BROCKINDEX bei der automatischen Berechnung der Grob- bzw. Feinklassen eines Dokuments ausgewertet. Schließlich werden bei Artikeltexten des BMM auch noch die manuell vergebenen Klassifikationen, falls vorhanden, berücksichtigt.

Unter Berücksichtigung aller dieser Faktoren errechnet das Programm BROCKINDEX für einen beliebigen Text, im speziellen Falle des LeWi-Projektes für einen Artikeltext des BMM, die Brockhaus Grob- bzw. Feinklassenzuordnungen. Dabei wendet BROCKINDEX ein sehr komplexes Regelwerk an, welches nicht nur alle o.g. Faktoren berücksichtigt und mathematisch verrechnet, sondern verarbeitet auch noch zusätzliche Regeln, die die Brockhausklassifikation betreffen. Ein Beispiel für eine solche Regel ist z.B. die Festlegung, dass pro Text nie die Feinklasse *6380 einkeimblättrige Bedecktsamer* gleichzeitig mit der Feinklasse *6390 zweikeimblättrige Bedecktsamer* zugeordnet wird, da sich beide Feinklassen gegenseitig ausschließen. Eine weitere, speziell für BMM-Artikeltexte eingeführte Regel besagt, dass bestimmte Grobklassen nur dann vergeben werden dürfen, wenn es sich um einen geographischen Artikeltyp handelt etc. Im Rahmen des LeWi-Projektes wurden nach und nach viele dieser Regeln implementiert.

4.3.2.4 Ergebnisausgabe

Die Ergebnisausgabe präsentiert schließlich den Text zusammen mit einem Bündel von Merkmalen. Neben geographischen Angaben (*Topography, Toponyms*) sind dies aus dem Text ermittelte Namen von Personen und Firmen (*Names of persons and organisations*), eine Liste der Deskriptoren (*Deskriptors*) mit den einzelnen Gewichtungen, eine Liste der Klassfikationen (*Special fields* = Feinklassen, *Facets* = Grobklassen), eine Liste der Oberbegriffe (*Oberbegriffe*), Ländercodes (*Countries*), falls ein oder mehrere Staaten im Text vorkom-

[34]Die Artikeltexte des BMM sind teilweise bestimmten Artikeltypen sowie gewissen Geltungsbereichen zugeordnet. Die Kategorien für die Artikeltypen (z.B. sachart, biogart, staat) und Geltungsbereiche (z.B. Kommunikation, Mathematik, Elektrizitätslehre) sind festgelegt.

men, und eine Liste der nicht im Thesaurus enthaltenen möglichen zusätzlichen Schlüsselwörter (*Possible terms*).

Beispiel eines analysierten BMM-Artikels:

Florianópolis,
Hauptstadt des brasilianischen Bundesstaates Santa Catarina, 271 300 Einwohner; Hafenstadt auf der durch eine Brücke mit dem Festland verbundenen Insel Santa Catarina; Erzbischofssitz; Universität; Textil- und Nahrungsmittelindustrie.

Topography: Florianópolis, Hauptstadt, -
Names of persons and organisations: Bundesstaat Santa Catarina; Florianópolis; Insel Santa Catarina
Toponyms: Florianópolis
Descriptors: Florianopolis[75]; Bundesstaat[30]; Hafenstadt[30]; Santa Catarina[28]; Brücke[24]; Insel[20]; Hauptstadt[15]; Festland[6]; Brasilien[4]; Einwohner[4]; Nahrungsmittelgewerbe[4]; Textilindustrie[4]; Universität[4]; katholische Kirche[4]
Special fields: H3611[100] (Brasilien)
Facets: H36[100] (Staaten Amerika); H30[38] (Geographie)
Oberbegriffe: Stadt[99]; Verkehrsinfrastruktur[16]
Countries: Brasilien C3BRAZ[14]
Possible terms: brasilianischer Bundesstaat; verbundene Insel
<manfein=3611> Brasilien </man>
<mangrob=36> Staaten Amerika </man>
<autofein=3611> Brasilien </auto>
<autogrob=36> Staaten Amerika </auto>
<RECALL> 100 </RECALL>
<PRECISION> 100 </PRECISION>

Am Ende des Merkmalbündels werden dazu, falls vorhanden, die manuell durch die Brockhaus-Redakteure vergebenen Grob- bzw. Feinklassen ausgegeben (*manfein, mangrob*). In der gleichen Art werden anschließend die automatisch vergebenen Grob- und Feinklassen angezeigt (*autofein, autogrob*). Schließlich werden noch pro Dokument Recall und Precision im Vergleich manuelle vs. automatische Indexierung berechnet.

4.3.2.5 Entwicklungsphasen und Evaluierung des Systems BROCKINDEX

Die Entwicklung des Systems zur Verarbeitung der BMM-Artikeltexte erfolgte in mehreren Arbeitsphasen. In einem ersten Schritt wurden die Grob- und Feinklassen des BMM selbst mit dem IAI-Programm AUTINDEX indexiert. Dabei wurden jeder Klassifikation zusätzliche Deskriptoren annotiert. Parallel wurden mit dem selben Programm alle Artikeltexte des BMM indexiert und mit entsprechenden Deskriptoren versehen. Durch einen anschließenden Vergleich der Deskriptoren beider Ergebnisse konnte eine erste Zuordnung von Grob- und Feinklassen pro Artikel vorgenommen werden. Dies geschah unter Berücksichtigung von speziellen notwendigen bzw. hinreichenden Bedingungen, die zuvor festgelegt wurden. Hierbei handelte es sich u.a. um Bedingungen, die die zuvor im IAI-Thesaurus vorhandenen Klassen bei der Vergabe von BMM Grob- bzw. Feinklassen berücksichtigen.

Nachdem diese Ergebnisse in den BMM-Thesaurus eingeflossen waren, erfolgte in einem zweiten Schritt eine nochmalige Indexierung aller BMM-Artikeltexte. Mit einem komplexen Gewichtungsverfahren wurden anschließend aufgrund der annotierten Deskriptoren die Grob- und Feinklassenzuordnungen verbessert durchgeführt. Der Prozess wurde schließlich in mehreren zyklischen Evaluierungen weiter verfeinert und optimiert. Dabei wurde manuell bzw. semiautomatisch der Thesaurus durch Neugewichtungen, Fehlerkorrekturen sowie Streichungen/Neueinträge verändert. Gleichzeitig wurden zusätzliche Regeln für die Vergabe von Grob- und Feinklassen eingeführt (z.B. darf eine Grobklasse nur dann vergeben werden, wenn gleichzeitig eine Feinklasse mit entsprechend hoher Relevanz ausgegeben wird). Diese Regeln wurden sowohl für allgemeine Texte als auch für BMM-Artikeltexte programmiert. Abbildung 4-9 gibt einen Überblick über die einzelnen Arbeitsphasen bzw. über den Evaluierungszyklus von BROCKINDEX.

Abbildung 4-9: Arbeitsphasen und Evaluierungszyklus innerhalb der Entwicklung von BROCKINDEX

Abschließend wurde eine Bewertung der Indexierungsleistung durch die bekannten Messgrößen Recall und Precision vorgenommen. Es ist allerdings im Falle von BROCKINDEX innerhalb des LeWi-Projektes zu beachten, dass diese Messwerte nur bedingt für eine Beurteilung des Systems herangezogen werden können. Dies liegt daran, dass für die Berechnung von Recall und Precision bei der Klassifizierung von BMM-Artikeltexten nur die manuell vergebenen Grob- bzw. Feinklassen zur Verfügung stehen. Diese sind einerseits bisweilen fehlerhaft durch die Redakteure vergeben worden, andererseits sind in manchen Fällen die manuellen Klassenzuordnungen unvollständig. Demgegenüber vergibt

BROCKINDEX automatisch mitunter mehr Klassen aus als manuell zugeordnet wurden. Die Werte Recall und Precision berücksichtigen in einem solchen Fall nicht, ob die zusätzlich vergebenen Klassen zutreffend resp. richtig sind. Im Gegenteil führen diese zusätzlichen Klassifizierungen i.d.R. zu einer Verschlechterung der Precision-Werte. Nichtsdestotrotz wurde mit BROCKINDEX im LeWi-Projekt ein Recall von >90% und eine Precision von zumindest >50% erreicht. Abbildung 4-10 zeigt das Recall-Precision-Diagramm.

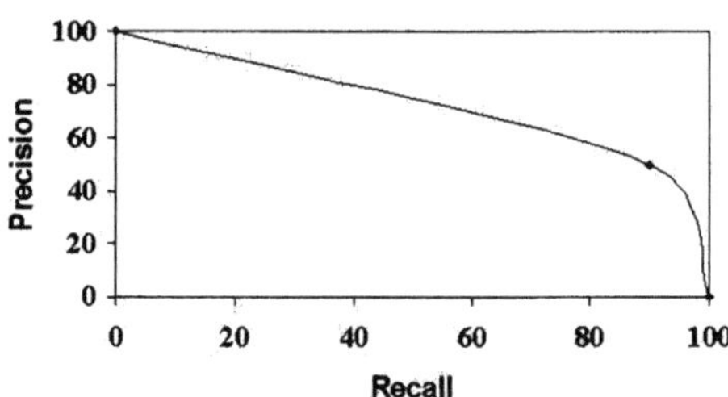

Abbildung 4-10: Precision-Recall-Diagramm für die Klassifikation von BMM-Artikeltexten mit dem Programm BROCKINDEX

Im Rahmen des LeWi-Projektes wurden die automatisch ermittelten Grob- und Feinklassen für die Artikeltexte des BMM anschließend im BMM als Klassifikationsinformation zu den Artikeltexten abgespeichert. Dies wurde für alle Artikeltexte des BMM durchgeführt. Für den Retrievalprozess stehen deshalb Grob- und Feinklassifikationsinformationen als zusätzliche Parameter zur Verfügung.

4.4 Suchstrategien und Suchablauf im LeWi-Kontext

Im Folgenden wird der gesamte Retrievalprozess, so wie er im LeWi-Projekt stattfindet, beschrieben. Zu berücksichtigen ist dabei jedoch, dass dem Suchprozess im Programmablauf außer der Frageneingabe/Fragenanalyse noch ein Dialogmodul vorgeschaltet ist, welches bei nicht eindeutigen Fragen (z.B. durch unbekannte Begriffe oder Mehrdeutigkeiten) eine Klärung über Rückfragen bzw. durch Bedeutungs- oder Themenauswahl versucht. Dieses Dialogmodul wird in Kapitel 5 detailliert besprochen.

Im Weiteren werden zunächst die Strategien erläutert, die dem Suchprozess im LeWi-Projekt zugrunde liegen. Anschließend wird eine Beschreibung der speziellen zusätzlichen LeWi-Suchparameter gegeben. Schließlich wird der gesamte

Suchablauf detailliert betrachtet und abschließend wird auf den Prozess der Relevanzberechnung im Hinblick auf die Ergebnispräsentation eingegangen.

4.4.1 Suchstrategien

An den Suchprozess im LeWi-Dialogmodul werden die logische Form der eingegebenen Frage sowie ein oder mehrere der Frage zugeordnete Fragentypen übergeben. Bevor nun der eigentliche Suchprozess gestartet wird, werden die Wörter, die in der logischen Form enthalten sind, mit einer sog. Stoppwortliste verglichen. Die Stoppwortliste enthält Adjektive/Adverbien (z.B. *schön, gut* bzw. *eigentlich, genau, exakt*) und Verben (z.B. *sein, müssen*) aber auch Substantiva (z.B. *Grund*), die aufgrund ihres geringen semantischen Wertes für eine differenzierte Informationssuche nicht sinnvoll zu verwenden sind. Findet das Programm Übereinstimmungen, werden die Begriffe aus der logischen Form entfernt und stehen ab diesem Zeitpunkt für die Suche nicht mehr zur Verfügung. Alle anderen Wörter der logischen Form, außer den Fragewörtern selbst, werden an den Suchprozess übergeben.

Die dem Retrievalprozess in LeWi zugrunde liegende Basisstrategie arbeitet mit den verschiedenen Wortarten, die in einer Suchanfrage vorkommen. In aufeinander folgenden separaten Suchen werden nach und nach bestimmte Wortarten aus dem Suchprozess ausgeklammert bzw. für die Suche unterschiedlich kombiniert. Dadurch wird eine sukzessive Erweiterung des Suchraumes erreicht. Diese Methode basiert auf der Annahme, dass ein Artikeltext umso besser eine Anfrage beantwortet, je mehr textliche Übereinstimmungen es zwischen dem Dokument und der Suchanfrage gibt.

Da eine textliche Übereinstimmung alleine aber noch kein Garant für inhaltlich zutreffende Antworttexte sein kann, werden in LeWi weitere Strategien zur Verfeinerung der Suche angewandt. Grundsätzlich kann man die verschiedenen Methoden in zwei Kategorien einteilen, die allerdings im Suchablauf miteinander verzahnt sind: Veränderungen der Suchbegriffe und Veränderungen des Suchablaufs bzw. Suchraums.

4.4.1.1 Veränderungen der Suchbegriffe

Neben der Suche mit Originalwörtern werden alle Wörter in LeWi auch in der Grundform gesucht. Der gesamte BMM wurde diesbezüglich vorbereitend indexiert, so dass in den jeweiligen Dokumenten auch die Grundform der Wörter in Form eines Indexes für das Retrieval zur Verfügung steht. Gleichzeitig werden alle Zahlen- und Datumsangaben in ihre Varianten konvertiert und in der Suchanfrage verarbeitet (z.B. *30-jährig, dreißigjährig* bzw. *17. Juni 1953, 17.06.53* etc.). Es werden weiterhin Wortgruppensuchen für z.B. Substantive mit Bindestrich, Abkürzungsauflösungen, Personennamen usw. eingesetzt. Aus der vorhergehenden Fragenanalyse stehen zudem noch die Wörter aus den Fragentypindikatoren[35] zur Verfügung und können bei Bedarf mit in die Suche eingebunden werden. Zu einem bestimmten Zeitpunkt innerhalb des Suchprozesses werden überdies die Suchanfragen mit zusätzlichen Begriffen aus externen Wissensquellen (assoziative Listen, Ontologie) angereichert. Alle diese Verfahren verfolgen die Methode, den Suchraum Schritt für Schritt zu erweitern.

Eine speziell für LeWi entwickelte Suchvariante berücksichtig schließlich die Häufigkeit eines Nomens im Verhältnis zu dem Gesamtwortbestand des BMM. Diese Methode basiert auf der Annahme, dass i.d.R. weniger oft vorkommende Nomina in einem Lexikon die bedeutungstragenderen sind. Deshalb werden in LeWi bei einer Suchanfrage, die aus mehreren Nomina besteht, zunächst Frequenzanalysen für jedes Nomen im BMM gemacht. Danach werden die hochfrequenten Nomina sukzessiv aus dem Suchprozess ausgeschlossen.

4.4.1.2 Veränderungen des Suchablaufs bzw. Suchraums

Grundsätzlich sind alle Suchen zunächst Boolsche UND-Suchen (siehe Abschnitt Suchoperatoren), d.h. alle Suchbegriffe werden mit dem Operator UND verbunden und müssen gemeinsam in einem Dokument vorkommen. Es werden jedoch zusätzlich auch ODER-Suchen bzw. NAHEBEI-Suchen durchgeführt. Bei letzteren handelt es sich um eine Besonderheit des BMM. NAHEBEI-Suchen sind verfeinerte UND-Suchen. Sie bieten die Möglichkeit, Suchbegriffe im Text zu suchen und dabei den Maximalabstand (gemessen in Wörtern) festzulegen, der diese Suchbegriffe im Text voneinander trennt, d.h. eine Suchanfrage wie z.B. *Goethe NAHEBEI Faust; Abstand=10* würde Dokumente finden, in denen die Begriffe *Goethe* und *Faust* mit weniger als 10 Wörtern Abstand mindestens einmal vorkommen. NAHEBEI-Suchen dienen somit der Einschränkung des Suchraums, ODER-Suchen hingegen erweitern den Suchraum erheblich.

Im Retrievalprozess des LeWi-Projektes werden bestimmte Basissuchen bei jeder Suchanfrage durchgeführt. Die Entscheidung, welche zusätzlichen Suchen wann und auf welchem Datenbestand durchgeführt werden, ist in LeWi in erster Linie abhängig von dem in der Fragenanalyse bestimmten Fragentyp. Als Einschränkung des Suchraumes können in LeWi zwei weitere Parameter herangezogen werden: die Suche eingeschränkt auf Artikeltexte mit bestimmten Grob- bzw. Feinklassen und die Suche nur in bestimmten Artikeltypen. Diese Methoden wurden in LeWi entwickelt, nachdem innerhalb des Projektes festgestellt

---

[35]Hierbei handelt es sich um Wörter wie zum Beispiel *„Jahr"* bei dem Frageindikator *„In welchem Jahr ...?"*, die keine Fragewörter sind.

wurde, dass Fragen mit eindeutigem Fragentyp durch eine Beschränkung des Suchraums teilweise sehr viel präziser beantwortet werden können. Es wurden dadurch für manche Fragentypen wesentlich bessere Ergebnisse erzielt.

4.4.1.3 Bereitstellung von zusätzlichen Parametern für die Suche

Das Dialogmodul im LeWi-Projekt führt mehrere verschiedene Suchen zu unterschiedlichen Zeitpunkten im Suchablauf durch, die mit zusätzlicher Information angereichert sind. Die zusätzlichen Parameter, die LeWi zur Erweiterung der Suchanfragen verwendet, stammen aus verschiedenen Wissensquellen. Eine erste Wissensquelle ist die morphosyntaktische Analyse der Suchanfragen. Sie stellt nicht nur alle Wörter in ihrer Grundform bereit, sondern zerlegt auch Komposita in ihre einzelnen Bestandteile und liefert zudem Derivationsinformation. Diese Informationen werden in gesonderten Suchen im LeWi-Projekt verwendet. Auch hier gilt, dass eine Suche mit Kompositabestandteilen bzw. Ableitung von Wörtern eine teilweise erhebliche Erweiterung des Suchraums nach sich zieht.

Eine weitere Wissensquelle für die Erweiterung von Suchanfragen in LeWi sind assoziative Wortlisten bzw. Listen von Maßeinheiten. Diese Listen enthalten sog. assoziative Begriffe (z.B. für den Begriff *Ursache*: *Grund, Voraussetzung, Vorbedingung, Tatsache*) oder Maßeinheiten (z.B. *Sekunden, Minuten, Tage, Wochen, s, min, h*), die aufgrund bestimmter Fragentypen mit in die Suchanfrage aufgenommen werden. Es konnte im LeWi-Projekt nachgewiesen werden, dass für bestimmte Fragentypen (z.B. Ursachenfragen oder Geschwindigkeitsfragen) diese Methode eine eindeutige Verbesserung der Ergebnisse bewirkt.

Schließlich bezieht der Suchprozess alle Informationen über orthographische Varianten eines Wortes, über dessen Synonyme und über die Ober- und Unterbegriffe desselben aus einer Ontologie. Bei dieser dritten Wissensquelle handelt es sich um eine Ontologie der deutschen Sprache, die innerhalb des LeWi-Projektes entwickelt wurde. Die Duden-Ontologie wird im folgenden Abschnitt kurz beschrieben. Die zusätzlichen Informationen aus der Ontologie werden im Suchablauf standardmäßig von einem Großteil der LeWi-Suchen automatisch zur Erweiterung der Suchanfragen genutzt.

4.4.1.4 Die Duden-Ontologie der deutschen Sprache

Im Rahmen des LeWi-Projektes wurde in einer Kooperation von verschiedenen Projektpartnern eine Ontologie der deutschen Sprache aufgebaut. In ihr sind die grammatikalischen Informationen zu über 250.000 Wörtern abgelegt. Zugleich sind die Bedeutungen der Wörter definiert und untereinander verknüpft. Als Basis für die Ontologie diente das Werk *Duden – das große Wörterbuch der deut-*

schen Sprache. Ergänzend wurde die Ontologie noch mit Daten aus den Werken *Duden – sinn- und sachverwandte Wörter* sowie aus dem *Brockhaus in 15 Bänden* bzw. der *Brockhaus Enzyklopädie* erweitert, die zuvor speziell bearbeitet und extrahiert wurden. Das grundsätzliche Datenmodel der Ontologie stellt eine Innovation dar, da es erstmalig in dieser Weise Sprach- und Sachaspekte von Begriffen in einem einheitlichen Framework erfasst und als Entität maschinell verarbeitbar macht. Es unterscheidet dabei zwischen der Benennung und der Bedeutung der Wörter (siehe Beschreibung von Ontologien in Kapitel 2). Für detailliertere Information zur Duden-Ontologie siehe [Alexa 2002].

Die Duden-Ontologie wird innerhalb des LeWi-Projektes in zwei voneinander getrennten Bereichen eingesetzt: Im Dialogmodul dient sie der Anreicherung der Suchanfragen durch Synonyme, orthographische Varianten, Ober- und Unterbegriffe. Gleichzeitig wird die Duden-Ontologie von dem in LeWi für die Ergebnispräsentation entwickelten 3D-Wissensraum als Grundlage für die Anzeige von sachsystematischen Zusammenhängen verwendet.

Die Ontologie wurde im LeWi-Projekt mit Hilfe der Software K-Infinity des Unternehmens intelligent views in Darmstadt realisiert. K-Infinity ist eine objektorientierte Datenbank, deren Struktur für Wissensnetze optimiert ist. Mit K-Infinity ist es möglich, auf der Grundlage semantischer Relation Wissen objektorientiert zu modellieren. Mit Hilfe einer sog. Runtime-Version steht die Duden-Ontologie mit einer speziellen Schnittstelle dem Dialogmodul in LeWi zur Verfügung.

Für den Einsatz im Suchprozess des LeWi-Dialogmoduls wurden spezielle Abfrageroutinen entwickelt, die auf die Bedürfnisse innerhalb des Suchablaufes zugeschnitten sind. Hierbei handelt es sich um festgelegte Expertensuchen[36] zur Ermittlung von zusätzlicher Information zum Zwecke der Erweiterung bestimmter Suchanfragen.

4.4.2 Suchablauf

Nachdem alle Analyseschritte durchlaufen und evtl. Mehrdeutigkeiten, unbekannte Wörter etc. durch Rück- bzw. Zwischenfragen geklärt wurden, wird der Suchablauf gestartet. Im LeWi-Dialogmodul wird nicht nur eine Suche durchgeführt, sondern die Suchwörter aus der Frage werden in mehreren Suchen auf verschiedene Art kombiniert bzw. mit zusätzlicher Information angereichert, um so die Chance zu erhöhen, die entsprechenden Ergebnisartikel zu finden und die Präzision der Antworten zu erhöhen. Im LeWi-Dialogmodul sind deshalb insge-

[36] Z.Zt. sind insgesamt vier Hauptexpertensuchen über die Ontologie-Schnittstelle definiert: Synonyme, Orthographische Varianten, Oberbegriffe, Unterbegriffe.

samt ca. 360 verschiedene Suchen definiert, von denen pro Frage jedoch i.d.R. nur zwischen 5 und 20 Suchen tatsächlich durchgeführt werden.

Die Suchen werden vom LeWi-Dialogmodul über eine entsprechend definierte Schnittstelle an den BMM übergeben. Nachdem diese Suchen dort durchgeführt wurden, liefert der BMM die Ergebnisse anschließend in Form von Ergebnislisten (mit BMM-Relevanzwerten) zur weiteren Bearbeitung an das LeWi-Dialogmodul zurück.

In der Suche nicht berücksichtigt werden Begriffe, die mit Hilfe einer Stoppwortliste von vorneherein ausgeschlossen werden. Auch Partikel, Artikel, Pronomen und Konjunktionen werden nicht in den Suchstrings verwendet. Alle sonstigen Wörter der Frage, außer den Fragewörtern selbst, fließen in die Suche ein. Die Fragentypindikatoren bilden hierbei eine besondere Gruppe. Aufgrund bestimmter Voraussetzungen können auch die Fragenindikatoren mit in die Frage aufgenommen werden (S1 bis S5 und S7).

Der Suchablauf verfolgt die Strategie, dass zunächst nach und nach bestimmte Wortarten ausgeklammert werden (S1 bis S5). Anschließend werden zusätzliche Informationen aus teilweise externen Wissensquellen verarbeitet (S6 bis S9), um die Suche zu erweitern. Im Folgenden wird ein Überblick über die verschiedene Grundtypen von Suchen im LeWi-Projekt gegeben.

4.4.2.1 Suchtypen im LeWi-Projekt

Abbildung 4-11 zeigt, in Hauptsuchen unterteilt, den Suchablauf abhängig von den in der Suchanfrage vorkommenden Wörtern.

S0	=	Suche mit Originalwörtern (keine Grundformen) (Substantive, Adjektive/Adverbien, Verben, Präpositionen)
S1	=	Grundformensuche mit allen Wörtern (Substantive, Adjektive/Adverbien, Verben, Präpositionen)
S2	=	Grundformensuche ohne Präpositionen (Substantive, Adjektive/Adverbien, Verben)
S3	=	Grundformensuche ohne Verben und Präpositionen (Substantive, Adjektive/Adverbien)
S4	=	Grundformensuche ohne Adjektive und Präpositionen (Substantive, Verben)
S5	=	Grundformensuche ohne Verben, Adjektive und Präpositionen (Substantive)
S6	=	Grundformensuche mit Substantiven nach Vorkommen im BMM (Substantive; absteigend nach Frequenz)

S7	=	Grundformensuche mit zerlegten Komposita (Substantive, Adjektive/Adverbien, Verben; S2 bis S5 werden als Untersuchen wiederholt)
S8	=	Grundformensuche mit Wortableitungen (Substantive, Adjektive/Adverbien, Verben; S2 bis S5 werden als Untersuchen wiederholt)
S9	=	Grundformensuche mit Oberbegriffen aus der Ontologie (Substantive; die S9-Suche wird nur unter bestimmten Bedingungen durchgeführt)

Abbildung 4-11: Hauptsuchen im LeWi-Dialogmodul

Dieser oberflächliche Suchablauf ist im eigentlichen System wesentlich komplexer. Z.Zt. sind insgesamt ca. 360 verschiedene Suchen implementiert und können durchgeführt werden. Dabei werden neben den obigen Suchen die Suchanfragen einerseits um Synonyme und orthographische Varianten erweitert. Diese aus der Ontologie stammenden Zusatzinformationen werden zu dem jeweils in der Frage vorkommenden Suchwort in einer ODER-Verknüpfung gesucht (S1 bis S5). Zusätzlich werden in S9 die aus der Ontologie ggf. zur Verfügung stehenden Ober- und Unterbegriffe für die Suche verwendet.

Andererseits werden sog. assoziative Suchen (S-ASSO; S2 bis S8) ausgeführt. Hierbei werden bestimmte Wörter aus assoziativen Wortlisten zusätzlich in einer ODER-Verknüpfung in den Suchstring eingebaut. Dies geschieht abhängig von dem in der Analyse festgestellten Fragentyp. Beispielsweise werden bei Gewichtsfragen u.a. die Wörter *Kilogramm, Gramm* und die Abkürzungen *kg* und *mg* in einer NAHEBEI-Verknüpfung mit den Substantiven gesucht.

In S7 und S8 wird aufgrund der morphosyntaktischen Information aus der Analyse mit den zerlegten Komposita bzw. mit den Ableitungen der in der Frage vorkommenden Wörter gesucht. Da in diesem Fall wieder alle Wortarten vorkommen können, muss die Grundstrategie des Systems wieder aufgegriffen werden, und deshalb werden in entsprechenden Subsuchen wieder nach und nach Wortarten ausgeklammert bzw. unterschiedlich kombiniert.

Die Entscheidung, in welchem Suchraum bzw. auf welcher Datenbasis die einzelnen Suchen durchgeführt werden, ist im LeWi-Dialogmodul sehr eng mit der Fragenanalyse bzw. dem in der Analyse bestimmten Fragentyp verbunden. Wurden z.B. Personennamen in der Ausgangsfrage erkannt bzw. eine Personenfrage in der Analyse bestimmt, so wird anschließend nur in biographischen Artikeln gesucht. Neben den verschiedenen Artikeltypen wird auch die Grob- bzw. Feinklassifikation des BMM berücksichtigt. So wird z.B. bei historischen Fragen speziell nur in Artikeln gesucht, denen durch die Indexierungssoftware historische Grob- und Feinklassen (z.B. *85 Neuere Geschichte*) zugewiesen wurden. Eine Einschränkung des Suchraums wird schließlich auch durch sog. NAHEBEI-Suchen (S-NEAR; S2-S5 und S7/S8) durchgeführt, wobei der Wortabstand wiederum in Abhängigkeit der in der Frage vorkommenden Wortarten und des Fragentyps zwischen 10 und 50 Wörtern variieren kann. Für detaillierte Angaben zum Suchablauf im LeWi-Dialogmodul siehe Anhang F.

Natürlich werden nicht alle der beschriebenen Suchen bei jeder eingegebenen Frage durchgeführt. Wann eine gewisse einzelne Suche durchgeführt wird, hängt von sehr vielen Parametern ab. In Abbildung 4-12 werden analog zu Abbildung 4-11 die Voraussetzungen für die Hauptsuchen aufgezeigt.

Suche	Substantiv	Zahl	Adjektiv	Verb	Präp.
S0	Die Suche wird immer durchgeführt				
S1					X
S2			X	X	
S3			X		
S4				X	
S5	X	X			
S6	Bei Vorkommen von mindestens zwei Nomina				
S7	Bei Vorkommen von mindestens einem Kompositum				
S8	Bei Vorkommen von Ableitungen				

Abbildung 4-12: Voraussetzungen für die Durchführung der Hauptsuchen in LeWi

Die Durchführung der S9-Suche kann extern gesteuert werden[37] und hängt zusätzlich davon ab, ob in der Ontologie Oberbegriffe zu den in der Frage verwendeten Substantiva vorhanden sind.

4.4.3 Relevanzberechnung

Nach Durchführung des kompletten Suchablaufs erfolgt die Relevanzbewertung. Die Relevanzwerte geben an, welche Artikel am besten zu der gestellten Suchanfrage passen. Dabei gibt der Relevanzwert (10% bis 100%) die Übereinstimmung des entsprechenden Ergebnisartikels mit den Suchwörtern der gestellten Frage wieder. Die Höhe des Relevanzwertes bzw. der Abstand in der Relevanz

---

[37] Der Programmprototyp des LeWi-Dialogmoduls besitzt eine Konfigurationsdatei, in der u.a. festgelegt werden kann, ob eine Suche mit Oberbegriffen durchgeführt werden soll.

zwischen zwei Ergebnisartikeln kennzeichnet zudem die Aussagekraft eines Artikels in Bezug auf die gestellte Frage. Dies ist neben der Ausgabereihenfolge der Ergebnisartikel eine zusätzliche Orientierung für den Benutzer bei der Ergebnisauswahl. Haben mehrere Ergebnisartikel Relevanzwerte zwischen 80% und 100%, so geben wahrscheinlich alle Artikel Antworten auf die gestellte Frage. Treten dagegen bei den Relevanzwerten große Unterschiede zwischen den einzelnen Ergebnissen auf, so sind voraussichtlich nur die Artikel mit den hohen Relevanzwerten in Bezug auf die Antwort interessant.

Die Gesamtrelevanzberechnung des Dialogmoduls basiert auf den Relevanzwerten, die vom BMM aufgrund der Einzelsuchen für die jeweiligen Artikel zurückgeliefert werden. Diese BMM-Relevanzberechnung erfolgt unabhängig vom LeWi-Dialogmodul und wurde von BIFAB in Mannheim entwickelt. Im Folgenden wird zunächst auf die Grundprinzipien der in Mannheim entwickelten Relevanzberechnung eingegangen (Relevanzberechnung I). Anschließend wird die Relevanzberechnung des LeWi-Dialogmoduls erläutert (Relevanzberechnung II).

4.4.3.1 Relevanzberechnung I (BMM)

Grundlage für die Ermittlung der BMM-Relevanzwerte ist der von allen Texten des BMM erstellte Index. Für den Index wurden alle Texte des BMM morphosyntaktisch analysiert. Die so ermittelten Informationen ermöglichen neben der Suche nach Grundformen auch eine Suche nach Kompositabestandteilen und Ableitungen. Weiterhin werden verschiedene Auszeichnungselemente des BMM für die Suche herangezogen (z.B. Lemma, Unterstichwort, Artikeltyp). Zudem werden im Index die Positionen der Wörter pro Artikel vermerkt, sodass bei den Suchen mit mehr als einem Suchwort die Nähe zwischen den Wörtern ermittelt werden kann.

Der Algorithmus für die Berechnung des Relevanzwertes betrachtet in erster Linie die Worthäufigkeit, d.h. das Vorkommen des Suchwortes/der Suchwörter in einem Dokument. In einem weiteren Arbeitsschritt werden mögliche Abweichungen der gefundenen Wörter von ihren Grundformen (z.B. flektierte Formen, Komposita oder Ableitungen) und das Vorkommen der Suchwörter in bestimmten Artikelabschnitten (z.B. Treffer in Artikelüberschriften vs. Treffer im Volltext) berücksichtigt. Bei Suchen mit mehreren Wörtern wird zusätzlich auch die Entfernung bzw. Nähe der Wörter im Text zueinander und das Vorkommen in einer Phrase mit in die Berechnung einbezogen. Das Grundprinzip der Relevanzberechnung des BMM basiert folglich auf anfänglichen Grundwerten, die aufgrund bestimmter Faktoren durch Strafabzüge vermindert bzw. durch Boni erhöht werden können. Mit Hilfe eines komplexen Rechenwerks wird unter Beachtung all dieser Parameter schließlich die Endrelevanz berechnet. Die BMM-

Relevanzberechnung wurde im Rahmen des LeWi-Projektes mehrmals verändert und ist immer noch Gegenstand weiterer Verbesserungen.

Die beschriebene Berechnung der Relevanzwerte findet für jede vom Dialogmodul initiierte Suche statt. Diese "Roh"-Relevanzwerte werden für jede einzelne Suche an das LeWi-Dialogmodul zur weiteren Verarbeitung übergeben.

4.4.3.2 Relevanzberechnung II bzw. Gewichtung der Einzelsuchen (LeWi)

Auf den gelieferten Relevanzwerten des BMM aufbauend errechnet das LeWi-Dialogmodul anschließend neue Relevanzwerte pro Artikel und Suche. Als Grundlage dieser Berechnung wurden allen Einzelsuchen zunächst bestimmte Gewichtungsfaktoren zugeordnet.

Die Zuordnung dieser Gewichtungsfaktoren erfolgte unter Berücksichtigung der in der jeweiligen Suche angewandten Suchtechniken. Dies basiert auf der Grundannahme, dass manche Suchen z.B. aufgrund der Erweiterung des Suchraums nicht die selben relevanten Ergebnisartikel liefern wie andere (z.B. die Suche mit Originalwörtern).

Höher bewertet werden "spezifischere" Suchen, d.h. solche, die mit vielen Wortarten nur für bestimmte Grob- bzw. Feinklassen oder Artikeltypen durchgeführt wurden oder solche, in denen die Suchwörter durch z.B. einen NAHEBEI-Operator verbunden wurden. Den Suchen mit Originalwörtern werden z.B. sehr hohe Gewichtungen gegeben, da diese den Suchraum sehr einschränken und auf eine starke Übereinstimmung zwischen Suchanfrage und Dokument deuten.

Durch die Faktoren abgewertet werden dagegen beispielsweise Suchen mit zerlegten Komposita und Ableitungen. Auch ODER-Suchen werden grundsätzlich niedriger gewichtet, da sie den Suchraum erheblich erweitern. Auf diese Weise wurden für alle 361 Suchen des LeWi-Dialogmoduls Gewichtungsfaktoren bestimmt.

Nachdem mit Hilfe dieser Faktoren die Gewichtungswerte für die Artikel in den einzelnen Suchen berechnet worden sind, erfolgt die Berechnung der Gesamtrelevanz pro Artikel für die abschließende Ergebnisliste. In diesem Prozess werden alle Zwischenergebnisse der durchgeführten Einzelsuchen unter Verwendung eines komplexen Regelwerks miteinander in Verbindung gebracht und verrechnet.

Alle Ergebnisartikel mit ihren neuen Relevanzwerten werden in eine Gesamtliste übernommen. Aus dieser Liste werden alle Dubletten entfernt und nur die Artikel mit den jeweils höchsten Relevanzwerten bleiben darin enthalten. Anschließend wird das Vorkommen der Artikel, d.h. in wie vielen Suchen ein Artikel gefunden wurde, mit in die Berechnung aufgenommen. Allerdings werden in dieser Berechnung nicht alle Suchen berücksichtigt, sondern nur Hauptsuchen bzw. bestimmte Suchen.

In der Gewichtung des Vorkommens werden folgende Suchen berücksichtigt:

S1 / S2 / S3 / S4 / S5 / S_OR_5 / S6 / alle x für S7.y.x / alle x für S8.y.x / S9 (s.a. Anhang F)

Je öfter ein Artikel in den verschiedenen Suchen vorkommt, umso mehr Gewicht erhält er.

Nach dieser Berechnung liegt eine neue Gesamtliste der Ergebnisartikel vor, in der berücksichtigt wird, wie oft ein Artikel gefunden wurde. Aufgrund des Rechenmodels kann es natürlich zu Relevanzwerten kommen, die weit über 100% liegen. Deshalb wird abschließend der Artikel mit dem höchsten Relevanzwert gleich 100% gesetzt und die darunter liegenden entsprechend angepasst. Schließlich wird die Ergebnisliste nach Relevanz sortiert ausgegeben.

Da die Relevanzberechnung im LeWi-Dialomodul aufgrund der vielen unterschiedlichen Faktoren sehr komplex ist, stellt das Justieren der einzelnen Gewichtungsfaktoren ein großes Problem dar. Die große Anzahl der Einzelsuchen erfordert zunächst die Vergabe einer großen Anzahl von Faktoren. Darüber hinaus ist es für die Evaluierung eines solchen komplexen Relevanzsystems notwendig, auch die entsprechenden Suchanfragen zur Verfügung zu haben, die die speziellen Suchen auslösen. Schließlich ist für die Evaluierung auch eine Beurteilung der Güte der Ergebnisartikel notwendig.

Alle diese Arbeitsschritte machen es sehr schwer und insbesondere zeitaufwendig, das System optimal zu justieren. Innerhalb des LeWi-Projektes wurde diesbzgl. ein Stand erreicht, der in den meisten Fällen eine korrekte "inhaltliche" Relevanz des Ergebnisartikels zu der eingegebenen Suchanfrage ermittelt. Wie bei allen Systemen, die Relevanzen berechnen, ist auch im LeWi-Dialogmodul die Justierung der Gewichtungsfaktoren ein Prozess, der niemals abgeschlossen sein wird.

Kapitel 5: Interaktion

5.1 Frage-Antwort- bzw. Dialogsysteme: Forschungen und Projekte

Die automatische Beantwortung von Fragen durch den Computer ist eine der größten Herausforderungen innerhalb des Information Retrieval bzw. der Computerlinguistik. Zur Strukturierung dieses Teilbereiches der Interaktion des Benutzers mit dem Computer werden an dieser Stelle zunächst zwei Definitionen gegeben, die eine anschließende Zuordnung des LeWi-Systems zu dem einen oder anderen Bereich erleichtern sollen.

5.1.1 Begriffsbestimmung

5.1.1.1 Frage-Antwort-Systeme

Frage-Antwort-Systeme sind Systeme, die für einen Fragesatz einen Antworttext erzeugen. Damit vereinen Frage-Antwort-Systeme Analyse und Erzeugung (Generierung) von Sprache. Die Eingabe eines Fragesatzes in ein Frage-Antwort-System kann entweder schriftlich über Tastatur bzw. Datei oder mündlich über Mikrofon erfolgen. Die Ausgabe eines Antworttextes ist analog entweder schriftlich über Bildschirm bzw. Bildprojektion oder akustisch über Lautsprecher möglich.

Frage-Antwort-Systeme analysieren einen eingegebenen Fragesatz und versuchen, diesen semantisch zu interpretieren. Die ermittelte semantische Interpretation wird anschließend mit einer zum System gehörenden Wissensbasis, die zuvor in der gleichen Weise wie die Frage analysiert wurde, abgeglichen. Anschließend generiert ein Textgenerierungssystem für das zum Fragesatz passende Wissen aus der Wissensbasis einen Antworttext in vollständigen natürlichsprachlichen Sätzen und gibt diesen aus. Erfolgt die Ausgabe des Antworttextes über einen Bildschirm, so kann diese multimedial angereichert, d.h. mit graphischen und akustischen Elementen gekoppelt werden.

Für die Analyse sowohl der eingegebenen Fragen als auch der Wissensbasis werden in den einzelnen Systemen unterschiedliche Methoden eingesetzt. Für die inhaltliche Beschreibung von Fragen bzw. Domänenwissen können z.B. spezielle Wissensrepräsentationssprachen verwendet werden [s. Kapitel 2 Dokumentationssprachen].

Frage-Antwort-Systeme sind normalerweise auf eine vorgegebene Domäne, wie z.B. medizinisches oder juristisches Wissen, beschränkt. Sie ermöglichen einen natürlichsprachlichen Zugriff hauptsächlich auf Fakten und numerische Daten.

Frage-Antwort-Systeme führen keinen natürlichsprachlichen Dialog mit dem Benutzer. Jede Frage wird mit einer Antwort quittiert. Kontextuelle Bezüge auf frühere Fragen oder Antworten sind nicht möglich.

Frage-Antwort-Systeme stellen bereits eine deutliche Verbesserung der Mensch-Maschine-Interaktion im Vergleich mit den heute vorherrschenden Systemen dar, die i.d.R von dem Benutzer verlangen, dass er sich einer schwierigen, exakt anzuwendenden künstlichen Abfragesprache bedient. Darüber hinaus eignen sich Frage-Antwort-Systeme sehr gut als tutorielle Systeme für den Wissenserwerb.

5.1.1.2 Dialogsysteme

Im Gegensatz zu Frage-Antwort-Systemen ermöglichen Dialogsysteme einen wechselseitigen Dialog zwischen einem menschlichen Benutzer und einem Computer bzw. einer Softwareanwendung. Ähnlich den Frage-Antwort-Systemen kann der Dialog dabei sowohl schriftlich über Tastatur und Bildschirm als auch mündlich über Mikrofon und Lautsprecher bzw. Telefon erfolgen.

Auch Dialogsysteme analysieren die eingegebenen Sätze und versuchen eine semantische Interpretation für diese zu finden. Anschließend wird auf der Grundlage der verfügbaren Wissensquellen diese semantische Interpretation ausgewertet und eine Antwort generiert. Im Unterschied zu Frage-Antwort-Systemen wird in diesem Prozess jedoch nicht nur das domänenspezifische Wissen der jeweiligen Wissensbasis verwendet, sondern es werden auch der bisherige Verlauf des Dialogs sowie die Ziele und Erwartungen des Benutzers berücksichtigt. Hierfür werden vorherige Anfragen des Benutzers in einer sog. Dialoghistorie gespeichert.[38] Die Ziele und Erwartungen eines Benutzers werden entweder a priori gesetzt oder aufgrund von Benutzermodellen bzw. Benutzeräußerungen während der Dialogzeit errechnet. Diese grundlegenden Unterschiede machen Dialogsysteme gegenüber Frage-Antwort-Systemen wesentlich komplexer.

Ziel von Dialogsystemen ist es, einen komfortablen natürlichsprachlichen Zugang zu einem technischen System bereit zu stellen. In der Regel handelt es sich um die Kommunikation mit einem Auskunfts- oder Informationssystem. Damit ein Dialogsystem richtig reagieren kann, muss jede Äußerung des Benutzers analysiert und semantisch interpretiert werden.

---

[38] Deshalb bereiten z.B. Anaphern Dialogsystemen keine Probleme. In Frage-Antwort-Systemen hingegen können Anaphern nicht bzw. nur falsch verarbeitet werden.

Nachdem der Benutzer seine Anfrage in Form einer natürlichsprachlichen Eingabe gemacht hat, wertet das Dialogsystem die Eingabe inhaltlich aus und überprüft, welche Informationen eingegeben worden sind und welche noch fehlen, damit eine bestimmte Auskunft (z.B. eine Bahnverbindung) erteilt werden kann. Sind die Benutzerangaben noch nicht vollständig (z.B. fehlender Zielort, fehlende Abfahrtszeit), werden durch das System Rück- bzw. Klärungsfragen gestellt, um die noch fehlende Information zu bekommen. Somit können Dialogsysteme auch selbst im Dialog Initiative ergreifen. Enthält eine eingegebene Benutzeranfrage alle relevanten Informationen, kann das Dialogsystem gleich eine Antwort präsentieren. Fehlen im eingegebenen Satz noch relevante Informationen, muss das Dialogsystem in separaten Dialogschritten die fehlenden Informationen erfragen.

Existierende Dialogsysteme in Form von Auskunfts- und Informationssystemen sind meistens auf bestimmte Anwendungsdömänen (Flug-, Bahn-, Kinoauskunft, Helpdesksysteme etc.) beschränkt. Deshalb führen meist nur diejenigen Äußerungen des Benutzers zu Ergebnissen, die sich auf die jeweilige Anwendungsdomäne des Dialogsystems beziehen. In allen anderen Fällen werden Standardantworten ausgegeben.

Aufgrund der hier vorgenommen Begriffsbestimmungen kann das LeWi-Dialogsystem nicht eindeutig einem der beiden beschriebenen Systemtypen zugeordnet werden. Da das LeWi-System keine Antworten generiert, sondern eine Liste der gefundenen Ergebnisartikel zurückgibt, ist es kein klassisches Frage-Antwort-System. Zudem, wie im Weiteren beschrieben, enthält das LeWi-Dialogsystem eine Systemkomponente "Folgedialog", die es erlaubt, Nachfragen bzw. zusätzliche Fragen zu einem gleichen Sachverhalt zu stellen. Dies geht klar über die Definition eines Frage-Antwort-Systems hinaus. Andererseits ist die Einordnung als Dialogsystem nur bedingt möglich, da z.B. der Folgedialog auf nur vier Ebenen beschränkt ist. Auch eine Einbeziehung von Zielen und Erwartungen des Benutzers wird nur bedingt vorgenommen.

Der Hauptunterschied zwischen einem Frage-Antwort- bzw. Dialogsystem und dem LeWi-Dialogsystem ist jedoch die Tatsache, dass es sich bei der Wissensbasis des LeWi-Systems nicht um eine eingeschränkte Domäne handelt. Der als Grundlage des Systems fungierende BMM deckt fast alle Themenbereiche des menschlichen Lebens ab und enthält zudem nicht nur Fach- sondern auch Allgemeinwissen. Dies ist ein sehr großer Unterschied zu den o.g. Systemen, da diese Unbeschränktheit eine immense Ausweitung der möglichen Fragestellungen zur Folge hat.

5.1.2 ELIZA, SHRDLU und Co.

Die Entwicklung von sprachverstehenden Systemen geht zurück bis in die 60er Jahre. Die Beschäftigung mit den Möglichkeiten des Computers in Bezug auf künstliche Intelligenz und die voranschreitende technische Entwicklung der Hardware machten diese ersten Systeme möglich. Eines der bekanntesten Frage-Antwort-Systeme aus dieser Zeit ist das System ELIZA. Das Konzept von ELIZA wurde 1966 von Joseph Weizenbaum vom Massachusetts Institute of Technology (MIT) entwickelt. Das Programm simuliert einen Psychotherapeuten, der natürlichsprachliche Anfragen beantwortet.

Es handelt sich um ein relativ einfaches Spracherkennungs-Programm, das einen Dialog mit dem Anwender simuliert, indem es die Aussagen des menschlichen Gesprächspartners auf bestimmte Art und Weise in Fragen umformuliert oder allgemeine Phrasen ausgibt. Ein eingegebener Satz wird daraufhin untersucht, ob bestimmte Schüsselworte auftreten und in welchem Kontext das geschieht. Jeder Schlüsselbegriff löst dann eine oder mehrere mit ihm assoziierte Antworten aus. Auf der Grundlage verschiedener Kontextmuster und vorgegebener Antwortrümpfe wird ein Antwortsatz gebildet und ausgegeben. Die Antworten sind vollständige Sätze und enthalten in der Regel einen Teil der Frage in leicht modifizierter Form.

Beispiel:

> *Hello, I am Eliza.*
> * *Do you know the LeWi-Project?*
> *We were discussing you, not me.*
> * *Yes, but I am involved in that project.*
> *Did you come to me because you are involved in that project?*[39]

Das Erstaunliche an ELIZA waren die Reaktionen der Menschen auf ein solches System [Weizenbaum 1978]. Diese gingen so weit, dass sogar Psychiater glaubten, Patienten mit ELIZA behandeln zu können und damit zu einer automatisierten Form der Behandlung zu gelangen. Trotz der vordergründig verblüffenden Leistungen von ELIZA konnte es den sog. Turing-Test[40] aber nicht bestehen.

---

[39] Das Programm ELIZA kann man im Internet unter http://www.manifestation.com/neurotoys/eliza.php3 testen. Eine abgeänderte deutsche Version steht unter http://www.med-ai.com/models/eliza.html.de zur Verfügung.

[40] Der Turing-Test [Turing 1950] geht auf Alan Turing zürück. Bei dem Turing-Test handelt es sich um eine Versuchsanordnung, bei der ein Mensch an einem Terminal sitzt und mit ihm unbekannten Gesprächspartnern kommuniziert. Der eine Gesprächspartner ist ein anderer Mensch, der zweite eine Maschine. Der Benutzer muss nun entscheiden, welches der Systeme eine Maschine ist. Kann er es nicht entscheiden, so hat das System den Turing-Test bestanden.

Ein anderes sehr interessantes Frage-Antwort-System wurde 1964 ebenfalls am MIT von Daniel Bobrow entwickelt. Es handelt sich um das Programm STUDENT [Bobrow 1964], welches algebraische Textaufgaben lösen kann. Bei der natürlichsprachlichen Eingabe der Textaufgabe müssen bestimmte Regeln beachtet werden (z.B. muss die eigentliche Frage immer am Ende des Textes stehen). STUDENT analysiert anschließend den eingegebenen Text und reduziert ihn anhand von speziellen Mustern, die in einer Wissensbasis gespeichert sind. Sind alle Füllwörter entfernt, wird der Text in einen mathematischen Ausdruck umgewandelt und das Ergebnis berechnet.

Beispiel:

FRAGE: *If the number of customers Tom gets is twice the square of 20 % of advertisements he runs, and the number of advertisements is 45, then what is the number of customers Tom gets?*

ANWORT: *What = 162*
Customers = 162
Advertisements = 45

STUDENT verfügt über einen eingeschränkten englischen Wortschatz und über ein Regelwerk, welches gezielt Variablen und Operatoren erkennt. STUDENT kann zudem Einheiten umrechnen.

Ein weiteres sehr bekanntes Beispiel für ein erstes Dialogsystem aus den frühen Tagen der sprachverstehenden Systeme ist das Programm SHRDLU [Winograd 1972]. Das Programm wurde 1972 von Terry Winograd entwickelt und verbindet Sprachverständnis mit der Ausführung von konkreten Tätigkeiten. Es ist der Versuch einer semantischen Sprachverarbeitung innerhalb einer Mikrowelt (Abbildung 5-1). Auf dem Bildschirm wird eine Klötzchenwelt simuliert, in der mit einem Greifarm Aktionen ausgeführt werden können.

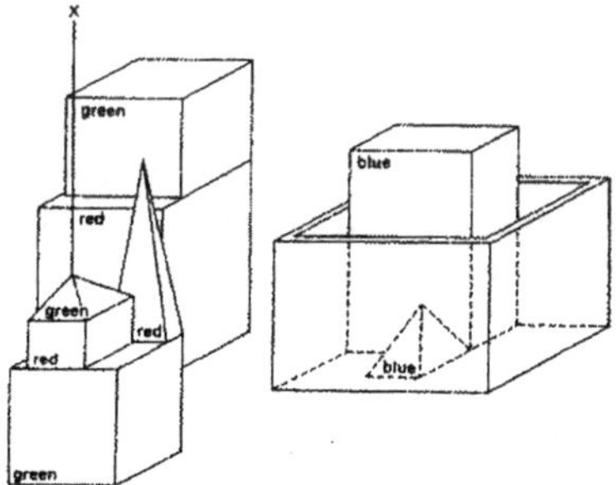

Abbildung 5-1: Mikrowelt des SHRDLU Programms [Winograd 1971]

Die Kommandos bzw. Befehle und Anfragen werden als Sätze in natürlicher Sprache über die Tastatur eingegeben. Alle Wörter müssen dem begrenzten Wörterbuch entstammen. Ihre grammatikalische Form, ihre Stellung im Satz und die Stellung der Satzteile zueinander bilden die Grundlage der linguistischen Analyse. Stellt eine Eingabe eine Handlungsanweisung dar, prüft das System, ob diese ausführbar ist. Mögliche Operationen werden "ausgeführt" und der neue Zustand der Klötzchenwelt wird auf dem Bildschirm dargestellt. Anfragen über Eigenschaften der Klötzchen werden beantwortet.[41]

Diesen ersten Systemen der sechziger und siebziger Jahre folgten zahlreiche andere Projekte. Die drei beschriebenen Systeme sollen stellvertretend den Beginn der Forschungen in diesem Bereich darstellen. Für eine detaillierte Übersicht der anfänglichen Systeme siehe [Wahlster 1982]. Aufgrund der Vielzahl von Projekten ist eine Gesamtübersicht über alle bis heute implementierten Systeme nicht möglich. Auf einige der aktuellen Forschungsansätze bzw. existierenden Systeme wird jedoch später in diesem Kapitel noch detailliert eingegangen.

5.1.3 TREC

Bezüglich der Forschung über natürlichsprachliche Systeme ist die Text Retrieval Conference (TREC) besonders hervorzuheben. TREC wurde 1992 in Gaithersburg, Maryland, ins Leben gerufen und findet seitdem alljährlich statt. TREC wird vom US-amerikanischen National Institute of Standards and Technology (NIST) durchgeführt. Ziel der Konferenz ist es, die Forschung auf dem Gebiet des Information Retrieval zu unterstützen und Forschungsgruppen zusammenzubringen. Damit die Ergebnisse der beteiligten Systeme vergleichbar ausgewertet werden können, stellt NIST jedes Jahr zunächst ein großes englischsprachiges Textkorpus, eine Sammlung sog. Topics[42] und die dazugehörigen relevanten Antworten zu diesem Korpus als Trainingsmaterial zur Verfügung. Dieses Korpus wird von den Teilnehmern mit verschiedenen Verfahren analysiert und indexiert und dient dem Training bzw. der Anpassung der jeweiligen Verfahren an größere Textmengen und -formate.

Für den anschließenden eigentlichen Vergleich der teilnehmenden Systeme werden ein neues Korpus und neue Topics von NIST bereitgestellt. Anhand dieser Daten müssen die teilnehmenden Systeme dann zwei Aufgaben lösen:

---

[41] Das System SHRDLU wurde in einem Programmcode geschrieben, für den heute kein Interpreter mehr existiert. Zusätzliche Informationen zu SHRDLU stehen auf der Homepage von Terry Winograd im Internet unter http://hci.stanford.edu/~winograd/shrdlu/index.html zur Verfügung.

[42] Ein Topic beschreibt dabei mehr oder weniger ausführlich eine Fragestellung oder einen Informationsbedarf [Ferber 2003].

- Ad-hoc Query
  (Beantwortung der neuen Topics durch relevante Dokumente aus dem alten Korpus)
- Routing Task
  (Beantwortung der alten Topics durch relevante Texte aus dem neuen Korpus)

Da das Korpus i.d.R. sehr groß[43] ist, liefern die teilnehmenden Forschungsgruppen pro Frage eine geordnete Ergebnisliste mit 1.000 Dokumenten ab. Damit die teilnehmenden Systeme verglichen werden können, werden für die Gesamtauswertung aus diesen Ergebnislisten schließlich Precision-Recall-Diagramme errechnet.

Seit TREC-8 im Jahre 1999 gibt es ein spezielles Experiment zu Frage-Antwort-Systemen (Question-Answering Track[44]). Auch hier wird zunächst ein Korpus und entsprechende Trainingsfragen mit dazugehörigen Antwortmustern bereitgestellt. Die Größe des Korpus betrug z.B. bei TREC-8 2 Gigabyte. Der Korpus bestand aus Zeitungstexten, transkribierten Radiosendungen und Budgetberichten der Regierung. In TREC-8 wurden den Teilnehmern 38 Fragen als Übungsset zur Verfügung gestellt. Für das eigentliche Experiment wurden schließlich 200 Fragen zu dem vorhandenen Korpus gestellt.

Einschränkend muss an dieser Stelle erwähnt werden, dass es sich bei den in TREC bereitgestellten Fragen zwar um Fragen handelt, die in ihrer Thematik nicht auf eine bestimmte Domäne beschränkt sich. Allerdings erfolgt eine Beschränkung bzgl. des Fragentyps – alle TREC Fragen im Question-Answering-Track sind Fragen nach Fakten und/oder Definitionen bzw. Listen. Dies ist ein sehr großer Unterschied zum LeWi-Projekt, in dem es keinerlei Beschränkung auf bestimmte Fragentypen gibt.

Ziel des TREC-Experiments ist es, aus den gegebenen Texten automatisch die entsprechende Textpassage, die die Antwort auf die jeweilige Frage enthält, herauszufiltern. Es wird dabei nicht unterschieden, ob ein Programm nur die entsprechende Textpassage ausgibt oder einen wirklichen Antworttext aus der Textpassage generiert. Insgesamt sollen pro Frage jeweils fünf Antworten (Textpassagen bzw. Antworttexte) in einer Rangreihenfolge ausgegeben werden.

Die Bewertung erfolgt pro Frage über den sog. *mean reciprocal rank* (dt. etwa *reziproker Mittelwert*; MRR=1/Rang, wobei Rang die Position des zu der jeweiligen Frage relevanten Dokuments bezeichnet). Aus der Summe dieser pro Frage errechneten Werte wird der Mittelwert gebildet und als Bewertung für ein gan-

[43] Bei TREC-3 bestand das Trainingskorpus aus ca. 2 Gigabyte Textdaten [Ferber 2003]

[44] Detaillierte Informationen über den Question-Answering Track von TREC stehen im Internet unter der Adresse http://trec.nist.gov/data/qa.html zur Verfügung.

zes System verwendet. Zusätzlich wird auch die Anzahl der nicht beantworteten Fragen erfasst.

Die Auswertungen der TREC-Experimente zeigen, dass Systeme, die nicht nur statistische Methoden zur Bearbeitung verwenden, sondern auch linguistische Komponenten besitzen, im Test generell besser abschneiden. Insbesondere die inhaltliche Qualität der Antworten konnte durch Systeme mit linguistischer Intelligenz verbessert werden[45], siehe auch [Vorhees 2000]. Als weiteres Forschungsergebnis ist auch zu erwähnen, dass mit Hilfe von Antwortklassifikationen die Ergebnisse signifikant verbessert werden konnten [Bailey 2001].

5.1.4 Forschungsprojekte bzw. existierende Systeme

Im Folgenden werden einige aktuelle Forschungssysteme bzw. existierende Frage-Antwort- bzw. Dialogsysteme vorgestellt. Die Aufstellung kann im Rahmen dieser Arbeit nur selektiv erfolgen und erhebt keinerlei Anspruch auf Vollständigkeit. Sie soll vielmehr dem Zweck dienen, einen Überblick über die mannigfaltigen Einsatzgebiete dieser Technologie zu geben und so die enorme Bedeutung solcher Systeme für die Mensch-Maschine-Kommunikation aufzeigen.

5.1.4.1 GETESS

Ein Beispiel für ein aktuelles Frage-Antwort-System ist das "GErman Text Exploitation and Search System" (GETESS). Es wurde als Forschungsprojekt von September 1998 bis Juni 2001 vom Bundesministerium für Bildung und Forschung (BMBF) gefördert. Das Projekt wurde in Kooperation von einigen deutschen Universitäten und u.a. dem DFKI Saarbrücken durchgeführt.

Ziele des Projektes sind lt. Angaben auf der Homepage eines der beteiligten Institute:

> *Ziel des Projektes ist die Entwicklung eines intelligenten Werkzeuges zur Informationsrecherche im Internet. Es soll dem Benutzer ein einfach zu bedienendes System bieten, um seine Suchanforderungen [in] natürlicher Sprache zu beschreiben. Zwischen den Suchdiensten und den Informationen sollen intelligente Systeme für die "Kondensation" umfangreicher und komplexer Informationsangebote in sprachunabhängige und inhaltlich konzentrierte (gewichtete) Zusammenfassungen ('Abstracts') sorgen. Die Summe dieser 'Abstracts' werden als Basis und Ergebnis der Suchanfragen verwendet. Zu diesem Zweck werden sie in die Muttersprache des Anfragenden übersetzt. [...] Durch eine gezielte linguistisch- und Ontologie-basierte Analyse mittels Methoden der Informationsextraktion können strukturelle Zusammenhänge in den natürlich-*

[45] *"[...] a qualitative analysis confirms that the mean scores for systems that did not include linguistic processing were generally less than for those systems that did. [...]" [Bailey 2001:93]*

sprachlichen Anfragen berechnet werden (wie z.B. Modifizierungen), die es ermöglichen, die relationalen Verhältnisse zwischen den einzelnen Wörtern einer natürlichsprachlichen Anfrage bei der Suche zu berücksichtigen.[46]

GETESS indexiert die Dokumente und speichert diese Information in sog. Abstracts. Die dabei verwendete Ontologie basiert auf dem CYC-System der Universität Stanford. Die linguistische Analyse erfolgt mit dem Werkzeug SMES des DFKI [Neumann 1997].

Von der Aufgabenstellung bzw. den Anforderungen her ist GETESS dem LeWi-Projekt sehr ähnlich. Der Benutzer kann in GETESS mit Hilfe von natürlichsprachlichen Suchanfragen aus einer Menge von Volltextdokumenten relevante Texte heraussuchen. Anschließend werden diese gefundenen Dokumente in einer Rangreihenfolge nach Relevanz geordnet ausgegeben. Die Ähnlichkeit zum LeWi-Projekt wird auch in Abbildung 5-2 deutlich, die die Architektur des GETESS-Systems zeigt.

Die ursprünglich geplante Sprach- und Domänenunabhängigkeit des Systems ist innerhalb des Projektes nicht realisiert worden. Fertiggestellt wurden lediglich zwei Prototypen, die auf die Domänen *Tourismus in Mecklenburg-Vorpommern* und *Finanzwesen* beschränkt sind.[47] Hier allerdings liefert GETESS sehr präzise Ergebnisse mit einer hohen Relevanz der ausgewählten Dokumente.

Ein direkter Vergleich zwischen GETESS und dem LeWi-Projekt ist schon wegen der Domänenunabhängigkeit von LeWi nicht möglich. Aufgrund der sehr speziellen projektspezifischen Arbeiten ist GETESS mehr als Forschungssystem zu sehen und diesbezüglich mit praxisorientierten Systemen nicht vergleichbar. Insbesondere der Erstellungs- und Pflegeaufwand der domänenspezifischen Ontologie in GETESS lässt an der Möglichkeit eines domänenunabhängigen Einsatzes in einem praxisorientierten System zweifeln.

---

[46] http://wwwdb.informatik.uni-rostok.de/~duest/GETESS.details.html

[47] Die beiden Prototypen stehen prinzipiell im Internet unter http://www.getess.de/test.html zur Verfügung. Leider ist der Zugang aber seit geraumer Zeit entweder deaktiviert oder gestört.

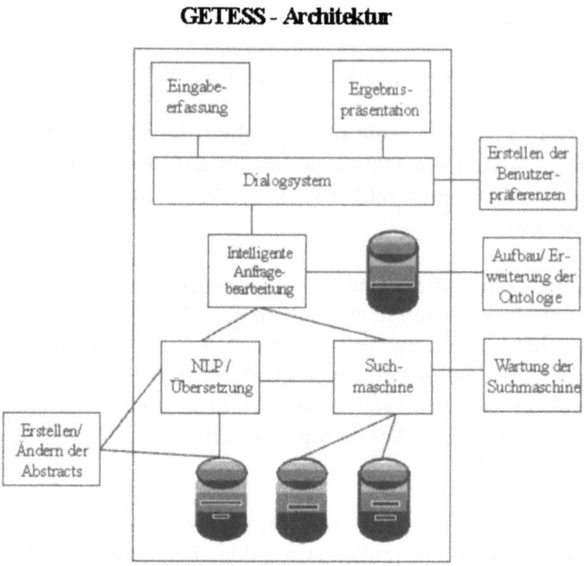

Abbildung 5-2: Architektur des GETESS-Systems

5.1.4.2 Mindaccess der Fa. insiders GmbH

Ein Beispiel für eine kommerzielle Software im Bereich der Frage-Antwort-Systeme ist das System mindaccess der Fa. insiders GmbH. Allerdings geht dieses System weit über das, was die eigentliche Aufgabe eines Frage-Antwort-System ist, hinaus. Mindaccess ist eigentlich ein Wissensmanagementsystem, das in Firmen eingesetzt wird. Dabei kann mindaccess als spezielle Suchmaschine für so unterschiedliche Wissensquellen wie Internet, Intranet, E-Mail, Schriftverkehr und sonstige Dokumente in einem Unternehmen verwendet werden. Neben der Suche von Informationen erschließt und klassifiziert mindaccess auch das bereitgestellte Wissen. Für eine nähere Beschreibung der einzelnen Funktionen von mindaccess, die über die Sprach- bzw. Indexierungskomponenten hinausgehen, siehe [insiders 2003].

Mindaccess besitzt eine morphologische Analysekomponente, die eine Lemmatisierung der Wörter unter Verwendung von Stammformen durchführt. Diese Komponente ist für mehrere Sprachen erhältlich. Im Hinblick auf die Suchmöglichkeiten bietet das System neben einer einfachen Standard- und einer komplexen Expertensuche auch eine natürlichsprachliche Suche an.[48] Leider sind über die konkreten Schritte der natürlichsprachlichen Analyse, wie sehr oft bei kom-

[48] Die Präsentation steht unter http://www.documanager.de/itguide/produkt_1261download_mindaccess.html im Internet zur Verfügung.

merziellen Produkten, in der Produktdokumentation keine weiteren Angaben gemacht.

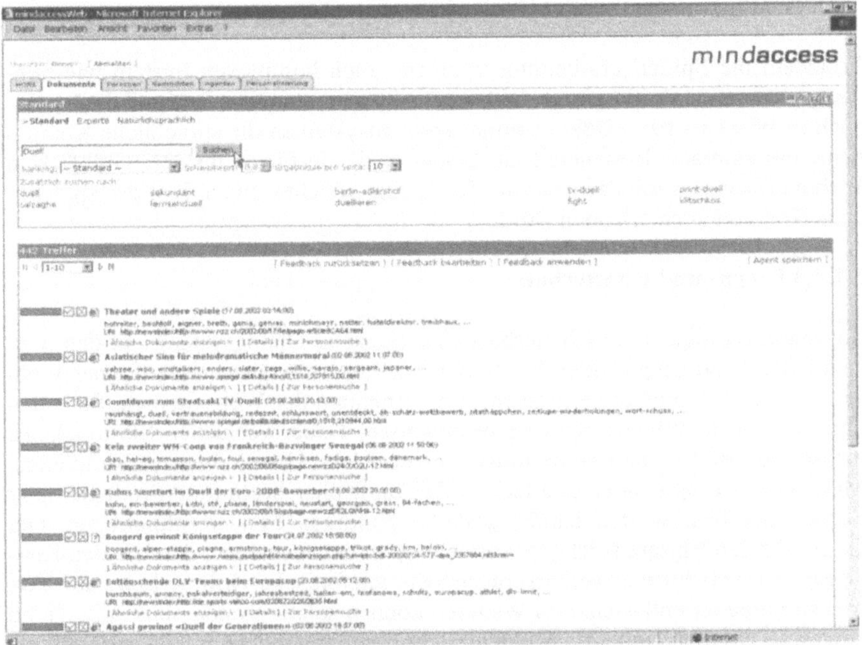

Abbildung 5-3: Suchseite in mindaccess

In mindaccess erfolgt offensichtlich keine Fragentypzuordnung nach einer Fragentypologie, da der Benutzer vor der Eingabe der Suchanfrage einen Bereich für die Suche (Dokumente, Personen, Nachrichten) explizit angeben muss. Die Ergebnisse einer Suche in mindaccess werden als Listen präsentiert und sind untereinander verlinkt, d.h. jedes Dokument ist durch Clustering mit ähnlichen Dokumenten assoziiert (siehe Abbildung 5-3). Nach einer erfolgten Suche ermöglicht das Clusterverfahren auch die Ausgabe von assoziativen Begriffen zu der jeweiligen Suchanfrage und bietet somit eine weitere Möglichkeit der Informationssuche. Das System ist zudem lernfähig, da es eine Bewertung der gefundenen Treffer durch den Benutzer zulässt. Diese Bewertungen werden personenbezogen gespeichert und werden in zukünftigen Suchanfragen berücksichtigt.

Alle im System gespeicherten Dokumente müssen klassifiziert und indexiert sein. Deshalb ist es für das Hinzufügen von neuen Dokumenten notwendig, von diesen, mit speziellen Importprogrammen, automatisch einen sog. Abstract zu erstellen und sie zu klassifizieren. Die Programme für diesen Import werden vom System bereitgestellt. Allerdings muss der Benutzer eigenständig gewünschte Kategorien und die dazugehörigen eindeutigen Dokumente angeben, damit die Programme trainiert werden können.

Trotzdem die Sprachverarbeitung in einem solch komplexen System wie mindaccess nicht im Vordergrund steht, ist das System ein gutes Beispiel dafür, dass auch in Wissens- bzw. Dokumentmanagementsystemen die sprachliche Komponente ein zentraler Bestandteil ist. Leider stellt die Firma insiders GmbH kein Webinterface von mindaccess zur Verfügung, welches einen Test der sprachlichen Komponenten erlauben würde.[49]

5.1.4.3 Lingu- und Chatterbots

Sogenannte Lingu- oder Chatterbots sind spezielle Dialogsysteme. In den meisten Fällen sind Lingu- oder Chatterbots interaktive Assistenten auf einer Webseite, die dem Benutzer bei Fragen zu den Inhalten der Webseite behilflich sind und diese in natürlicher Sprache beantworten. Dabei versuchen Sie möglichst menschlich zu wirken, um die Illusion einer echten Unterhaltung zu simulieren. Meist geben Lingu- oder Chatterbots Auskunft über bestimmte Produkte einer Firma oder beantworten häufig gestellte Anfragen bzw. Routinefragen. Der Grund für den Einsatz solcher Systeme liegt in der Annahme, dass sie den Kundenservice von Firmen verbessern und die telefonische Hotline bzw. die Vertriebsmitarbeiter entlasten. Des Weiteren können solche System umsatzsteigernd eingesetzt werden, indem sie einem Benutzer beratend beim Internetkauf zur Seite stehen (z.B. durch Anbieten von Zubehör bzw. ähnlichen Artikeln oder Accessoires).

Lingu- oder Chatterbots sind dabei nicht zu verwechseln mit sog. Avataren.[50] Sprechende Avatare werden hauptsächlich als virtuelle Lehrkräfte, die den Lernenden durch die komplexe Bedien- bzw. Eingabefolge eines Programms begleiten, eingesetzt. In gewisser Weise können Lingu- bzw. Chatterbots auch als Weiterentwicklung von Avataren angesehen werden. Im Gegensatz zu Avataren sind Lingu- oder Chatterbots allerdings mit wesentlich mehr Dialogwissen ausgestattet und versuchen, eine echte menschliche Unterhaltung aufrechtzuerhalten.[51] Lingu- oder Chatterbots verfügen i.d.R. über ein bestimmtes, meist auf die Inhalte einer Webseite bezogenes Fachwissen. Zusätzlich sind sie mit bestimmtem Dialogwissen ausgestattet, welches auch bei unsinnigen Anfragen eine Re-

[49] Weitere Informationen zu mindaccess stehen im Internet unter http://www.insiders.de zur Verfügung.

[50] *"Avatar [von sanskrit avatara »Herabkunft«], in virtuellen Welten die Darstellung des Benutzers als animierte Person [...]. In Gestalt des Avatars kann der Benutzer an Spielen teilnehmen, in deren Verlauf der Avatar sich verändern und weiterentwickeln kann."* [Brockhaus Multimedial 2004]

[51] Insofern kann ELIZA als ein erster Chatterbot angesehen werden.

aktion des Systems ermöglicht. Der Einsatz von Lingu- oder Chatterbots ist nicht auf das Internet beschränkt. Auch die Verwendung in geschlossenen Auskunftssystemen, Computerspielen und Lernprogrammen ist denkbar. Prinzipiell ist ein Lingu- oder Chatterbot in allen Mensch-Maschine-Schnittstellen einsetzbar. Mittlerweile sind eine Vielzahl solcher Systeme mit sehr unterschiedlicher Leistungsfähigkeit im Einsatz. Die folgende Liste gibt einen Überblick über einige implementierte Systeme. Sie erhebt dabei keinen Anspruch auf Vollständigkeit.[52]

Beispiele:

- AISA (http://www.smart.de/) ist eine virtuelle Beraterin, die beim Autokauf behilflich ist. Wenn Aisa nicht mehr weiter weiß, verbindet sie den Benutzer automatisch mit einem menschlichen Agenten.
- Anna (http://www.ikea.de/) ist ein Lingubot der Firma IKEA.
- Findulin (http://www.bundeskanzler.de/) beantwortet Fragen über das deutsche Parlament und die Regierung.
- Eve (http://www.yellostrom.de/) beantwortet alle Fragen zu Stromtarifen und Services.
- Dr. Electric (http://www.medical-tribune.de/GMS/drelectric/dialog) ist ein medizinischer Archivar und Plauder-Roboter des Medical Tribune.
- A.L.I.C.E (http://alice.pandorabots.com/) ist ein Chatterbot und gewann im Jahre 2000 den Loebner-Preis für das Dialogsystem, das einem menschlichen Dialog am nächsten kommt.

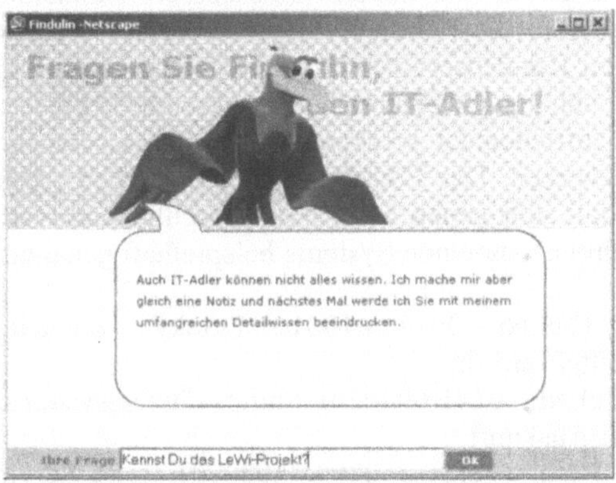

Abbildung 5-4: Findulin beantwortet Fragen an das Bundeskanzleramt

[52] Allgemeine Information zu Lingubots im Internet unter http://www.kiwilogic.de. Eine Webseite mit sehr vielen Beispielen und Information über Chatterbots findet sich im Internet unter http://www.simonlaven.com.

Neben diesen Dialogsystemen, die eine schriftlichen Eingabe voraussetzen, existieren auch Systeme, die gesprochene Sprache verarbeiten können. Auf diese Systeme wird im nächsten Abschnitt eingegangen.

5.1.4.4 Telefonische Auskunftssysteme

Der Übergang zwischen Lingu- bzw. Chatterbots und telefonischen Auskunftssystemen ist fließend. Ähnlich wie bei den o.g. Systemen sind telefonische Auskunftssysteme in der Lage, zu einem bestimmten Wissensbereich Anfragen zu verarbeiten und zu beantworten. Grundsätzlich handelt es sich wieder um eingeschränktes Domänenwissen. Allerdings ist die Dialogfähigkeit bei telefonischen Auskunftssystemen meist sehr beschränkt. Werden Anfragen gestellt, die nicht oder nur indirekt mit der eigentlichen Wissensdomäne in Verbindung stehen, wird das Gespräch in den meisten Fällen nach kurzer Zeit beendet.

Telefonische Auskunftssysteme benötigen neben den eigentlichen Dialogkomponenten (Sprachanalyse, Dialogwissen, Information Retrieval) zusätzlich Programmkomponenten zur Spracherkennung bzw. Sprachsynthese. Die Fähigkeiten von telefonischen Auskunftssystemen sind sehr unterschiedlich. Das Leistungsspektrum erstreckt sich von reiner Themenauswahlfunktion bis hin zu vollständigen, dialoggeführten Auskunftssystemen.

Als Vorteil beim Einsatz solcher Systeme ist zuallererst die Kostenreduktion bzw. Personaleinsparung im Telefonsupport von Firmen zu nennen. Weiterhin wird bei dem Einsatz in Call-Centern eine bessere Bündelung bzw. Kanalisierung der Anfragen an die richtigen Ansprechpartner berichtet. Das Argument eines verbesserten Kundenservices ist jedoch stark von der Qualität des eingesetzten Systems abhängig. Unzureichende Systeme können bei den Benutzern sehr schnell Unzufriedenheit wecken und somit das Gegenteil der gedachten Verbesserung bewirken. Der Einsatz von telefonischen Auskunftssystemen ist somit im Einzelfall sehr genau zu prüfen. Abschließend werden wiederum nur stichpunktartig drei existierende Systeme beispielhaft genannt:

- Sympalog (Tel.Nr.: 09131/610016) Franky – die Kinoauskunft für die Region Mittelfranken.
- Philips (Tel.Nr.: 0241/604020) Philips Dialogsystems, Experimentalsystem Bahn-Auskunft
- Deutsche Bahn (Tel.Nr.: 08001/507090) Reise-Service der Deutschen Bahn.

In allen diesen Forschungen bzw. konkreten Projekten im Bereich Frage-Antwort- und Dialogsystemen ist neben deren Methode und deren technischer Umsetzung die Gestaltung der Mensch-Maschine-Schnittstelle ein äußerst wichtiger Faktor. Der folgende Abschnitt widmet sich dieser Problematik.

5.2 Darstellung und Visualisierung von Wissen

Die große Fülle von weitgehend unstrukturierter Information erweist sich als immer größer werdendes Problem der heutigen Zeit. Neben den im Kapitel 4, Information Retrieval, angesprochenen Problemen der effizienten Verarbeitung von Information im Sinne von Speichern und Wiederauffinden besteht eine weitere Schwierigkeit darin, Wissen selektiv und strukturiert nach den Bedürfnissen des Benutzers zu präsentieren und darzustellen. Im Folgenden werden einige Überlegungen bezüglich einer benutzergerechten Mensch-Maschine-Schnittstelle diskutiert. Anschließend werden die Fachgebiete beschrieben, die sich mit der Implementierung solcher Schnittstellen befassen.

5.2.1 Mensch-Maschine-Kommunikation

Die Gestaltung der Schnittstelle zwischen Mensch und Maschine umfasst längst ein sehr komplexes Themengebiet, in das mehrere wissenschaftliche Disziplinen involviert sind. Allen voran sind hier die Informatik, die Psychologie, insbesondere deren Teildisziplin Kognitionswissensschaft, und die Informationswissenschaft zu nennen. Hauptanliegen dieser Disziplinen sind die Benutzerfreundlichkeit bzw. Benutzbarkeit (engl. *usability*) von Computer-Programmen und ihre Funktionalität bzw. Nützlichkeit (engl. *usefullness*) für den Benutzer [Schulz 1998]. Neben diesen Kriterien werden aber aufgrund der allgegenwärtigen graphischen Benutzeroberflächen zusätzlich auch die gestalterischen Aspekte der Mensch-Maschine-Schnittstelle ein immer wichtigerer Faktor für die Akzeptanz durch den Benutzer. Diese Entwicklung hat die Entstehung neuer Fachgebiete wie z.B. der Softwareergonomie begründet. Gleichzeitig sind neue Arbeitsfelder wie z.B. Kommunikations- oder Graphikdesign entstanden. Inzwischen wurde ein vollständiger Studiengang "Interfacedesign" an der Fachhochschule Potsdam ins Leben gerufen.[53]

Eine Beschreibung aller dieser Entwicklungen würde den Rahmen dieser Arbeit sprengen. Da das Thema der vorliegenden Arbeit der natürlichsprachliche Zugang zu einer Computer-Enzyklopädie ist, werden an dieser Stelle nur die Anforderungen für die Schnittstelle an ein solches System diskutiert. Für weitergehende Beschreibungen des Themenkomplexes Mensch-Maschine-Kommunikation verweise ich auf die entsprechende Fachliteratur, u.a. [Gorny 1988], [Paetau 1990], [Mullet 1995], [Shneiderman 1987], sowie sehr detailliert [Helander 1997].

[53] Studiengang Interfacedesign an der Fachhochschule Potsdam. Weitere Informationen stehen im Internet unter http://www.design.fh-potsdam.de, Menüpunkt Studium/Studiengänge zur Verfügung.

Der Brockhaus Multimedial ist eine Computer-Enzyklopädie, die auf CD- bzw. DVD-Rom angeboten wird. Betrachtet man die Benutzeroberfläche (Interface) als vermittelnde Instanz zwischen dem Informationswunsch des Benutzers und dem technischen System, so kann man als Anforderung an ein solches System formulieren, dass die Informationsbedürfnisse des Benutzers von einem solchen System möglichst ohne großen Aufwand und möglichst vollständig befriedigt werden sollen. Mit dem geringsten Aufwand soll die weitestgehende Information gewonnen werden [Schwersky 1992:14]. Ausgehend von der Grundannahme, dass ein gutes Programm vor allem seiner Aufgabe, in diesem Fall der Informationsbeschaffung und Vermittlung, gerecht werden soll, bedeutet dies für das BMM-Interface, dass die problemlose, schnelle und professionelle Befriedigung des Informationsbedürfnisses des Benutzers bei der Programmierung der Benutzerschnittstelle des BMM im Vordergrund steht.

Für die Erfüllung dieser primären Anforderung ist eine schnelle Bedienbarkeit der grundlegenden Funktionen des Programms unabdingbar. Diesbezüglich wurde auf zusätzliche Auswahlmenüs, besondere (Fehler-) Meldungen und überflüssige Bedienschritte ("Klicks") verzichtet. Der Benutzer kann seinen Informationswunsch ohne großen Aufwand äußern und sofort nach Beenden des Anfrageprozesses werden erste Ergebnisse präsentiert. Dabei unterstützt das visuelle Design der Benutzerschnittstelle diesen strukturellen Aufbau des Programms und organisiert die Funktionalitäten klar auf dem Bildschirm. Informationen werden hierarchisch, nach ihrer Wichtigkeit angeordnet, ausgegeben. Die Fokussierung von Information durch bestimmte Positionierung auf dem Bildschirm ist dabei bewusst abhängig von der Wahrnehmung des Benutzers.[54] Gleichzeitig kommt der Struktur und Ausgeglichenheit der Verteilung von Information auf der Bildschirmoberfläche eine große Bedeutung zu: Zusammenhängende Einheiten werden visuell gruppiert und einzelne Bereiche klar voneinander getrennt. Eine gewisse "Aufgeräumtheit" der Benutzeroberfläche erleichtert die Orientierung des Benutzers und unterstützt die Auswahl der im jeweiligen Bereich angebotenen Funktionen.

Eine ganz besondere Stellung bei der Interface-Gestaltung nimmt schließlich die Farbauswahl ein. Diese erfolgt konsistent und unterstützt ebenso die Struktur des Programms sowie dessen Funktionalitäten. Mit Hilfe von verschiedenen Farben wird z.B. die Aufmerksamkeit des Benutzers auf eine bestimmte Stelle auf dem Bildschirm gelenkt. Des Weiteren visualisiert die Farbwahl auch Zusammengehörigkeit: gleiche oder ähnlich gefärbte Flächen werden inhaltlich

[54] Bei der Wahrnehmung von Informationen kann es aufgrund verschiedener kultureller und sprachlicher Hintergründe der Benutzergruppen zu Unterschieden kommen [Shneiderman 1987]. Der wichtigste Punkt bei der Anordnung von Informationen auf einem Computerbildschirm ist im westlichen Kulturkreis die linke obere Ecke des Bildschirms, da dort automatisch zu lesen begonnen wird. Eine genauere Beschreibung der Darstellungszonen auf dem Computerbildschirm findet sich bei [Schulz 1998].

miteinander in Beziehung gesetzt usw. [55] Natürlich ist die Perzeption von Farben letztlich stark subjektiv, da jeder Mensch einen anderen Geschmack und somit andere visuelle Präferenzen besitzt. Trotzdem verbessert eine geschickte Farbauswahl Benutzerschnittstellen spürbar.

Ein weiteres graphisches Element bei der Gestaltung von Benutzeroberflächen sind die verwendeten Schriftarten. Sie haben im Rahmen einer Benutzeroberfläche, insbesondere eines Informationssystems, eine sehr hohe kommunikative Bedeutung. Wird eine Schriftart vom Benutzer als angenehm bzw. leicht zu lesen empfunden, wirkt sich dies stark auf die Akzeptanz des Benutzers gegenüber dem System aus. Für die bessere Lesbarkeit der Information auf einem Bildschirm werden häufige Wechsel zwischen Schriftarten und –typen (fett, kursiv etc.) vermieden bzw. nur zur speziellen Kennzeichnung von bestimmten Textstellen verwendet.

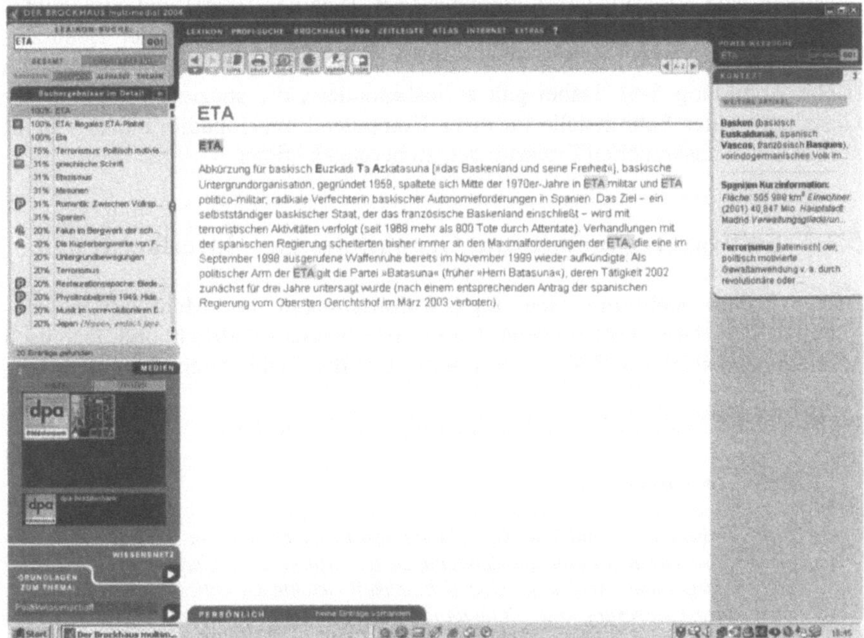

Abbildung 5-5: Benutzeroberfläche des BMM 2004

[55] Bzgl. der Farbwahrnehmung ist wiederum zu beachten, dass kulturelle Unterschiede diese erheblich beeinflussen [Schulz 1998:157]. In westlichen Kulturkreisen rufen z.B. die Farben Rot und Grün ganz bestimmte Assoziationen vor (Rot => *wichtig, Warnung, Vorsicht*; Grün => *o.k., empfohlen, Sicherheit*).

Schließlich sind als weiteres Gestaltungsmittel von Benutzeroberflächen noch Symbole und sog. Icons zu nennen. Auch für Symbole und Icons gilt, dass sie eingesetzt werden, um den Bedienungskomfort eines Programms und dessen Funktionalität zu erhöhen. Dabei vermitteln Icons z.B. ganze Funktionen durch bildliche Darstellung wesentlich schneller als Menüaufrufe. Auch ganze Prozessketten werden mit Hilfe von Icons zu einem einzigen Vorgang verbunden und können mit einem Klick aufgerufen werden. Verbessern Symbole und Icons die Benutzbarkeit und Transparenz eines Programms, sind sie als zusätzliches Gestaltungselement richtig eingesetzt worden.

Neben den diskutierten Gestaltungselementen von Benutzeroberflächen gibt es natürlich noch eine Fülle weiterer Aspekte, die bei der Programmierung von Graphical-User-Interfaces (GUI) zu berücksichtigen sind. Eine detaillierte Besprechung all dieser Gestaltungselemente würde hier zu weit führen. Hierfür existieren eine Vielzahl von Guidelines (z.B. [Schuler 1994]) und Styleguides (z.B. von Apple[56] oder Microsoft[57]). Bei der Programmierung der Benutzerschnittstelle des BMM wurde vielen dieser Anforderungen Rechnung getragen (siehe Abbildung 5-5). Dabei galt es insbesondere, die spezielle Situation der Gestaltung einer Schnittstelle zu einer Computer-Enzyklopädie und die damit verbundenen zusätzlichen Erwartungen zu berücksichtigen.

5.2.2 Softwareergonomie und Graphikdesign = Interfacedesign

Bisher haben sich mit den o.g. Anforderungen an Mensch-Maschine-Schnittstellen zwei verschiedene Disziplinen wissenschaftlich und technisch auseinandergesetzt: die Softwareergonomie und der Fachbereich Graphikdesign.

Im Brockhaus Multimedial finden sich folgende Definitionen:

> *Softwareergonomie*
>
> *[...], die benutzerfreundliche Ausrichtung von Programmen, um Belastungen beziehungsweise Gesundheitsbeeinträchtigungen der Nutzer zu vermeiden. Kriterien der Softwareergonomie sind u.a.: Übersichtlichkeit (leichte Orientierbarkeit des Benutzers, klare Gliederung des Bildaufbaus, Einheitlichkeit bei allen Programmteilen), Einfachheit (verständliche und eindeutige Sprache und Symbolik, Unabhängigkeit von Informatikkenntnissen), Zuverlässigkeit (fehlerfreie Software), sowie Flexibilität und Fehlertoleranz (leichte Erlernbarkeit für Anfänger). Die Softwareergonomie soll auch*

[56] Die *Macintosh Human Interface Guidelines* sind in der Apple Technical Library als Buch erschienen und stehen im Internet unter http://developer.apple.com/documentation/mac/HIGuidelines/ HIGuidelines-2.html zur Verfügung.

[57] Microsofts *Official Guidelines for User Interface Developers and Designers*. Diese Guidelines stehen im Internet unter http://msdn.microsoft.com/library/ zur Verfügung.

gewährleisten, dass die Anforderungen und Fertigkeiten der Nutzer in die Softwareerstellung einfließen.[Brockhaus Multimedial 2004].

Grafikdesign

[...], Gestaltung von Vorlagen für reproduzierbare Bild-, Druck- und Bildschirmmedien. Im modernen Sprachgebrauch findet dafür auch der Begriff visuelle Kommunikation Verwendung. Die Umsetzung von Information in visuelle Eindrücke erfolgt mittels Schrifttype, Bild- und Fototechniken sowie Computerprogrammen. Für Trickfilme, Fernsehen oder Internetseiten wird bewegte Grafik (Animation) eingesetzt.[...][Brockhaus Multimedial 2004]

In Bezug auf die Gestaltung von Benutzerschnittstellen sind Softwareergonomie und Graphikdesign dabei weitgehend unabhängig voneinander operierende Schulen. Während Softwareergonomie den Fokus auf effiziente Bedienung eines Programms legt, stehen beim Graphikdesign eher ästhetische Aspekte im Vordergrund. Im Extremfall fallen die Oberflächen dementsprechend aus: entweder leicht zu bedienen, aber optisch wenig ansprechend oder attraktiv und schwer zu bedienen.

Das neu entstandene Fachgebiet Interfacedesign versucht nun beide Schulen zu vereinen. Es befasst sich mit der Gestaltung kommunikativer Benutzerschnittstellen aus der Sicht des Nutzers oder Akteurs. Dabei stehen die semantischen, ergonomischen und kognitiven Aspekte einer Benutzeroberfläche im Mittelpunkt. Besonderer Wert wird beim Interfacedesign auf anschauliche Metaphern beim Einsatz von Symbolen oder Icons gelegt. Gleichzeitig erleichtern dabei eindeutige Orientierungs- und Navigationshilfen den Umgang mit den digitalen Informationen.

Den ästhetischen Aspekten wird bei der audiovisuellen Gestaltung der Elemente eines Interfaces (z.B. Texte, Graphiken, Navigationselemente) insofern Rechnung getragen, dass zusätzlich das gesamte sog. "Look and Feel"[58] im Mittelpunkt des Konzeptentwurfs steht. Die Entwicklung neuer Codierungsformen, die sowohl die Interaktion der Nutzer als auch ästhetische Aspekte in ihre Konzepte einbeziehen, steht dabei im Mittelpunkt. Einen Überblick über die beeinflussenden Faktoren beim Interfacedesign gibt Abbildung 5-6.

[58] *"Look and Feel [dt. "Aussehen und Eindruck"]. Ein von der Firma Lotus geprägter Begriff, der das optische Erscheinungsbild sowie die Bedienungseigenschaften einer Benutzeroberfläche beschreibt. [...]" [Brockhaus Multimedial 2004]*

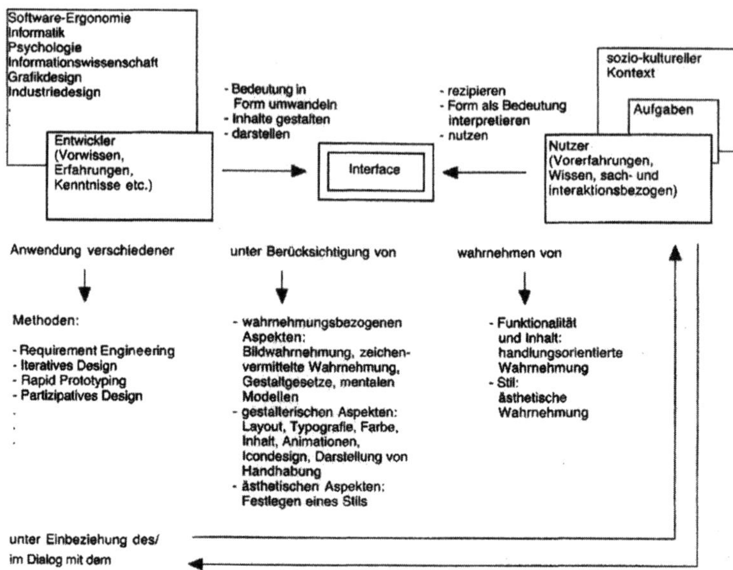

Abbildung 5-6: Faktoren des Interfacedesigns [Schulz 1998:220]

Die inhaltlich-strukturellen Dimensionen bzw. die Präsentation und Organisation von Daten werden im Rahmen eines Teilgebiets des Interfacedesign, des Informationsdesigns, behandelt. Die Übersetzung von Daten in für den Benutzer verständliche, klar gegliederte Informationen führen zur Verbesserung des Prozesses der Informationsvermittlung. Ziel ist die Reduktion von Komplexitäten sowie ein für den Benutzer erleichtertes Verständnis der dargestellten Situationen.

Die Beeinflussung von Inhalten und Abläufen eines Programms wird dem Benutzer durch sog. Interaktionsmöglichkeiten gegeben. Dabei wird neben einer nutzergerechten und ästhetisch anspruchsvollen Gestaltung einer Eingabeschnittstelle insbesondere Wert auf die verschiedenen Möglichkeiten der Interaktion gelegt. Dies geschieht unter besonderer Berücksichtigung von verschiedenen Aspekten der Interaktion (z.B. Feedbackfunktionen, Adaptivität und Navigation).

Im folgenden Abschnitt werden die Funktionsweisen des LeWi-Dialogmoduls sowie anschließend die Ergebnis- bzw. Antwortpräsentationen innerhalb des LeWi-Kontextes beschrieben. Dabei wird immer wieder auch auf Darstellung und Visualisierung der einzelnen Elemente eingegangen. Diese wurden auf der Grundlage der in diesem Abschnitt diskutierten Ansätze implementiert.

5.3 Das Dialogsystem im Rahmen des LeWi-Projektes

Das Dialogmodul des LeWi-Projektes bildet die Schnittstelle zwischen Mensch und Maschine innerhalb des Programms. Es erfüllt dabei zwei Aufgaben: Es organisiert die Kommunikation mit dem Benutzer (eine prozedurale Aufgabe) und es stellt die technischen Verfahren bereit, mit der die computerlinguistische Analyse der Frage und die datenbankgestützte Recherche durchgeführt werden können (eine technische Aufgabe). In gewisser Hinsicht soll das Dialogmodul dafür eine Art 'Gespräch' zwischen Benutzer und Computer initiieren. Damit ist aber nicht gemeint, dass die Maschine ein Feedback wie ein Mensch gibt und am Ende eine finale Antwort mitteilt. Das Modul soll vielmehr in einem Wechselspiel von Eingabe und Ergebnisaufbereitung auf jeder Stufe des Dialogs mit immer feineren Kriterien neue Ergebnisse liefern können, im Idealfall schrittweise immer bessere.

5.3.1 Funktionsweisen des LeWi-Dialogmoduls

Das Dialogmodul ist das Instrument, mit dem der Benutzer das System bedient. Es wird als einfaches Dialogfenster präsentiert, wie man es aus anderen PC-Anwendungen gewohnt ist. Das Dialogmodul ermöglicht die Eingabe einer Frage, übergibt eine Liste von Ergebnissen mit einer entsprechenden Rückantwort und lässt bei Bedarf Nachfragen zu. Für diese Funktionen muss eine Vielzahl komplexer Prozesse angestoßen, gesteuert und ausgeführt werden. Diese Prozesse haben zum Ziel, die Vielschichtigkeit und Mehrdeutigkeit der menschlichen Sprachäußerungen in technisch reproduzierbare Suchvorgänge in Textbeständen zu überführen. Das Dialogmodul folgt dabei einem zu Beginn des Projektes entworfenen Dialogbaum.

5.3.1.1 Dialogbaum

Der Dialogbaum regelt die grundsätzliche Steuerung des Dialogs, nachdem der Benutzer eine Frage eingegeben hat. Abbildung 5-7 zeigt einen Auszug aus dem LeWi-Dialogbaum zu Beginn des LeWi-Projektes. Für den vollständigen Dialogbaum siehe Anhang G.

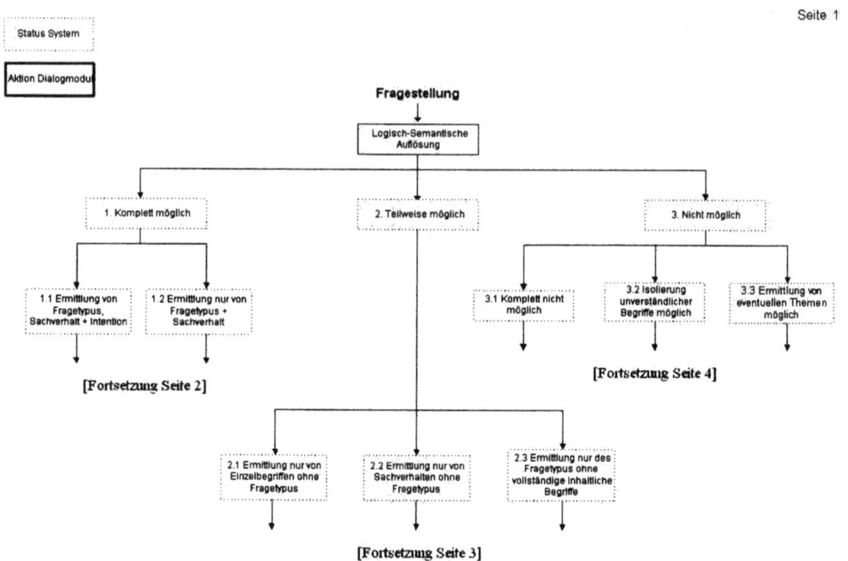

Abbildung 5-7: Auszug aus dem Dialogbaum zu Beginn des LeWi-Projektes

Der Dialogbaum bildet die theoretische Grundlage des Prozesses der Ergebnisfindung. Die Konzeption weist eine Gliederung in mehrere Dialogebenen auf. Je nach Analysestatus der eingegebenen Information, wird ein vordefinierter weiterer Dialogzustand erreicht, den das System mit einer bestimmten Reaktion quittiert. Der Dialogbaum gibt die theoretischen Planungen für das LeWi-Dialogmodul wieder (Stand 02.02.2002). Nicht alle zu Beginn des LeWi-Projektes geplanten Dialog- bzw. Analyseschritte konnten letztlich umgesetzt werden.[59] Um eine bewusste Trennung zwischen den theoretischen Grundlagen und den technischen Abläufen zu schaffen, wurde innerhalb des LeWi-Projektes parallel zum Dialogbaum ein sog. Prozessablaufdiagramm geschaffen, welches die einzelnen Prozessschritte aus technischer Sicht wiedergibt.

5.3.1.2 Prozessablauf

Das Prozessablaufdiagramm dient dabei in erster Linie dem besseren Verständnis und der Visualisierung der technischen Abläufe. In dem Prozessablaufdiagramm sind die einzelnen Dialogzustände mit einer eindeutig codierten Bezeichnung verankert. Dies ermöglicht, dass das System jederzeit ausgeben kann, in welchem Dialogschritt es sich befindet. Dadurch wird eine Prozessablaufkon-

[59] Die ursprünglich geplante Ermittlung der Intention einer Frage wurde letztlich nicht wie geplant umgesetzt. In gewisser Weise wurde jedoch die Intention in der sehr differenzierten Fragentypologie berücksichtigt.

trolle im Testbetrieb des Systems möglich. Abbildung 5-8 zeigt den Prozessablauf zu Beginn des LeWi-Projektes.

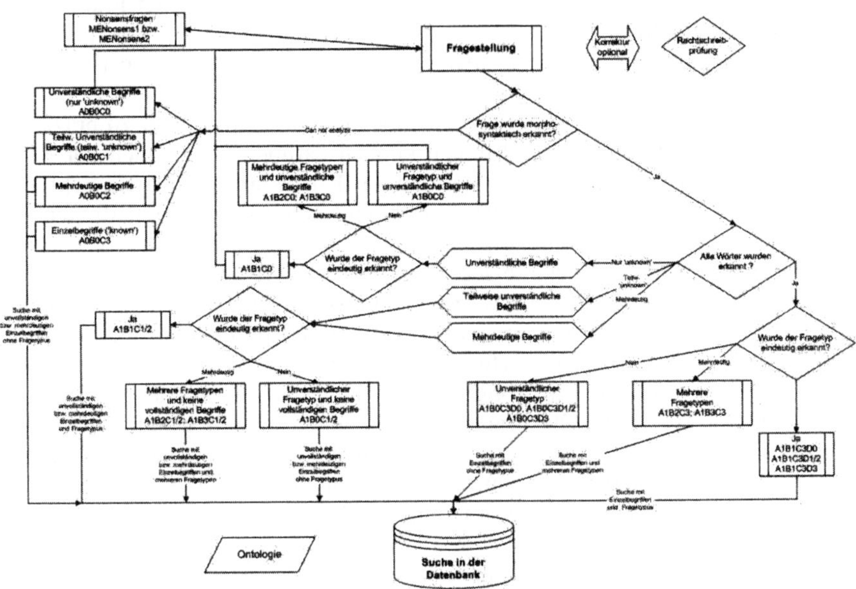

Abbildung 5-8: Prozessablauf im LeWi-Projekt (Stand September 2002)

Das Prozessablaufschema soll nur beispielhaft erläutern, wie der LeWi-Dialog technisch umgesetzt wird. Es zeigt einen Zwischenstand in der Entwicklung (Stand September 2002). Die in Abbildung 5-8 noch nicht eingebundenen Module Ontologie und Rechtschreibprüfung wurden inzwischen auf unterschiedliche Weise in den Gesamtprozess eingebunden. Inzwischen ist der Prozessablauf des Dialogmoduls innerhalb des LeWi-Projektes so komplex geworden, dass eine graphische Darstellung nicht mehr möglich ist.

Die im Prozessablauf verwendeten Codes zur Kennzeichnung eines bestimmten Dialogzustandes dienen dem Rück- bzw. Zwischenfragensystem als Grundlage für die Auswahl der entsprechenden Textpassagen.

5.3.2 Rück- bzw. Zwischenfragen

Wie in Kapitel 4 bereits beschrieben, erhält der Benutzer als Antwort auf seine eingegebene Frage eine Liste von Ergebnisartikeln, die nach Relevanz geordnet sind. Zeitgleich mit der Ausgabe dieser Liste wird dem Benutzer ein bestimmter Meldungstext bzw. eine Rückfrage ausgeben. Bei diesen Meldungstexten bzw.

Rückfragen handelt es sich um zusätzliche Informationen zur Textrecherche (z.B. bei vielen Ergebnisartikeln *"Zu Ihrer Frage wurden sehr viele Artikel gefunden"*) und zum Status der programmtechnischen Auswertung der Frage (z.B. bei einer Personenfrage *"Sie suchen nach einer Person. [...]"*). Die gestellte Rückfrage dient zur Unterstützung der weiteren Interaktion mit dem Benutzer. Sie ist als Einstiegshilfe für die Fortsetzung des Dialogs zu sehen. Der Benutzer erhält so die Möglichkeit, durch Folgeeingaben das Ergebnis weiter zu präzisieren. Die Meldungstexte und Rückfragen können darüber hinaus auch zur Klärung von nicht verstandenen Begriffen und zur Korrektur fehlerhafter Schreibweisen dienen. In diesem Fall handelt es sich um Nach- bzw. Zwischenfragen.

Das im LeWi-Projekt entwickelte sehr komplexe Rückfragensystem ermöglicht es dem Dialogsystem je nach Auswertungsstatus einer Frage und unter Berücksichtigung des Ergebniszustandes unterschiedlich und problembezogen zu reagieren. Die Rückfragenausgabe erfolgt auf der Grundlage der sog. Rückfragenzustände. Auf der Basis der in Abbildung 5-9 dargestellten Parameter wird festgestellt, in welcher Weise die Fragen vom System verarbeitet und welche Ergebnisse dazu ermittelt wurden. Die einzelnen Parameter können dabei unterschiedliche Werte annehmen. Damit ist eine sehr differenzierte Erfassung der jeweiligen Analyse- bzw. Antwortsituation gewährleistet.

A. Status morphosyntaktische Analyse:
- "Can not analyze"=0
- "Can analyze"=1

B. Fragetyperkennung:
- Kein Fragetyp assoziiert=0
- Mehr als zwei Fragetypen assoziiert=1
- Zwei Fragetypen assoziiert=2
- Ein Fragetyp assoziiert=3

C. Worterkennung:
- unknown und nach Stringsuche in BMM-DB nicht gefunden=0
- unknown (in der Satzanalyse sind ein oder mehrere 'unknown')=1
- bekannt (es kommen keine 'unknown', aber mehrdeutige Begriffe vor)=2
- bekannt (keine 'unknown'/mehrdeutige Begriffe in der Satzanalyse)=3

D. Ergebnismenge:
- kein Ergebnis=0
- ein Ergebnis=1
- gering=2 (2-5 Ergebnisse)
- mittel=3 (6-20 Ergebnisse)
- groß=4 (ab 21 Ergebnissen)

E. Relevanz:
- geringe Relevanz=1
- mittlere Relevanz=2
- große Relevanz=3

Abbildung 5-9: Parameter zur Bestimmung des Rückfragentyps

Jedem der verschiedenen Statuszustände des Systems sind unterschiedliche Reaktionen resp. Rückfragentexte zugeordnet. Dabei ist der jeweils höchste Variablenwert aus Sicht der Analyse immer der beste, d.h. der höchste Analysestatus ist A1B3C3. Die Variablen D bzw. E beziehen sich auf die nach durchgeführter Suche vorliegende Ergebnismenge bzw. die höchste Artikelrelevanz. Wird ein bestimmter Status erreicht, so wird die entsprechende Rückfrage an den Benutzer ausgegeben.

Dabei versucht das System gleichzeitig die Qualität der Auswertung zielgerichtet zu steigern, d.h. die Rückfragen der Statuszustände mit geringerem Verständnis der Frage fordern den Benutzer zu einer Präzisierung seiner Frage auf, damit das System einen Rückfragenstatus mit höherem Verständnisgrad erreicht.

Die Statuszustände des Rückfragenmoduls ergeben sich aus den verschiedenen Kombinationsmöglichkeiten der Parameter in Abbildung 5-9. Zu jeder Kombination ist ein eigener Rückfragentext im System festgelegt, sodass sich für unterschiedliche Szenarien differenzierte Feedbacks ausgeben lassen. Im System sind z.Zt. ca. 950 solcher Zustände mit eigenen Rückfragen abgebildet.

Diese sehr differenzierten Feedbacks zu den Benutzereingaben werden noch erweitert durch die Übernahme von Textteilen aus den Ausgangsfragen in die Rückfragen. Durch diese zusätzlichen Textvariablen werden die Rückfragen individuell auf die Ausgangsfragen abgestimmt. Dem Rückfragensystem stehen für diesen Zweck eine ganze Reihe von Textvariablen aus der Fragenanalyse zur Verfügung. Innerhalb der ausformulierten Rückfragen sind die Variablen mit dem Zeichen "@" versehen.

Textvariablen aus der Fragenanalyse:

@fragetypvar@	*Variable für die Umsetzung bestimmter Phrasen für den jeweiligen Fragentyp*
@var@	*Grundformen der in der jeweiligen Frage verwendeten Substantive, Verben und Adjektive*
@m_var@	*Grundformen der in der Frage mehrdeutigen Substantiva*
@u_var@	*in der Frage vorkommende unbekannte Wörter*

Darüberhinaus können die Rückfragen auch verschiedene Variablen berücksichtigen, die aus der Ergebnismenge stammen. Dabei können neben den Artikelklassen als Themengebietsauswahl auch Direktverweise auf bestimmte Ergebnisartikel in den Rückfragen Verwendung finden.

Textvariablen aus der Ergebnisliste:

@ont@	*Klassifikationsbezeichnungen (je nach Ergebnisartikeln entweder Grob- oder Feinklassenbezeichnung)*

@art@	*Link auf einen Artikeltext (wird bei der Nachfrage zu unbekannten Wörtern verwendet)*

Beispiel für eine Rückfrage:

MES_A1B1C3D3E3=Zu Ihrer Frage <sg>zum Stichwort @var1@</sg><pl>zu den Stichworten @var1@ und @var2@</pl> wurden verschiedene Artikel ausgewählt. Möchten Sie noch mehr Informationen zu diesem Thema, z.B. zu @ont1@ oder @ont2@? Wenn ja, welcher Sachverhalt interessiert Sie im Detail? Welcher Aspekt interessiert Sie noch?

Diese Beispielfrage macht deutlich, dass die Ausgabe der Textvariablen vom Numerus abhängig ist. Werden mehrere Stichwörter in der Frage erkannt, so variiert die Rückfrage dadurch. Zusätzlich sind abhängig vom Fragentypus die Rückfragen noch weiter ausdifferenziert, (z.B. speziell für Unterschiedsfragen, Gewichtsfragen, aber auch für mehrdeutige Fragen).

Beispiele für typische Rückfragen:

Frage: Halten Bären einen Winterschlaf?
Status: MES_A1B3C3D4E3_QUEST10
Rückfrage: Zu den Stichworten Winterschlaf und Bär sind sehr viele Artikel vorhanden. Sie können aus diesen Artikeln durch Anklicken eines Themas (Tiere, Pflanzen, Pilze, Astronomie) oder durch Eingabe weiterer Begriffe eine Auswahl treffen.

Frage: Wo steht das Pantheon?
Status: MES_A1B3C3D4E3
Rückfrage: Ihre Frage zielt auf eine geographische Angabe zum Thema Pantheon. Dazu wurde eine große Anzahl von Artikeln ermittelt. Möchten Sie die Auswahl reduzieren? Klicken Sie dazu das gewünschte Sachgebiet an (Religionen, Architektur, Alte Geschichte (ca 3000 v.Chr. bis ca 476 n.Chr.)) oder geben Sie weitere Stichworte zu Ihrer Frage ein.

MES_A1B3C3D4E3_QUEST10 bedeutet, dass die Frage als ein formal korrekter Satz erkannt wurde (A1), dass der Fragentyp eindeutig ist (B3, Entscheidungsfrage), dass alle Worte erkannt wurden (C3), dass sehr viele Ergebnisartikel gefunden wurden (D4), dass die Relevanz hoch ist (E3) und eine eigene Antwort für die Entscheidungsfrage vorgesehen ist (QUEST10). Im zweiten Beispiel (Ortsfrage) entfällt dies.

Für den Fall, dass die Fragenanalyse aufgrund von nicht eindeutigen Indikatoren mehrere Fragentypen assoziiert, passt das System die Rückfragen diesem Analysestatus an. Die Fragen bzw. Meldungen sind dann entsprechend dem Analysestatus allgemeiner formuliert.

Beispiel für eine Rückfrage zu einem unklaren Frageobjekt/Fragentyp:

Frage: Was ist Mocha?
Status: MES_A1B2C3D1E3
Rückfrage: Sie möchten eine Definition oder eine Sachinformation zum Stichwort Mocha. Dazu wurde ein Artikel gefunden. Für weitere Informationen dazu geben Sie bitte eine neue Frage ein.

Werden in der morphosyntaktischen Analyse der Frage Begriffe gefunden, die mit Hilfe des Wörterbuches bzw. des BMM-Thesaurus und der Grammatik nicht disambiguiert werden können, dann versucht das System, den Begriff durch gezielte Nachfragen zu vereindeutigen.

Beispiel für eine Rückfrage mit einem mehrdeutigen Begriff:

Frage: Wie entsteht Krebs?
Status: MES_A1B3C2D4E3
Rückfrage: Sie interessieren sich für eine funktionale Erklärung. Es wurden dazu sehr viele Artikel ausgewählt. Einige Stellen in Ihrer Fragestellung sind jedoch nicht eindeutig. Welche Bedeutung von Krebs meinen Sie: Medizin und Pharmazie, Pharmakologie oder Tiere?

5.3.3 Rechtschreibprüfung bzw. "Meinten Sie"-Funktion

Bei der Konzeption des LeWi-Dialogsystems wurden auch mögliche Probleme einkalkuliert, die falsche bzw. fehlerhafte Fragestellungen aufwerfen können. Werden in der morphosyntaktischen Analyse der Frage Begriffe gefunden, die nicht im Wörterbuch der morphologischen Analyse bzw. im BMM-Thesaurus vorhanden sind, so führt das System eine Suche im gesamten BMM nach diesen Wörtern durch. Werden die Wörter auch dabei nicht gefunden, gelten sie als nicht erkannt und werden vom System als falsch bzw. fehlerhaft behandelt.

Im Falle einer solchen falschen bzw. fehlerhaften Eingabe durch den Benutzer reagiert das System abhängig von bestimmten Umgebungsparametern auf unterschiedliche Weise. Es kann zum einen eine Rückfrage stellen, die darauf hinweist, dass dem System ein oder mehrere Begriffe unverständlich sind. Parallel dazu wird mit den bereits erkannten Begriffen eine Suche durchgeführt und eine Ergebnisliste ausgegeben.

Beispiel für eine Rückfrage bei fehlerhaften Eingaben mit Suche nach erkannten Begriffen:

Frage: Welche Staaten sind Dempkratien in Asien?
Status: MES_A1B3C1D4E3

Rückfrage: Nicht alle Begriffe Ihrer Anfrage nach einem geographischen Begriff sind bekannt (unbekannt: Dempkratien). Es wurden aber sehr viele Artikel zum Stichwort Asien gefunden. Neue Eingabe oder ein Sachgebiet für die gefundenen Artikel wählen (geografische Objekte Asiens, Neuere Geschichte (1789 - 1945), Zeitgeschichte (ab 1945))?

Die zweite Möglichkeit versucht von vornherein durch nicht erkannte Begriffe in der Frage evtl. unsinnigen Suchen zu vermeiden. Dafür wird nach der morphosyntaktischen Analyse bei Nichterkennen eines Wortes eine sog. "Meinten Sie"-Funktion angestoßen. Es handelt sich dabei um eine Funktion, die zu nicht erkannten Wörtern mit einem speziellen Verfahren[60] "ähnliche" Begriffe sucht. Als Datenbasis verwendet die "Meinten Sie"-Funktion dabei ausschließlich Wörter, die im BMM vorkommen. Anschließend werden die "ähnlichen" Wörter dem Benutzer als Auswahl angeboten.

Beispiel einer Rückfrage mit Hilfe der "Meinten Sie"-Funktion:

Frage: Wo fließt der Maain?
Status: A1B2C0 => "Meinten Sie"
Antwort: Meinten Sie Main, Maien, Mein, Nain, Men, Naim, Maahn, Nahen für Maain?

Durch Anklicken eines der vorgeschlagenen Begriffe wird der unbekannte Begriff der Suchanfrage durch diesen ersetzt und daraufhin die ursprüngliche Suchanfrage durchgeführt. Das gleiche erfolgt bei der Eingabe von mehreren falschen Begriffen sukzessive.

Beispiel einer Rückfrage mit Hilfe der "Meinten Sie"-Funktion bei mehreren falschen Eingaben:

Frage: Herrscht in Ruuanda heute Dempkratie?
Status: A1B2C0 => "Meinten Sie"
Antwort: Meinten Sie Ruanda, Ruandas, Buganda, Luanda, Rwanda, Uganda für Ruuanda? Meinten Sie Demokratie für Dempkratie?

5.3.4 Folgedialog

Das Dialogmodul hat im LeWi-Projekt die Funktion, zwischen der Fragestellung des Benutzers und dem im Lexikon gespeicherten Wissen zu kommunizieren. Dazu wird ein spezieller Interaktionsprozess organisiert, der auf natürlichsprachlicher Ein- und Ausgabe basiert. Neben dem Feedback an den Benutzer durch

[60] Das Verfahren ermittelt Ähnlichkeiten zwischen Zeichenketten. Es ist eine Kombination aus der Levenshtein-Distanz und phonetischer Ähnlichkeit, die mit Hilfe von Pattern-Matching errechnet wird.

Meldungen und Rückfragen bietet dieser Interaktionsprozess auch die Möglichkeit der Weiterführung des Dialogs. Dies ist für den Fall gedacht, dass dem Benutzer Umfang und Qualität der bisherigen Ergebnisse nicht ausreichend erscheinen.

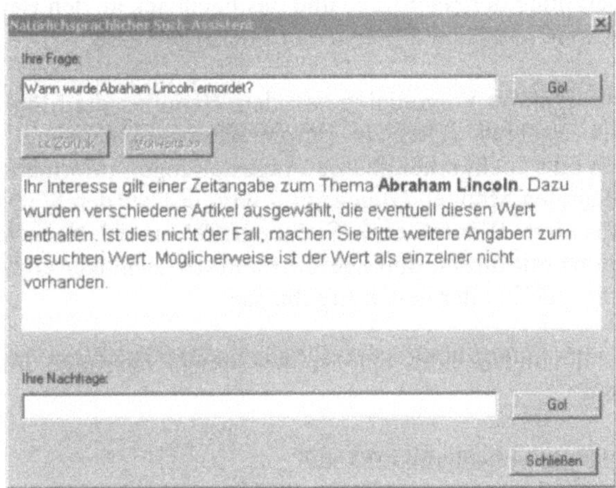

Abbildung 5-10: Der natürlichsprachliche Such-Assistent des BMM

Dafür bietet der Folgedialog die Möglichkeit, durch eine Präzisierung bzw. Erweiterung der ursprünglichen Fragestellung die Suche weiter zu spezifizieren. Die Eingabe dieser sog. Nachfragen geschieht in einem separaten Textfeld (siehe Abbildung 5-10) und sie ist z.Zt. auf insgesamt vier Nachfragen in einem Dialogzyklus beschränkt. Diese Festlegung beruht auf der Annahme, dass nach vier Nachfragen eine weitere Verbesserung des Ergebnisses nicht zu erwarten ist. Anschließend kann der Benutzer wieder eine neue Frage eingeben. Diese Möglichkeit steht ihm im Dialogmodul neben den Nachfragen jederzeit zur Verfügung.

Die Eingabe der Nachfragen und die anschließende Analyse und Durchführung der entsprechenden Suchen sind im Folgedialog identisch mit dem Verfahren für die Ausgangsfragen im Dialogmodul. Das System akzeptiert ebenso komplette natürlichsprachliche Anfragen wie einzelne Worte. Nach deren Analyse werden mit Hilfe der Analyseinformation Einzelsuchen für den BMM generiert und durchgeführt.

Ziel des Folgedialogs ist die Ermittlung von zusätzlichen Informationen zur Präzisierung der ursprünglichen Frage sowie zusätzlich eine eventuelle Fehlerkorrektur. Die Gestaltung der Dialogfortführung umfasst dazu zwei Bereiche:

- die Aufbereitung der Nachfrage und das Feedback an den Benutzer sowie
- die Ermittlung und Darstellung neuer Suchergebnisse

Durch die Rückfragen im Folgedialog soll dem Benutzer die Möglichkeit gegeben werden, das Ergebnis weiter zu optimieren. Er bekommt bei unvollständigen, fehlerhaften oder nicht erkennbaren Fragestellungen Informationen über die vom System erkannten Mängel. Gleichzeitig wird er über den Status der Fragenauswertung informiert. Werden neue Suchbegriffe aus der Nachfrage ermittelt, so wird eine Suche mit diesen durchgeführt und der Benutzer erhält eine Rückmeldung über die Qualität der neuen Ergebnisse.

Das Dialogmodul unterscheidet bei Eingabe einer Nachfrage folgende Feedbacksituationen:

1. Ausgangsfrage vollständig erkannt
   Bei Eingabe der Ausgangsfrage wurden alle Parameter vollständig erkannt (morphosyntaktische Analyse, Fragentyp- und Worterkennung). Nach der Eingabe der Nachfrage wird eine Rückfrage und eine neue Ergebnisliste ausgegeben. Die Rückfrage kommt aus einem separaten Folgedialog-Rückfragensystem. Die Rückfragen dieses Systems versuchen auf die Art der neuen Ergebnisse (z.B. andere Reihenfolge der Ergebnisliste bzw. neue Ergebnisartikel) einzugehen .

2. Ausgangsfrage nicht vollständig erkannt
   Nicht alle Parameter der Ausgangsfrage wurden bei der ersten Eingabe erkannt (morphosyntaktische Analyse, Fragentyp- und Worterkennung). Wenn dieser Analysezustand durch die eingegebene Nachfrage beseitigt, wird erfolgt eine Rückfrage nach dem Standard-Rückfragensystem, eine Suche im BMM sowie eine Darstellung der Ergebnisliste. Bleibt der Analysezustand auch nach Eingabe der Nachfrage unvollständig, so wird der Benutzer darüber informiert.

3. Sonderfälle
   Bestimmte Sonderfälle liegen vor, wenn z.B. Begriffe der Nachfrage unbekannt oder mehrdeutig sind, Schreibfehler vorliegen oder durch die Nachfrage keine neuen Suchbegriffe hinzugekommen sind. Weitere solche Fälle sind auch sog. Nonsenseingaben, wie z.B. "Das Ergebnis gefällt mir nicht", sowie das Ende des Fragezyklus nach der vierten Nachfrage. In diesen Fällen werden besondere Meldungen an den Benutzer ausgegeben, wiederum mit der Möglichkeit weitere Eingaben vorzunehmen.

Da der Folgedialog der Präzisierung der Suchergebnisse dient, erfolgt bei Nachfragen innerhalb der Relevanzbewertung eine Veränderung. Diese berücksichtigt die vorherige Ergebnisliste der Ausgangsfrage. Gibt der Nutzer eine Nachfrage in den natürlichsprachlichen Such-Assistenten ein, so löst er damit zunächst wie im normalen Verfahren eine Suchanfrage aus. Nach Vorliegen der Ergebnisliste zu der Nachfrage wird diese jedoch nicht direkt ausgegeben, sondern es wird ein weiterer Prozess der Relevanzbewertung aufgesetzt. In diesem Prozess werden die Ergebnislisten der beiden Suchen (Ausgangs- und Nachfrage) miteinander kombiniert und zu einer gemeinsamen Ergebnisliste vereint. Das Verfahren berücksichtigt dabei die Relevanzwerte der einzelnen Ergebnisartikel.

Artikel, die in beiden Ergebnislisten vorkommen, werden in der Relevanz um einen bestimmten Wert erhöht (z.Zt. 1,2). Damit wird sichergestellt, dass die Artikel an der Spitze des kombinierten Ergebnisses die wahrscheinlich besten sind, da sie als Ergebnis der beiden Anfragen gefunden wurden. Kommen dagegen Artikel nur in der Ergebnisliste der Ausgangsfrage vor, bleibt der Relevanzwert gleich. Dies geschieht, um den Ergebniskontext zu der eigentlichen Ausgangsfrage auch nach einer Nachfrage zu erhalten und basiert auf der Annahme, dass die Ausgangsfrage die ursprüngliche Zielrichtung der Frage stärker widerspiegelt als evtl. Nachfragen.

Bei Ergebnisartikeln, die nur in der Ergebnisliste der Nachfrage enthalten sind, wird der Relevanzwert um einen Faktor vermindert (z.Zt. 0,8). Diese Maßnahme wurde getroffen, um sicherzustellen, dass die zusätzlichen Ergebnisartikel nicht das Basisergebnis vorheriger Suchen verfälschen. Alle Ergebnisse werden schließlich sortiert, auf 100% nivelliert und nach ihrer Relevanz abgestuft in einer Gesamtergebnisliste ausgegeben.

	Frage 1	**Rückfrage**
Eingabe	*Welchen Stellenwert haben die Menschenrechte in den Kulturen Asiens?*	*Ihre Frage zielt auf den Stellenwert eines Begriffs oder Ereignisses zu den Themen **Asien** und **Menschenrecht**. Dazu wurde eine große Anzahl von Artikeln ermittelt. Möchten Sie die Auswahl reduzieren? Klicken Sie dazu das gewünschte Sachgebiet an (Öffentliches Recht, geografische Objekte Asiens, Alte Geschichte (ca 3000 v.Chr. bis ca 476 n.Chr.)) oder geben Sie weitere Stichworte zu Ihrer Frage ein.*

Nachfrage 1	*[Anklicken von geografische Objekte Asiens]*	*Sind in den ausgewählten Artikeln zum Thema geografische Objekte Asiens die gewünschten Informationen enthalten? Sie können auch eine erneute Anfrage durchführen.*
Nachfrage 2	*Werden die Menschenrechte in den Dempkratien Asiens stärker beachtet?*	*Ist Ihre Fragestellung korrekt eingegeben (Korrekturvorschläge: Demokratie – keine Korrektur)?*
Nachfrage 3	*[Anklicken von Demokratie]*	*Die Suchergebnisliste enthält zusätzlich neue Artikel unter Berücksichtigung des Stichworts **Demokratie**. Sie können die Anfrage mit weiteren Eingaben fortsetzen.*

Abbildung 5-11: Beispiel eines Dialogzyklus im LeWi-Folgedialog

Abhängig davon, welche Artikel in der Gesamtliste dominieren, entweder Artikel aus beiden Suchen, aus der vorherigen oder der aktuellen Suche, wird dem Benutzer eine entsprechende Meldung ausgegeben. Damit zeigt das System, ob die Nachfrage das Ergebnis präzisiert bzw. es unverändert gelassen oder neue Aspekte aufgedeckt hat. Das zusätzliche Verfahren der Relevanzbewertung bei einer Nachfrage wird analog auch bei der zweiten, dritten und vierten Nachfrage angewandt. Zu beachten ist dabei, dass es sich pro Nachfragezyklus immer nur um zwei zu vergleichende Ergebnislisten handelt, da aus dem vorherigen Zyklus nur jeweils eine Gesamtergebnisliste vorhanden ist.

Die neuen Statuszustände, die sich im Folgedialog in Bezug auf die Ergebnissituation ergeben können, werden auch in dem separaten Rückfragensystem des Folgedialogs berücksichtigt. Durch den Vergleich der verschiedenen Ergebnislisten entstehen neue Parameter für die Erzeugung von Rückfragen:

- Ergebnisartikel kommt in beiden Listen vor
- Ergebnisartikel kommt nur in der neuen bzw. alten Liste vor
- Keine neuen Ergebnisse aufgrund der Nachfrage etc.

Für das Rückfragensystem des Folgedialogs wurden diese Parameter zusätzlich zu den in Abbildung 5-9 genannten eingeführt. Für eine Beschreibung der wichtigsten Statuszustände zur Ermittlung der Folgefragen siehe Anhang H. Ein Beispiel für einen Nachfragenzyklus zeigt Abbildung 5-11.

Die Kunst des Folgedialogs besteht darin, sowohl dem Informationswunsch des Benutzers näher zu kommen, als auch eine Information über die Angemessenheit des vorhandenen Textmaterials dafür zu kommunizieren. Dies ist eine sehr komplexe Aufgabenstellung, für deren Lösung innerhalb des LeWi-Projektes erste Verfahren konzipiert wurden, die aber noch eine differenziertere Ausgestaltung erfordert.

5.3.5 Beschreibung der Schnittstellen des Dialogmoduls

Das Dialogmodul besitzt zwei Schnittstellen zu den korrespondierenden Programmen. Zum einen erfolgt die Frageneingabe über den BMM 2004, der dann die Frage an das Dialogmodul übergibt. Zum anderen ist das Dialogmodul selbstständig in der Lage, im Datenbestand des BMM zu recherchieren. Für beide Funktionen wurden Schnittstellen definiert.

5.3.5.1 Schnittstelle Frageneingabe – Dialogmodul

Die vom Benutzer des Brockhaus Multimedial 2004 in den natürlichsprachlichen Such-Assistenten eingegebene Frage wird über eine spezielle Schnittstelle an das Dialogmodul übergeben. Die Schnittstelle ist so strukturiert, dass sie einfach als Funktion vom BMM aufgerufen werden kann.

Die Funktion ist schematisch folgendermaßen aufgebaut:

Funktionsname ("eingegebene Frage an den BMM", Liste von Ergebnisartikeln sowie Rückfrage)

An den BMM werden nach Aufruf der Funktion eine Rückfrage und eine Liste der Ergebnisartikel übergeben. Beides wird auf dem Bildschirm angezeigt. Die Ergebnisliste ist integriert in die Bildschirmoberfläche des BMM. Die Rückfrage erscheint im speziellen Fenster des natürlichsprachlichen Such-Assistenten. Das Fenster des natürlichsprachlichen Such-Assistenten ist in Abbildung 5-10 dargestellt.

5.3.5.2 Schnittstelle Dialogmodul – Artikelbestand des BMM

Das Dialogmodul ist in der Lage, selbstständig im Artikelbestand des BMM zu suchen. Die verschiedenen Suchen, die während der Ergebnisermittlung durchgeführt werden, verwenden sehr differenzierte Suchmöglichkeiten (siehe Kapitel 4.4). Hierfür wurde zwischen der Fa. Joanneum Research Graz und dem IAI Saarbrücken eine Schnittstelle entwickelt.

Die Schnittstelle kann wie folgt aufgerufen werden:

Beispiel:

Frage: "Wie lang ist die Donau?"
search -art=lu -term=Donau -tag=laenge|flaeche -class=GK30

In der Suchanfrage können verschiedene Attribute mitgegeben werden. Der BMM übergibt danach, entsprechend einer speziellen Output-Spezifikation, die gewünschte Information.

5.3.6 Ändern der Programmparameter

Das gesamte Dialogmodul des LeWi-Projektes ist von außen durch mehrere Parameter beeinflussbar. Der Benutzer kann in zwei verschiedenen Dateien Werte verändern. Es handelt sich um die Dateien *lewi.ini* und *weight.properties.*

Die Datei *lewi.ini* dient der Initialisierung der Offline-Version des Dialogmoduls. Der Benutzer kann hier Werte ändern, die für bestimmte Aufrufe von Funktionen zuständig sind. Diese Werte betreffen bzw. beeinflussen u.a. folgende Funktionen:

- die Suche mit Oberbegriffen aus der Ontologie
- die gesonderte Behandlung von Umlauten
- maximale Anzahl von Artikeln, die pro Suche berücksichtigt und angezeigt werden
- Pfad für die Suchanfragendatei
- Ein- bzw. Ausschalten der "Meinten Sie" Funktion des Dialogmoduls

In der Datei *weight.properties* sind die Gewichtungswerte aller möglichen Suchen des LeWi-Dialogmoduls explizit angegeben. Die Datei hat folgende Struktur:

```
S0.0.1=2
S0.0.2=2.1
S0.1.1=2.2
S0.1.2=2.3
S0.2.1=2.2
S0.2.2=2.3
etc.
```

Die angegebenen Gewichtungswerte können individuell verändert werden. Die Veränderung der Gewichtung wird beim nächsten Suchlauf sofort berücksichtigt. Die Tatsache, dass diese Gewichtungswerte in einer separaten Datei unverschlüsselt zugänglich sind, ermöglicht ein relativ unproblematisches Feintuning des LeWi-Gewichtungsmechanismus. Wird eine Suche bei Testläufen des LeWi-Dialogmoduls als zu hoch bzw. zu niedrig gewichtet eingeschätzt, so können die Gewichtung sofort verändert und die Ergebnisse anschließend mit der neuen Gewichtung begutachtet werden.

5.4 Ergebnisdarstellung und Antwortpräsentation im LeWi-Kontext

5.4.1 Ergebnispräsentation

Die Präsentation der Ergebnisse innerhalb des LeWi-Projektes erfolgt eingebettet in die Umgebung des Brockhaus Multimedial 2004. Nach dem Starten des BMM 2004 erscheint die Begrüßungsseite des Programms. Die zentralen Funktionsaufrufe des Programms sind übersichtlich auf dem Startbildschirm verteilt.

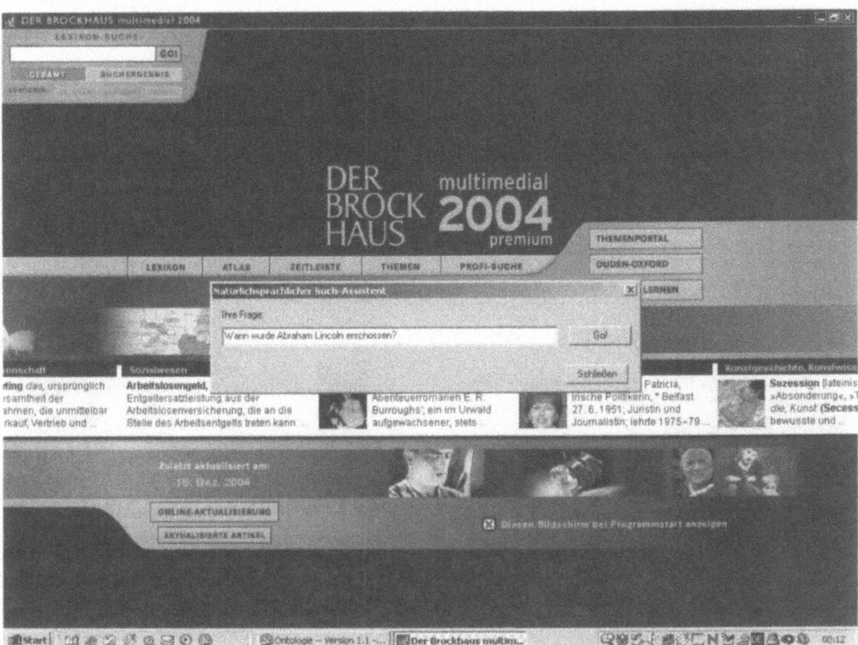

Abbildung 5-12: Startfenster des natürlichsprachlichen Such-Assistenten

In der oberen linken Ecke ermöglicht ein Textfeld die Eingabe von Schlagwörtern für die Schlagwortsuche im BMM. Schon zu diesem Zeitpunkt ist es möglich, den natürlichsprachlichen Such-Assistenten aufzurufen. Dies geschieht z.Zt. mit einer speziellen Tastenkombination. Daraufhin erscheint ein zusätzliches flaches Eingabefenster, in das der Benutzer eine erste natürlichsprachliche Frage eingeben kann (siehe Abbildung 5-12).

Nach der Eingabe der Frage wechselt das Erscheinungsbild und nach durchgeführter Suche im BMM erscheint eine Liste der gefundenen Ergebnisartikel absteigend sortiert nach Relevanz in der linken oberen Ecke des Bildschirms. Der Artikel mit der höchsten Relevanz wird im Artikelfenster in der Mitte des Bildschirms im Volltext angezeigt. Darüber liegt das nun vergrößerte Fenster des natürlichsprachlichen Such-Assistenten. In diesem Fenster wird die ursprüngliche Frage angezeigt sowie die je nach Analysestatus dazugehörige Rückfrage. Im unteren Bereich des Fensters gibt es zusätzlich die Möglichkeit, eine Nachfrage einzugeben und damit den Folgedialog zu starten.

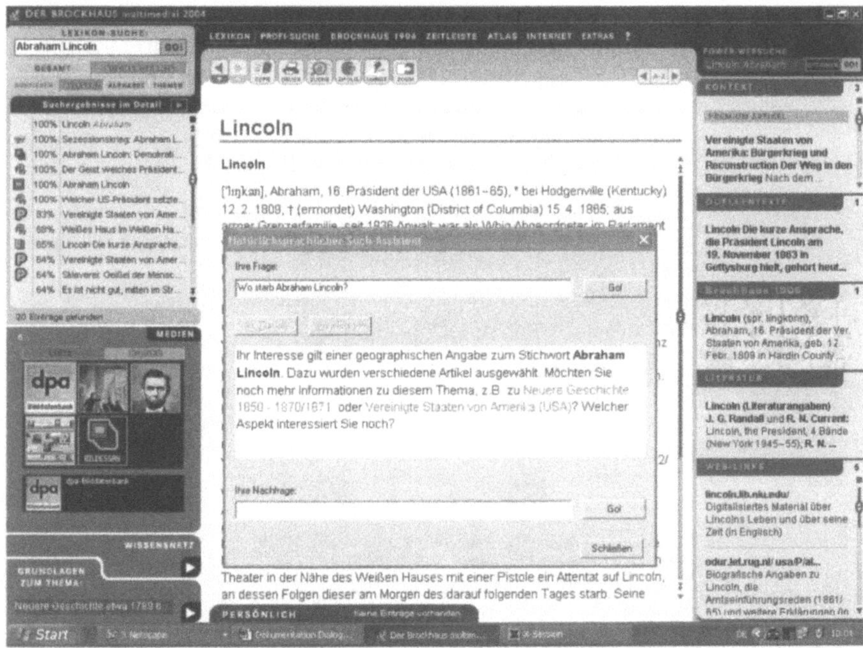

Abbildung 5-13: Natürlichsprachlicher Such-Assistent des BMM

Mit der Rückfrage, die parallel zum ersten Ergebnis erscheint, wird ein Dialog mit dem Benutzer eingeleitet, der es ihm ermöglichen soll, seinen Informationswunsch weiter zu spezifizieren und damit das Ergebnis in seinem Sinne zu optimieren.

5.4.2 Das Wissensnetz im LeWi-Projekt

Im Rahmen des LeWi-Forschungsprojektes wurden im Bereich Darstellung und Visualisierung von Wissen neue Verfahren untersucht und ein Prototyp implementiert. An dieser Stelle werden aus Gründen der Vollständigkeit die Ansätze in der Konzeption und der fertige Prototyp kurz vorgestellt, da das Thema einen gewissen Bezug zu dieser Arbeit hat. Für genauere Informationen über die im Projekt umgesetzten Konzepte siehe [BDNM 2004].

Ziel des Teilprojektes war es, alle Dokumente des BMM 2004 in einem assoziativen Zusammenhang zu visualisieren. Im existierenden BMM ist ein erster Versuch in diese Richtung mit Hilfe des sogenannten Wissensnetzes realisiert worden (siehe Abbildung 5-14).

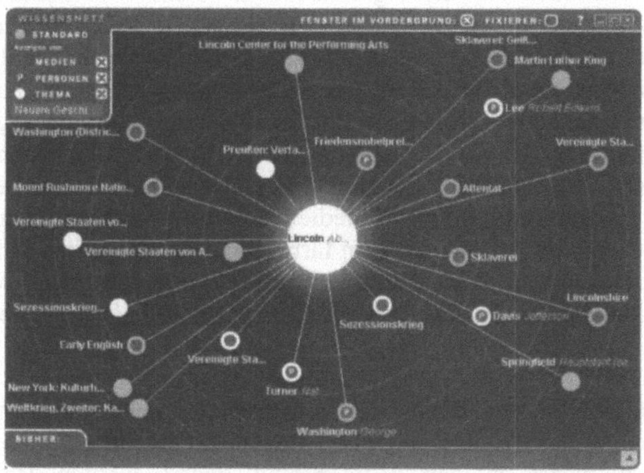

Abbildung 5-14: Wissensnetz des BMM 2004

Für die Berechnung der notwendigen Relationswerte zwischen den Dokumenten wurde von der Fa. Joanneum Research/Graz ein spezieller Algorithmus entwickelt. Dieser Algorithmus berücksichtigt verschiedene Parameter, um einen Relationswert zwischen Artikeln zu ermitteln. Neben redaktionellen Verweisen, gleichen Grob- bzw. Feinklassen sowie gemeinsam genutzten Medien, wird insbesondere das Vorkommen von Begriffen in den Artikeln analysiert.[61] Kommen gleiche Begriffe in Artikeln vor, so liegt der Schluss nahe, dass die Artikel auch

[61] Grundvoraussetzung für die Berechnung von Relationen zwischen Artikeltexten des BMM ist die morphosyntaktische Analyse der BMM-Artikeltexte. Die darin erfolgte Grundformenerzeugung bildet die Basis der Relationszuordnungen. Des Weiteren liefern die automatische Indexierung und Klassifikation der BMM-Artikeltexte die Grundlage für den Vergleich der Grob- bzw. Feinklassen und eine Relationszuordnung aufgrund dieser Werte.

inhaltlich zueinander in Beziehung stehen. Anschließend werden für jeden Artikel die 25 höchst relevanten Artikel berechnet und in einer Tabelle abgelegt. In dieser Tabelle werden noch weitere Angaben pro Artikel abgespeichert (z.B. Artikeltyp, Klassenzugehörigkeit, Wertigkeit[62] etc.). Alle diese Angaben werden für die Anzeige im sog. Wissensnetz verwertet. Der aktuell angezeigte Artikel steht dabei im Zentrum des Wissensnetzes. Die dazu in Relation stehenden Artikel sind in einem Netz um das Zentrum herum gruppiert. Dabei berücksichtigt der jeweilige Abstand eines Artikels zu dem aktuellen Dokument den Relationswert und drückt somit die "inhaltliche Nähe" des jeweiligen Artikels aus.

Innerhalb des LeWi-Projektes wurde nun untersucht, inwieweit die zweidimensionale Darstellung über das Wissensnetz mit Einführung einer dritten Dimension verbessert werden kann. Zu diesem Zweck wurde ein Prototyp implementiert, der alle Informationen aus der o.g. Tabelle in einem Wissensraum auf einer waagerecht im Raum angeordneten Scheibe dargestellt. Dabei wird der aktuelle Artikel im Zentrum der Scheibe platziert und die zugeordneten Artikel nach ihrem Relevanzwert abnehmend von innen nach außen um diesen Artikel angeordnet. Jedem relevanten Artikel wird dabei, abhängig vom jeweiligen Artikeltyp, ein Symbol zugewiesen (z.B. Tonne für Sachartikel, Männchen für Personenartikel etc.). Die Größe des Symbols gibt zusätzlich die Wertigkeit des Artikels wieder (langer Artikel, viele Medienverweise). Je nach Themenklasse[63] werden die relevanten Artikel in einem farbigen Segment auf der Scheibe eingeordnet. Bei der Konzeption des Wissensraumes wurde besonderer Wert darauf gelegt, dass der Zugang zu den Artikeln des BMM schnell und einfach möglich ist.

Sämtliche Aktionen innerhalb des 3D-Viewers sind durch normale Interaktionen mit der Computermaus zu bedienen. Die einzelnen Objekte der Scheibe können durch Drehen dieser in den Vordergrund geholt werden (Informations-Fokussierung). Zusätzlich können ganze Themengebietskreissegmente mit ihren jeweiligen Artikeln ausgeblendet werden, um so eine übersichtlichere Darstellung der für den Benutzer interessanten Segmente zu erreichen. Schließlich verfügt der Wissensraum über eine Verlaufsfunktion, die es dem Benutzer gestattet, vorherige Wissensnetze aufzurufen.

---

[62] Die Wertigkeit eines Artikels errechnet sich in diesem Zusammenhang aus der Artikellänge und der Zahl der zugeordneten Medien.

[63] Neben den Grob- und Feinklassen wurden im LeWi-Projekt für die Anzeige im Wissensraum sog. Superklassen eingeführt. Diese bestehen insgesamt aus nur noch zehn Klassen, die hierarchisch über den 80 Grobklassen stehen. Damit konnte die notwendige Reduktion für die Visualisierung der Themengebiete erreicht werden.

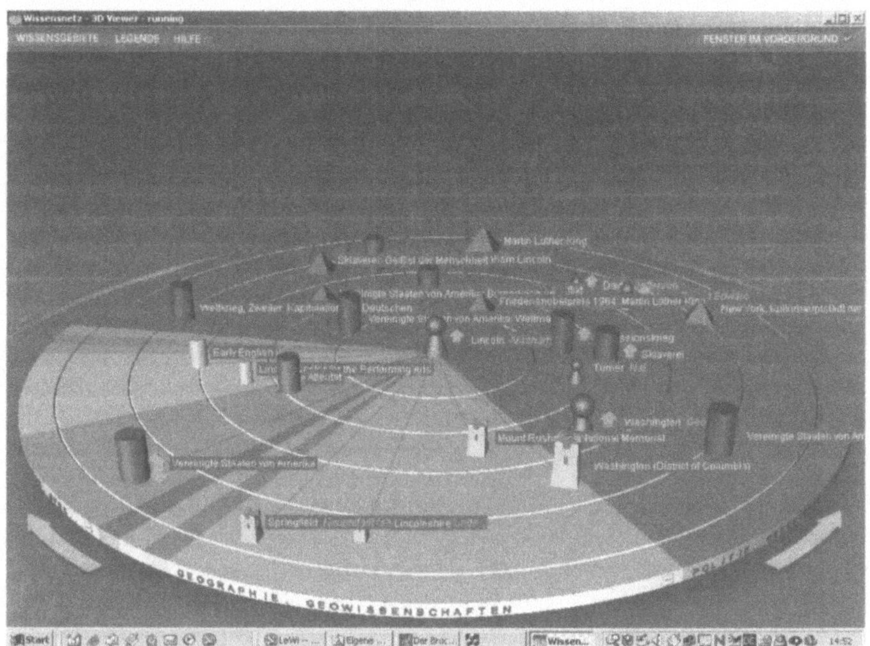

Abbildung 5-15: 3D-Wissensraum mit dem Wissensnetz des Artikels von "*Abraham Lincoln*"

Nach der Erläuterung der Interaktionsmöglichkeiten innerhalb des LeWi-Projektes wird im nachfolgenden Beispielkapitel die natürlichsprachliche Suche des LeWi-Dialogmoduls eingehend gestestet und bewertet. Dabei wird besonderer Wert auf die Untersuchung der Vorteile von natürlichsprachlicher Eingabe gegenüber der sonst üblichen Schlagwortsuchen gelegt.

Kapitel 6: Testumgebungen und -ergebnisse

Die im Projektverlauf zyklisch durchgeführten umfangreichen Tests und die damit verbundenen Änderungen des Dialogmoduls können aufgrund ihres großen Umfangs nicht Gegenstand dieses Kapitels sein. An dieser Stelle soll vielmehr versucht werden, anhand einiger anschaulicher Fragenbeispiele aufzuzeigen, wo die Schwächen und die Stärken des LeWi-Dialogmoduls liegen. Stellvertretend für bestimmte Beobachtungen und Probleme wurden einzelne Fragen ausgewählt und deren maschinelle Analyse, der anschließende Suchablauf und schließlich die dazugehörigen Listen der Ergebnisartikel betrachtet. Vor den eigentlichen Fragenbeispielen wird im Folgenden kurz auf die verschiedenen Testumgebungen eingegangen, die im Rahmen des LeWi-Projektes implementiert wurden.

6.1 LeWi-Prototypen

Für die Tests des implementierten LeWi-Dialogsystems wurden im Verlauf des Projektes verschiedene Testumgebungen eingerichtet.

6.1.1 Webschnittstelle des LeWi-Dialogmoduls (Online-Interface)

Die Entwicklung bzw. die Optimierung und Verfeinerung des Systems erforderte eine Testumgebung, die möglichst zeitnahe Reaktionen in Bezug auf die Beseitigung festgestellter Mängel sowie die Veränderungen des Regelwerks zuließ. Aus Gründen der Praktikabilität wurde deshalb zunächst eine Webschnittstelle zum LeWi-Dialogsystem eingerichtet (siehe Abbildung 6-1).

Zur besseren Beurteilung resp. Bewertung der Systemleistung gibt diese Webschnittstelle neben einer relevanzgewichteten Liste der Ergebnisartikel zu einer Frage noch zusätzliche Informationen aus. So sind fast alle Zwischenschritte des Systems bei der Fragenanalyse, z.B. die logische Form, die zugeordneten Fragentypen und die Ontologieergebnisse aufgeführt.

Im Anschluss daran werden Suchstrings der durchgeführten Einzelsuchen mit ihren jeweiligen Ergebnisartikeln aufgelistet.[64] Abschließend werden der Statuszustand und die entsprechende Rückfrage präsentiert (siehe Abbildung 6-2).

---

[64]Dies ermöglicht eine sehr gezielte Bewertung des Suchablaufs. Die Auflistung zeigt, aufgrund welcher Suche welcher Ergebnisartikel mit wie viel Relevanz gefunden wird. Mit Hilfe dieser Information kann im Test entschieden werden, welche Einzelsuche evtl. höher oder niedriger gewichtet werden sollte.

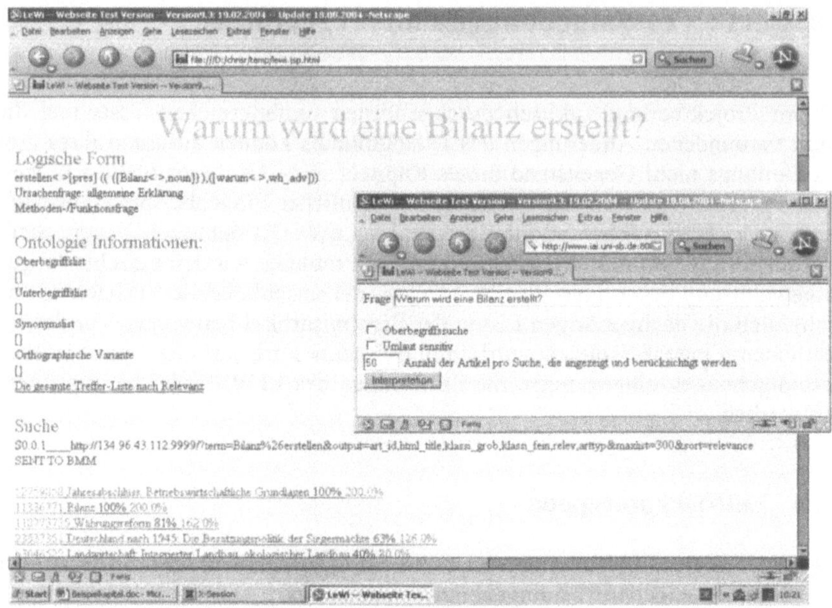

Abbildung 6-1: Frageneingabe und Ergebnispräsentation der Webschnittstelle des LeWi-Dialogmoduls

Als Datenbasis für die Webschnittstelle des LeWi-Dialogmoduls wurde der BMM in einer speziellen Online-Version hinterlegt. Leider war es technisch nicht möglich, diese spezielle Version des BMM für die "Meinten Sie"-Funktion zu nutzen. Somit steht in der Webschnittstelle des LeWi-Dialogmoduls die "Meinten Sie"-Funktion nicht zur Verfügung.

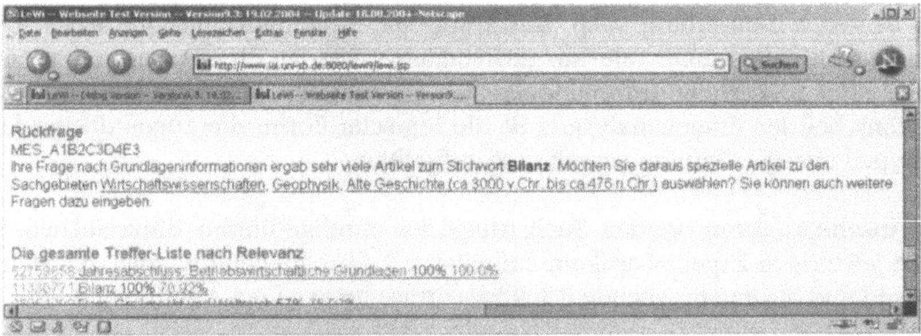

Abbildung 6-2: Ausgabe der Rückfrage und der Gesamtergebnisliste der Webschnittstelle des LeWi-Dialogmoduls

Für die Kontrolle und Tests des Folgedialogs wurde eine spezielle zusätzliche Webschnittstelle programmiert, die auf die Ausgabe der einzelnen Suchschritte verzichtet, nur die Gesamtergebnislisten anzeigt und sofort die Möglichkeit einer Nachfrage gibt (siehe Abbildung 6-3).

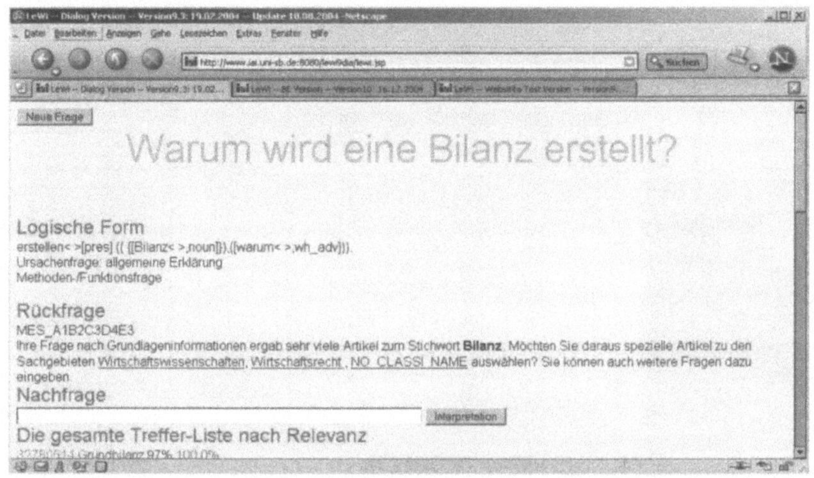

Abbildung 6-3: Spezielle Webschnittstelle für den LeWi-Folgedialog

6.1.2 Integrierte LeWi-Programmschnittstelle (Offline-Interface)

Neben der Webschnittstelle des LeWi-Dialogmoduls wurde innerhalb des Projektes gleichzeitig an einer Offline-Version des Dialogmoduls gearbeitet. Diese Offline-Version wurde direkt in die Oberfläche des BMM integriert und kann auf einem beliebigen Windows-Rechner zusammen mit dem BMM installiert werden.Dadurch wurde es im Projektverlauf möglich, das LeWi-Dialogmodul jeweils vor Ort bei den Projektpartnern auch ohne Online-Verbindung zu testen (siehe Abbildung 6-4). Die Beschaffenheit der Schnittstelle zwischen der Offline-Version des Dialogmoduls und dem BMM erlaubt im Gegensatz zum Webinterface die Nutzung der "Meinten Sie"-Funktion. Eine Nutzung der Ontologie ist prinzipiell im Offline-Dialogmodul möglich. Allerdings muss dafür die ziemlich umfangreiche sog. Runtime-Version der Ontologie vollständig auf dem entsprechenden Computer installiert werden. Deshalb steht die Ontologie in der Offline-Version des LeWi-Dialogmoduls, abhängig von den jeweiligen Systemvoraussetzungen, nur bedingt zur Verfügung.

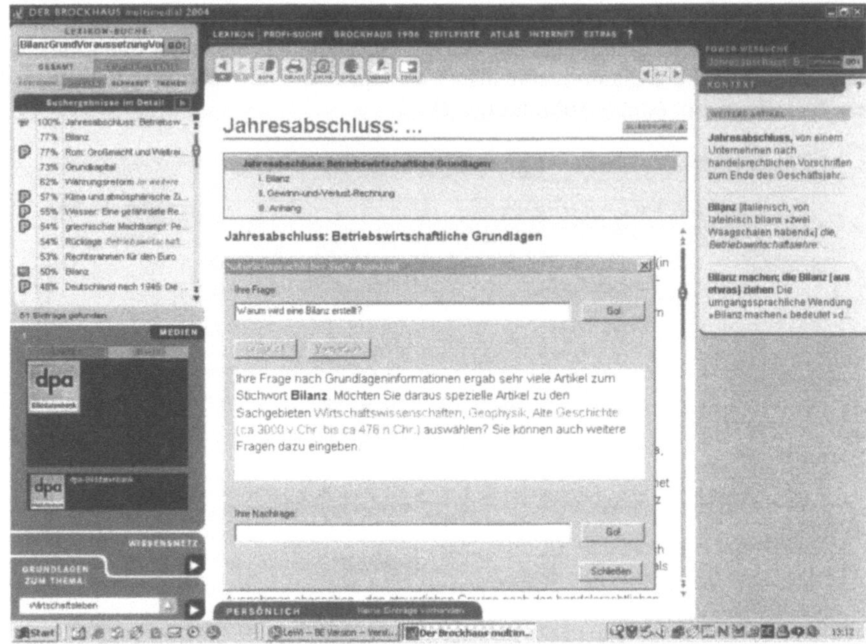

Abbildung 6-4: BMM-integrierte Offline-Version des LeWi-Dialogmoduls

6.2 Testergebnisse

Um zu untersuchen, ob durch die natürlichsprachliche Schnittstelle des LeWi-Dialogmoduls eine bessere Qualität der Ergebnisse bei Suchanfragen erzielt wird, ist eine Berücksichtigung des Folgedialogs nicht auf jeden Fall notwendig. Die Stärken und Schwächen des LeWi-Dialogmoduls können mit Hilfe der einfachen natürlichsprachlichen Suche und den dazugehörigen Ergebnissen aufgezeigt werden. Auch die "Meinten Sie"-Funktion, die im Falle von Mehrdeutigkeiten bzw. unbekannten Wörtern "ähnliche" Wörter im BMM sucht und vorschlägt, ist für eine Bewertung der Retrievalleistung nicht ausschlaggebend. Deswegen wurden alle nachfolgenden Beispielfragen am Webinterface des LeWi-Dialogmoduls ohne Folgedialog und "Meinten Sie"-Funktion durchgeführt.[65] Die Einbindung der Ontologieinformation in den Suchablauf hingegen kann die Qualität der Ergebnisse entscheidend beeinflussen. Deshalb wurden die meisten Beispiele unter Verwendung der Ontologie erstellt. Nur für Demonstrations-

[65] Für Beispiele von Nachfragen bzw. Mehrdeutigkeitsklärungen siehe Kap. 5.3.2 Rück- bzw. Zwischenfragen

zwecke wurde in manchen Fällen die Ontologieinformation nicht berücksichtigt. Dies ist in den Beispielen entsprechend vermerkt.

Die angeführten Beispielfragen mit ihren Ergebnissen stammen zum Teil aus einem im März 2004 durchgeführten Testlauf mit ca. 370 Fragen[66] und geben deshalb den Stand des LeWi-Dialogmoduls vom Frühjahr 2004 wieder. Einige Beispielfragen wurden mit dem aktuellen System (Dezember 2004) getestet. Auch diese Beispiele sind jeweils entsprechend gekennzeichnet.

Neben den schon bekannten Parametern der Fragenanalyse (Logische Form, Fragentyp, Ontologieinformation, Rückfrage und -status) wird in den Beispieltabellen eine Ergebnisliste angezeigt, die die ersten drei bzw. vier, nach Relevanz geordneten, Artikel zeigt. Die jeweiligen Prozentwerte pro Artikel geben die unterschiedlichen Relevanzwerte[67] wieder. Für eindeutige Suchbegriffe zeigen diese den Unterschied in der Relevanz bei einer Stichwortsuche mit dem Suchbegriff (1. Wert) bzw. einer Suche mit dem LeWi-Dialogmodul (2. Wert). Bei mehreren Suchbegriffen sind die jeweils ersten in Klammern stehenden Werte ohne Aussagekraft.

Zunächst wird betrachtet, wie das System auf Fragen reagiert, die einer Suche mit einzelnen Stichworten sehr ähnlich sind.

Beispiel 1 (Test März 2004):

Frage:	*Was waren die "blauen Reiter"?*
Logische Form:	*sein< >[past] (({[Blauer_Reiter< reiten>[person],noun]}),([was< >,interr1]))*
Fragentyp:	*Definitionsfrage* *Gegenstandsfrage*
Ontologieinformation:	*Oberbegriffe: -* *Unterbegriffe: -*
Rückfrage:	*MES_A1B2C3D4E3* *Ihre Frage nach einer Definition oder Information zu einem bestimmten Sachverhalt ergab sehr viele Artikel zum Stichwort Blauer Reiter. Möchten Sie daraus spezielle Artikel zu den Sachgebieten Malerei, Grafik, Kunstgeschichte, Musik, Tanz auswählen? Sie können auch weitere Fragen dazu eingeben.*

[66] Batchlauf vom 02.03.2004; LeWi-Dialogmodul Version 9.3; Online Interface mit Oberbegriffssuche

[67] Siehe Kapitel 4.4.3 Relevanzberechnung

Liste der Ergebnisartikel:	*1. Blauer Reiter (100% | 95%)* *2. russische Kunst. (98% | 93%)* *3. Expressionismus in der bildenden Kunst: Die Alten Wilden (87% | 78%)*

An den Prozentzahlen der Ergebnisartikel lässt sich deutlich erkennen, dass die Abstufung der Relevanz in beiden Systemen gleich ist. Dies lässt den Schluss zu, dass Fragen, die einer Stichwortsuche sehr ähnlich sind (z.B. *Wer war Mata Hari?; Was ist ein Rechaud?*), zu den selben Ergebnissen führen wie die entsprechende Stichwortsuche. In dieser Hinsicht hat das LeWi-Dialogsystem so gut wie keine Auswirkungen auf die Ergebnisqualität.

Ein anderes Bild ergibt sich im Falle von Suchanfragen, in denen das Verb der Präzisierung der Frage dient.

Beispiel 2 (Test März 2004):

Frage:	*Wie entstehen Tsunamis?*
Logische Form:	*entstehen< >[pres] (({[Tsunami< >,noun]}),([wie< >,wh_adv]))*
Fragentyp:	*Methoden-/Funktionsfrage*
Ontologieinformation:	*Oberbegriffe: -* *Unterbegriffe: -*
Rückfrage:	*MES_A1B3C3D3E3* *Ihr Interesse gilt einer funktionalen Erklärung zum Stichwort Tsunami. Dazu wurden verschiedene Artikel ausgewählt. Möchten Sie noch mehr Informationen zu diesem Thema, z.B. zu Ozeanographie, Meereskunde, Gezeiten oder Mechanische Schwingungen, Wellen, Akustik? Welcher Aspekt interessiert Sie noch?*
Liste der Ergebnisartikel:	*1. Tsunamis: Physikalische Ursache und Auswirkungen eines extremen Naturereignisses (79% | 108%)* *2. Tsunami: Einer der bisher größten Tsunamis entstand ... (20% | 79%)* *3. Tsunami (100% | 75 %)*

In diesem Beispiel ist an den unterschiedlichen Relevanzwerten der einzelnen Ergebnisartikel deutlich zu erkennen, dass gegenüber der Stichwortsuche eine Verschiebung in der Rangreihenfolge der Ergebnisartikel erfolgt. Durch eine größere Präzision der Frage (hier durch das Verb *"entstehen"*) werden die Suchergebnisse präzisiert. Die natürlichsprachliche Suchanfrage führt in diesem Fall zu einem besseren Ergebnis als die Stichwortsuche.

Insbesondere bei der Eingabe von mehreren Stichwörtern besteht für den Benutzer die Schwierigkeit zu entscheiden, wie diese Stichwörter miteinander zu verknüpfen sind. Dieses Problem entfällt bei der natürlichsprachlichen Sucheingabe.

Beispiel 3 (Test März 2004):

<table>
<tr><td>Frage:</td><td>Worin unterscheiden sich Lungenentzündung und Tuberkulose?</td></tr>
<tr><td>Logische Form:</td><td>unterscheiden< >[pres] (({[Lungenentzündung< lunge;entzünden> ,noun],[Tuberkulose< tuberculum>,noun]}),([worin< >,wh_adv]))</td></tr>
<tr><td>Fragentyp:</td><td>Unterschiedsfrage</td></tr>
<tr><td>Ontologieinformation:</td><td>Oberbegriffe: Entzündung, Infektionskrankheit
Unterbegriffe: -</td></tr>
<tr><td>Rückfrage:</td><td>MES_A1B3C3D4E3_QUEST5
Zur Erläuterung des Unterschieds zwischen Lungenentzündung und Tuberkulose wurde eine große Anzahl von Informationen ermittelt. Möchten Sie ein genaueres Ergebnis? Sie können eine Auswahl durch Anklicken des gewünschten Sachgebietes (Medizin und Pharmazie, Pharmakologie, Bakterien, Viren, Psychologie, Sexualkunde, Anthropologie, Verhalten) oder durch Eingabe weiterer Stichworte zu Ihrer Frage vornehmen.</td></tr>
<tr><td>Liste der Ergebnisartikel:</td><td>1. Bronchitis, Mukoviszidose, Lungenentzündung, Tuberkulose (63% | 80%)
2. Tuberkulose (100% | 80%)
3. Lungenentzündung (37% | 78%)</td></tr>
</table>

In Beispiel 3 wird als erstes Ergebnis ein Artikel ausgegeben, der die Unterschiede zwischen den Krankheiten aufzeigt. Gegenüber der Ergebnisliste bei der Stichworteingabe wird auch hier eine neue Rangreihenfolge erzeugt. Dies geschieht im vorliegenden Fall aufgrund des sehr differenzierten Suchablaufs, welcher abhängig vom Fragentyp verschiedene Suchen stärker gewichtet.

Auch die bei der Fragenanalyse festgestellten Fragentypen beeinflussen in manchen Fällen erkennbar das Gesamtergebnis.

Beispiel 4 (Test März 2004):

Frage:	*Über wen urteilte der Volksgerichtshof genau?*
Logische Form:	*urteilen< >[past] (({[Volksgerichtshof< volk;gericht;hof>[geo], noun], [genau< >,adv]}),([über< >,p],[wer< >,interr1]))*
Fragentyp:	*Personenfrage*
Ontologieinformation:	*Oberbegriffe: Sondergericht* *Unterbegriffe: -*
Rückfrage:	*MES_A1B3C3D4E3_QUEST7* *Sie suchen Personendaten zum Stichwort Volksgerichtshof. Dazu wurde eine große Anzahl von Informationen ermittelt. Wenn Sie die Auswahl reduzieren möchten, wählen Sie einen Sachbereich (Neuere Geschichte (1789 - 1945), Öffentliches Recht, Zeitgeschichte (ab 1945)) oder geben Sie an, welcher Aspekt Sie im Einzelnen interessiert.*
Liste der Ergebnisartikel:	*1. Volksgerichtshof (75% | 80%)* *2. Volksgerichtshof: Verfahren gegen die Widerstandskämpfer des 20. Juli 1944 (74% | 78%)* *3. Goerdeler (85% | 59%)* *4. Scholl (85% | 59%)*

Durch den festgestellten Fragentyp "Personenfrage" werden in den durchgeführten Suchläufen im BMM die biographischen Artikel besonders gewichtet. Dies führt zu einer Aufwertung dieser Artikel in der Gesamtergebnisliste (*"Goerdeler"; "Scholl"*).

Für die Stichwortsuche problematisch, wenn nicht gar unmöglich, sind Suchanfragen, die eine ganze Reihe von Begriffen enthalten.

Beispiel 5 (Test Dezember 2004):

Frage:	*Wie veränderte sich das Verhältnis zwischen Serben und Albanern im Kosovo?*
Logische Form:	*verändern< >[past] (({[Verhältnis< >,noun]}, {[zwischen< >,p]}, {[Serbe<Serbien> [person], noun] ,[Albaner<Albanien>[person], noun]}, {[in< >[geo], p],[Kosovo< >[geo],noun]}) ,([wie< >, wh_adv]))*
Fragentyp:	*Historische Frage*
Ontologieinformation:	*Oberbegriffe: -* *Unterbegriffe: -*

Rückfrage:	*MES_A1B3C3D4E3* *Ihre Frage zielt auf die Erläuterung einer historischen Entwicklung zu den Themen Albaner und Serbe. Dazu wurde eine große Anzahl von Artikeln ermittelt. Möchten Sie die Auswahl reduzieren? Klicken Sie dazu das gewünschte Sachgebiet an (geografische Objekte Europas, Zeitgeschichte (ab 1945), Völkerkunde) oder geben Sie weitere Stichworte zu Ihrer Frage ein.*
Liste der Ergebnisartikel:	*1. Kosovokrise: Hintergründe und Verlauf eines Konflikts (100% | 100%)* *2. Kosovo (100% | 92%)* *3. Serbien und Montenegro (100% | 84%)*

Im Suchablauf des LeWi-Dialogmoduls nimmt die S6-Suche (siehe Kapitel 4.4.2 Suchablauf) eine Selektion der im Fragesatz vorkommenden Substantive vor, basierend auf der Häufigkeit, mit der ein Substantiv im BMM auftritt. Kommen mehrere Substantive in einer Suchanfrage vor, so werden mit Hilfe der S6-Suche verschieden gewichtete Einzelsuchen gestartet. Die in Beispiel 5 vorliegende Ergebnisliste unterscheidet sich vollständig von der einer entsprechenden Stichwortsuche. Die jeweils ersten Relevanzwerte in Klammern sind in diesem Beispiel nicht mehr aussagekräftig, da mit mehreren Begriffen gesucht wurde.

Die im LeWi-Dialogmodul verwendete Kompositazerlegung führt bei Suchanfragen zu Ergebnissen, bei denen Stichwortsuchen bereits ergebnislos sind.

Beispiel 6 (Test Dezember 2004):

Frage:	*Woraus besteht Gewürzkuchen?*
Logische Form:	*bestehen< >[pres] (({[Gewürzkuchen< gewürz;kuchen>[object], noun]}),([woraus< >,interr1]))*
Fragentyp:	*Gegenstandsfrage*
Ontologieinformation:	*Oberbegriffe: -* *Unterbegriffe: -*
Rückfrage:	*MES_A1B3C3D3E3* *Ihr Interesse gilt einer bestimmten Sachinformation zum Stichwort Gewürzkuchen. Dazu wurden verschiedene Artikel ausgewählt. Möchten Sie noch mehr Informationen zu diesem Thema, z.B. zu Zweikeimblättrige Bedecktsamer oder Backwaren, Süßspeisen? Welcher Aspekt interessiert Sie noch?*

Liste der Ergebnisartikel:	*1. Lebkuchen (70% | 100%)* *2. Gewürze und Gewürzpflanzen (52% | 61%)* *3. Ein süßes Geheimnis. Warum finden sich in Biber-Zelten stets Mandeln? Keine mobilen ... (50% | 59%)*

Das Wort *"Gewürzkuchen"* kommt im gesamten BMM nicht vor. Trotzdem werden mit Hilfe der natürlichsprachlichen Suchanfrage und der darin enthaltenen Kompositazerlegung relevante Ergebnisartikel gefunden. Gleiches gilt für das nächste Beispiel.

Beispiel 7 (Test Dezember 2004):

Frage:	*Was macht ein Graphologe?*
Logische Form:	*machen< >[pres] (({[Graphologe< graphologie>[person], noun]}), ([was< >, interr1]))*
Fragentyp:	*Ursachenfrage: allgemeine Erklärung* *Definitionsfrage*
Ontologieinformation:	*Oberbegriffe: -* *Unterbegriffe: -*
Rückfrage:	*MES_A1B2C3D3E3* *Sie möchten Grundlageninformationen zum Stichwort Graphologe. Dazu wurden verschiedene Artikel ausgewählt. Möchten Sie noch mehr dazu wissen, z.B. zu Forschungsmethoden der Psychologie, Testtheorie oder deutsche Philosophie? Wenn ja, fragen Sie bitte weiter.*
Liste der Ergebnisartikel:	*1. Graphologie (100% | 100%)* *2. Graphologie (100% | 100%)* *3. Schreibwaage (27% | 27%)*

Auch das Wort *"Graphologe"* kommt im BMM nicht vor. Durch die in der morphologischen Analyse festgestellte Derivationsrelation (Graphologe => Graphologie) findet das LeWi-Dialogmodul trotzdem inhaltlich relevante Artikel. Beispiel 6 und Beispiel 7 verdeutlichen eindrucksvoll, wie mit Hilfe linguistisch intelligenter Verfahren Ergebnisse erzielt werden können, die weit über die Qualität von Ergebnissen einer stichwortbasierten Suche hinausgehen.

Wie wichtig dabei die Einbeziehung von ontologischer Information ist, soll das nächste Beispiel aufzeigen. Zunächst wird die Beispielfrage an das System ohne Berücksichtigung der Ontologieinformation geschickt.

Beispiel 8 (Test Dezember 2004):

Frage:	Wer erfand die Glühbirne?
Logische Form:	erfinden< >[past] (({[Glühbirne< glühen; birne>[object], noun]}), ([wer< >,interr1]))
Fragentyp:	Personenfrage
Ontologieinformation:	Oberbegriffe: - Unterbegriffe: -
Rückfrage:	MES_A1B3C3D3E3_QUEST7 Zur gesuchten Person wurden verschiedene Artikel gefunden. Sind die Informationen ausreichend? Sie können noch weitere Aspekte zum Thema Glühbirne als Frage eingeben.
Liste der Ergebnisartikel:	Bernhardt: Das Leben einer Diva (46% | 100%) Chemienobelpreis 1932: Irving Langmuir (2% | 59%) Physiknobelpreis 2001: Eric A. Cornell - Wolfgang Ketterle - Carl E. Wieman (42% | 59%)

Prinzipiell wurde innerhalb der morphosyntaktischen Analyse hier alles richtig analysiert. Problematisch ist, dass der Begriff *"Glühbirne"* zwar im BMM vorkommt, allerdings nicht in den gewünschten Zusammenhängen. Deswegen sind die Relevanzwerte eher gering.[68] Wird nun die Ontologie hinzugeschaltet und bei der Suche berücksichtigt, so führt das System aufgrund der geringen Relevanzwerte eine Oberbegriffssuche S9 durch. Daraufhin werden die entsprechenden Ergebnisartikel gefunden.

Beispiel 9 (Test März 2004):

Frage:	Wer erfand die Glühbirne?
Logische Form:	erfinden< >[past] (({[Glühbirne< glühen;birne>[object], noun]}), ([wer< >, interr1]))
Fragentyp:	Personenfrage
Ontologieinformation:	Oberbegriffe: Glühlampe Unterbegriffe: -

[68] Die zweiten Relevanzwerte im Klammerausdruck sind aufgrund der automatischen Nivellierung des Systems hier zu vernachlässigen.

<table>
<tr><td>Rückfrage:</td><td>MES_A1B3C3D4E3_QUEST7
Sie suchen Personendaten zum Stichwort Glühbirne. Dazu wurde eine große Anzahl von Informationen ermittelt. Wenn Sie die Auswahl reduzieren möchten, wählen Sie einen Sachbereich (Spezielle Techniken , Physik, Elektrotechnik) oder geben Sie an, welcher Aspekt Sie im Einzelnen interessiert.</td></tr>
<tr><td>Liste der Ergebnisartikel:</td><td>1. Glühlampe (100% | 62%)
2. Glühlampe (100% | 62%)
3. Glühlampe (100% | 62%)</td></tr>
</table>

Neben den sichtbaren Verbesserungen, die durch eine natürlichsprachliche Schnittstelle in Verbindung mit linguistisch intelligenten Verfahren erzielt werden können, beinhaltet das System auch Schwächen, die an dieser Stelle gleichfalls aufgezeigt werden.

Kann z.B. das morphosyntaktische Analysewerkzeug die eingegebene Suchanfrage nicht vollständig analysieren, so ergeben sich daraus massive Probleme für das weitere Verfahren:

Beispiel 10 (Test Dezember 2004)

<table>
<tr><td>Frage:</td><td>Schadet, wer lange fastet, der Gesundheit?</td></tr>
<tr><td>Logische Form:</td><td>unvollständige grammatikalische Analyse:
< >[] (({[Gesundheit< gesund>,noun]}),())</td></tr>
<tr><td>Fragentyp:</td><td>kein Fragentyp erkannt</td></tr>
<tr><td>Ontologieinformation:</td><td>Oberbegriffe: -
Unterbegriffe: -</td></tr>
<tr><td>Rückfrage:</td><td>MES_A0B0C3D4E3
Es wurden viele Artikel zum Thema Gesundheit gefunden. Bitte stellen Sie Ihre Frage nach dem für Sie interessanten Aspekt.</td></tr>
<tr><td>Liste der Ergebnisartikel:</td><td>1. Gesundheit (100% | 100%)
2. Gesundheitswesen (93% | 93%)
3. Weltgesundheitsorganisation (93% | 93%)</td></tr>
</table>

Aufgrund der unzureichenden morphosyntaktischen Analyse konnte kein Fragentyp zugeordnet werden. Daraufhin wird der einzige erkannte Begriff (*"Gesundheit"*) für die Suche verwendet und führt zu falschen Ergebnissen. Zur Lösung dieses Problems ist eine Verbesserung der morphosyntaktischen Analysekomponenten erforderlich.

Auch die Kompositazerlegung kann in bestimmten Fällen optimale Ergebnisse verhindern.

Beispiel 11 (Test Dezember 2004):

Frage:	*Wer schrieb den Roman "Die Deutschstunde"?*
Logische Form:	*schreiben< >[past] (({[Roman< >,noun]}, {[Deutsch-stunde< deutsch; stunde> [time],noun]}),([wer< >,interr1]))*
Fragentyp:	*Personenfrage*
Ontologieinformation:	*Oberbegriffe: -* *Unterbegriffe: -*
Rückfrage:	*MES_A1B3C3D4E3_QUEST7* *Sie suchen Personendaten zu den Stichworten Deutschstunde und Roman. Dazu wurde eine große Anzahl von Informationen ermittelt. Wenn Sie die Auswahl reduzieren möchten, wählen Sie einen Sachbereich (Literatur, Literaturwissenschaft, Sprachen, Schriften, Nationalliteraturen) oder geben Sie an, welcher Aspekt Sie im Einzelnen interessiert.*
Liste der Ergebnisartikel:	*1. Hemingway (100% | 100%)* *2. Lenz (25% | 94%)* *3. Roman (100% | 66%)*

In diesem Beispiel wird der Begriff *"Deutschstunde"* in die Kompositabestandteile *"deutsch"* und *"Stunde"* zerlegt. Dies ist zunächst nicht falsch, führt aber im Weiteren zu einem falschen Ergebnis. Der Ergebnisartikel über *"Hemingway"* steht nur deshalb an erster Stelle, weil darin sehr häufig das Adjektiv *"deutsch"* vorkommt (meist in Klammern zur Kennzeichnung der deutschen Titelübersetzungen). Abhilfe könnten in diesem Fall neue Indexierungsregeln schaffen, die Klammerausdrücke in Artikeltexten in anderer Weise berücksichtigen. Eine andere Möglichkeit zur Verbesserung des Systems wäre der Verzicht auf Kompositazerlegungen bei Suchausdrücken in Anführungszeichen.

Einen letzten Problemkomplex bilden mehrdeutige Begriffe und die damit korrespondierenden Rückfragen. Prinzipiell können sehr viele Mehrdeutigkeiten durch eine Nachfrage über Klasseninformation aufgelöst werden. Im folgenden Beispiel ist diese Lösung allerdings mangelhaft.

Beispiel 12 (Test Dezember 2004):

Frage:	Wann wurde Kennedy erschossen?
Logische Form:	erschießen< >[past] (({[Kennedy< >[person],noun]}),([wann< >, wh_adv]))
Fragentyp:	Zeitfrage
Ontologieinformation:	Oberbegriffe: - Unterbegriffe: -
Rückfrage:	MES_A1B3C2D4E3_QUEST12.2 Sie interessieren sich für eine spezielle Zeitangabe. Es wurden dazu sehr viele Artikel ausgewählt. Einige Stellen in Ihrer Fragestellung sind jedoch nicht eindeutig. Welche Bedeutung von Kennedy meinen Sie: Zeitgeschichte (ab 1945) oder Musik, Tanz ?
Liste der Ergebnisartikel:	1. Kennedy (100% | 100%) 2. Kennedy (100% | 89%) 3. Kino der Regisseure: Pop und Politik seit den Sechzigerjahren (80% | 76%)

Eine Möglichkeit dieses Problem anzugehen ist sicherlich, keine derartigen Mehrdeutigkeitsnachfragen bei Personennamen zu stellen. Grundsätzlich muss wahrscheinlich jedoch die Strategie, Themen in Rückfragen mit Hilfe der Grob- und Feinklassenbezeichnungen zu benennen, überdacht werden (siehe hierzu auch die mangelhafte Rückfrage in Beispiel 6).

Abschließend soll noch auf, m.E. besonders bemerkenswerte, Ergebnisse im Rahmen des LeWi-Projektes hingewiesen werden. Immer dann, wenn die Zusammenhänge zwischen Ausgangsfrage und dem Titel der Ergebnisartikel nicht sofort ersichtlich sind, wird offensichtlich, welche Mächtigkeit eine natürlichsprachliche Schnittstelle zu einer Volltextdatenbank besitzt.

Beispiel 13 (Test Dezember 2004):

Frage:	Was ist die Ursache für Ebbe und Flut?
Logische Form:	sein< >[pres] (({[Ursache< >[object],noun]}, {[für< >,p]}, {[Ebbe< >, noun],[Flut< >,noun]}),([was< >,interr1]))
Fragentyp:	Ursachenfrage: allgemeine Erklärung
Ontologieinformation:	Oberbegriffe: - Unterbegriffe: -
Rückfrage:	MES_A1B3C2D4E3 Sie interessieren sich für Grundlageninformationen. Es wurden dazu sehr viele Artikel ausgewählt. Einige Stel-

	len in Ihrer Fragestellung sind jedoch nicht eindeutig. Welche Bedeutung von Ebbe meinen Sie: Energiegewinnung, Rohstoffgewinnung, Versorgung, Entsorgung oder Physik?
Liste der Ergebnisartikel:	*Der Mond (65% | 100%)* *Meere und Ozeane (30% | 100%)* *Wattenmeer: Leben zwischen Ebbe und Flut (100% | 100%)*

Eine Stichworteingabe hätte in diesem Fall zuerst diejenigen Artikel gefunden, die alle Stichwörter in den Artikellemmata haben. Ein weiteres Beispiel für ein sehr präzises Ergebnis mit Hilfe der natürlichsprachlichen Suchanfrage ist die folgende Antwort auf die in der Einleitung gestellte Frage "Ist der Himmel blau?". Abschließend wurde die Beispielfrage zur besseren Demonstration an dem Offline Interface des LeWi-Dialogmoduls durchgeführt.

Beispiel 14 (Test Dezember 2004; Offline Interface):

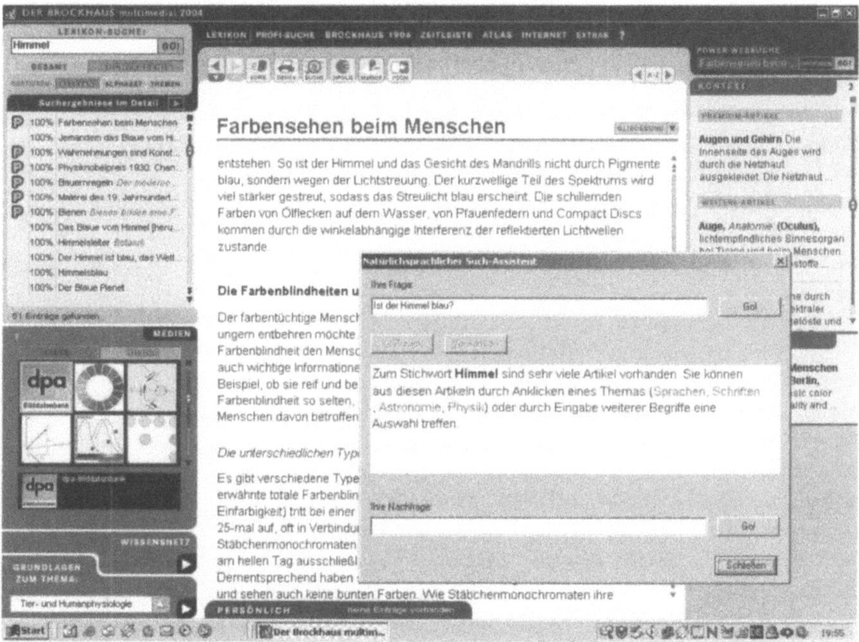

Abbildung 6-5: Offline Interface - Beispielfrage: *"Ist der Himmel blau?"*

Obwohl andere Artikel die Begriffe der Suchanfrage als Stichworttreffer im Titel haben, ermittelt das LeWi-Dialogmodul den Artikel "Farbensehen beim Menschen", der die direkte Antwort auf die Suchanfrage enthält, als den Artikel mit der höchsten Relevanz.

Kapitel 7: Ergebnisse und Ausblick

Nachdem die einzelnen Aspekte der Konzeption, Entwicklung und Implementierung eines natürlichsprachlichen Zugangs zu Volltextdatenbanken aus Sicht der beteiligten Bereiche, Fachgebiete und Disziplinen in den vorherigen Kapiteln ausführlich, soweit es der Rahmen dieser Arbeit zuließ, betrachtet wurden, wird in diesem Kapitel ein abschließendes Resumee gezogen. Da die vorliegende Arbeit parallel zu einem Projekt entstand, in welchem versucht wurde, sowohl neue wissenschaftliche Theorien aus den beteiligten Fachgebieten und Disziplinen als auch im Projektverlauf neu erarbeitete Erkenntnisse praktisch umzusetzen, können für die Beurteilung der angewandten Verfahren und Methoden u.a. auch die vorliegenden Projektergebnisse bzw. die im Projekt entstandene Software verwendet werden.

Anhand von robuster praxistauglicher Software ist es somit möglich, zu überprüfen, ob die gemachten wissenschaftlichen Annahmen sich als richtig herausgestellt haben bzw. die angewandten Methoden in der Praxis funktionieren. Aufgrund dieser Möglichkeit, wissenschaftliche Annahmen auf einer breiten Basis zu verifizieren, stellt die vorliegende Arbeit nicht nur eine "Proof of Concept"-Studie für bestimmte Verfahren dar, sondern geht klar darüber hinaus.

7.1 Ausgangssituation

Zwischen der IR/NLP Community auf der einen und den Informatikern auf der anderen Seite ist der Einsatz von linguistisch intelligenten Verfahren in Informationssystemen seit langem umstritten. Als zentrales Problem wird dabei gesehen, dass der Einsatz von linguistischen Analyseverfahren aufgrund der zeitintensiven zusätzlichen Programmschritte, die dafür notwendig sind, zu einer Verlangsamung der Systeme führt. Eine Bearbeitung sowohl der Suchanfragen als auch der Dokumente der jeweiligen Wissensbasis mit linguistischen Verfahren würde, so die Annahme, Informationssysteme aufgrund der benötigten Verarbeitungszeit praktisch unbenutzbar machen. Deshalb tritt man im Bereich der Informatik für eine Optimierung der Zugriffe und Suchzeiten und deshalb für möglichst schlanke und performante Systeme ein. Dabei sollen die Systeme möglichst ohne große Wörterbücher auskommen bzw. einen relativ kleinen und somit schnell zu durchsuchenden Index haben.

Im Bereich der Linguistik bzw. des Information Retrieval hält man dagegen, dass es bei einer Verarbeitung der Dokumente bzw. Suchanfragen ohne linguistisch intelligente Methoden zwangsläufig zu einem Informationsverlust kommen muss. Ein maschinell erzeugter Index, bei dessen Erstellung linguistisches

Wissen verwendet wurde, führt zu einer besseren Qualität der Indexierung. Nicht nur, dass über den Index Zusammenhänge erkannt werden (z.B. unterschiedliche Wortstämme, vgl. *"Vater"* vs. *"Väter"*), die ohne den Einsatz von linguistischem Wissen nicht möglich wären. Auch semantische Informationen (z.B. Erkennung von Eigennamen, belebten bzw. unbelebten Objekten etc.) können in einem solchen Index wiedergegeben werden und damit die Qualität der Indexierung und infolgedessen die Retrievalleistung verbessern.

Die Tatsache, dass linguistisch intelligente Verfahren bei der Indexierung in Bezug auf die Qualität des Indexes überlegen sind, ist letztlich auch unter Informatikern unumstritten. Jedoch sind die Informatiker i.d.R. bereit, den entstehenden Informationsverlust, der durch nicht-linguistische Indexierungsverfahren entsteht, für eine Optimierung des Systems in Bezug auf Zugriffs- und Suchzeiten in Kauf zu nehmen.

Ein zweites, eher generelles Problem von Informationssystemen ist die allgegenwärtige Forderung nach Aktualität, Vollständigkeit und Verlässlichkeit eines solchen Systems. Die Informationen, die der Nutzer eines Systems als Ergebnisse erhält, dürfen nicht veraltet, einseitig oder falsch sein. Um ein System aktuell zu halten, müssen permanent neue Informationen in den bestehenden Datenbestand aufgenommen werden. Zur Gewährleistung der Vollständigkeit muss das System möglichst viel relevante Information enthalten und ältere Informationen müssen, falls sie veraltet sind, entfernt werden. Hier sind im Falle der Volltextdatenbanken die Redakteure für den Datenbestand in der Verantwortung.

Durch die ständige Zunahme verfügbarer Informationen wird es aber auch für sie immer schwieriger, die tatsächlich für einen Sachverhalt relevanten Informationen zu selektieren und zu sammeln. Der Datenbestand im Internet unterliegt demgegenüber keiner redaktionellen Kontrolle. Deshalb kann der Anspruch auf Vollständigkeit, Aktualität und besonders Verlässlichkeit hier nicht gestellt werden. Der Benutzer ist bei der Informationsrecherche im Internet vollkommen auf sich alleine gestellt und muss selbst entscheiden, welche Informationen er als verlässlich und relevant einstuft.

Sehr radikale Verfechter des WWW gehen unterdessen so weit, zu behaupten, dass redaktionell bearbeitete Informationssysteme, Lexika und Enzyklopädien in digitaler Form im Schatten des tagesaktuellen Internet überflüssig seien. Der zweifelsohne sehr hohe Aktualitätsgrad des Internet wird in dem Lexikonprojekt *"Wikipedia. Die freie Enzyklopädie"* deutlich.[69] In einem Vergleichstest von di-

[69]Dabei handelt es sich um ein für jederman offenes Lexikon, in das die Benutzer selbst Einträge vornehmen können. Seit Mai 2001 wurden 183624 Artikel in deutscher Sprache verfasst. Weitere Informationen stehen im Internet unter http://www.wikipedia.de zur Verfügung.

gitalen Enzyklopädien ist der Vorsprung von *"Wikipedia"* bzgl. der Aktualität drastisch.[70] Insbesondere aber die Richtigkeit und Vollständigkeit von Informationen im Internet kann nur sehr schwer sichergestellt werden. Hierin besteht ein großer Nachteil gegenüber den redaktionell bearbeiteten Enzyklopädien.

7.2 Schlussfolgerungen

Der Einsatz linguistisch intelligenter Verfahren bei der Informationssuche in Volltextdatenbanken ist sinnvoll und machbar. Dies konnte durch die vorliegende Arbeit gezeigt werden. Die Konzeption, Entwicklung und Implementierung der beschriebenen Methoden und Verfahren innerhalb des LeWi-Projektes hat gezeigt, dass linguistisch intelligente Verfahren auch auf einer nicht themenbeschränkten Wissensbasis die Informationssuche deutlich verbessern.

Der Einsatz der linguistischen Analyseverfahren des Programms MPRO im LeWi-Projekt, mit einem Morphemlexikon sowie Regeln zur Kombinierbarkeit der Morpheme, führt zu einer robusten und schnellen morphosyntaktischen Verarbeitung der Suchanfragen bzw. der Artikeltexte. Da das lexikalische Material von MPRO für das Deutsche nicht aus handelsüblichen Lexika, sondern aus verschiedenen Textsorten stammt, kann reale Alltagssprache damit besser verarbeitet werden als mit Material, welches aus literarischen Quellen stammt. Durch die MPRO-Analyse stehen dem Suchprozess detaillierte linguistische Informationen zur Verfügung, die auf verschiedene Art und Weise im Weiteren berücksichtigt werden. An dieser Stelle sind nur stichpunktartig u.a. Grundformen, erkannte Mehrwortbenennungen, Kompositazerlegungen, Derivationen, syntaktische Informationen etc. zu nennen.
Die Durchführung einer semantischen Analyse gewinnt zudem Informationen, wie z.B. Eigennamen, Erkennung von Personen, Objekten. Alle diese zusätzlichen Informationen sind bei einer Verarbeitung der Texte ohne linguistische Intelligenz nicht vorhanden. Das Vorhandensein dieser Informationen innerhalb des Suchprozesses führt zu einer Präzisierung der Suchanfrage und in der Folge zu einer genaueren Beantwortung.

Anhand des LeWi-Projektes konnte zudem gezeigt werden, dass eine automatische Indexierung, die linguistisch intelligent arbeitet, beeindruckende Resultate erzielen kann. Eine solche automatische Indexierung ist nicht nur für eine schnelle Verschlagwortung bzw. Klassifikation von Lexikonartikeln einsetzbar. Mit ihrer Hilfe lassen sich auch andere Datenbestände, z.B. Zeitungsarchive schnell und effizient indexieren. Und die dabei zusätzlich gewonnene Informati-

[70] Erschienen in *"Die Zeit"* (43/2004) unter dem Titel *"Lernen von Schinken in Scheiben. Was taugen die aktuellen Enzyklopädien auf CD-ROM und DVD? Ein Test"* von Thomas J. Schult.

on trägt innerhalb des Suchprozesses, wie in der vorliegenden Arbeit gezeigt wurde, wiederum klar zu einer Präzisierung der Suchergebnisse bei.

Die Erarbeitung und Implementierung einer Fragentypologie im Rahmen des Projektes hat gezeigt, dass klassifizierte Suchanfragen gezieltere Antwortreaktionen erlauben und die Suche nach Ergebnissen präzisieren. Durch die Vorgabe von Fragentypen (Personenfrage, Ursachenfrage, Methodenfrage etc.) und individuellen Verarbeitungsregeln dieser kann eine Verbesserung der Suchergebnisse erreicht werden. Durch die Ermittlung von Fragentypen ist es bedingt möglich, die "Intention" der Suchanfrage zu erfassen. Dies erlaubt im Weiteren eine direktere "intentionsbezogene" Gestaltung der Rückfrage bzw. Nachfragen und schafft so zusätzlich die Basis für einen Dialog. Schließlich konnte durch die Projektergebnisse ebenfalls gezeigt werden, dass die Berücksichtigung des Fragentyps im Suchablauf zu exakteren Ergebnissen führen kann.

Die Ausstattung eines Informationssystems mit linguistischer Intelligenz garantiert jedoch noch nicht automatisch einen Rechercheerfolg. Der Hauptgrund hierfür ist die Mehrdeutigkeit der menschlichen Sprache, die in der Regel nicht ad hoc durch ein maschinelles System aufgelöst werden kann. Diesbezüglich konnte in der vorliegenden Arbeit gezeigt werden, dass das Problem der Mehrdeutigkeiten in natürlicher Sprache mit Hilfe eines Dialogmoduls in weiten Bereichen zu lösen ist. Im Falle einer erkannten Mehrdeutigkeit erfüllt das LeWi-Dialogmodul die Aufgabe einer schrittweisen Präzisierung der Suchanfrage. Dabei wird versucht, durch Nachfragen bzw. durch die Auswahl angebotener Themenbereiche vom Benutzer die Auskünfte einzuholen, die für die Auflösung der Mehrdeutigkeit benötigt werden. Darüber hinaus konnte gezeigt werden, dass ein Dialogmodul nicht nur der Präzisierung und Umsetzung einer Fragestellung dient, sondern auch intelligente Antworten vermitteln kann, die den Benutzer zu einer bewussten Vertiefung und Weiterverfolgung seines Informationswunsches auffordern.

Als eine der Neuerungen in der Konzeption von Informationssystemen, die diese Arbeit vorstellt, ist zu sehen, dass die gesamte Wissensbasis des zugrunde liegenden Informationssystems, im vorliegenden Fall der gesamte Brockhaus Multimedial, nicht nur mit Hilfe von linguistischer Intelligenz nach einer bestehenden Klassifikation klassifiziert wurde. Zugleich wurde der gesamte BMM auch vollständig linguistisch indexiert, d.h. Information über u.a. Grundformen, Derivation, Komposita und ihre Bestandteile, Mehrwortbenennungen etc. wurden vollständig im Index abgespeichert. Somit konnten nicht nur morphologische, sondern auch syntaktische und semantische Merkmale in Dokumenten zur Verbesserung der Suche herangezogen werden.[71]

[71] Im Bereich Question-Answering existieren verschiedene Projekte, die ähnliche oder darüber hinausgehende Ansätze verfolgen, z.B. das Projekt *"Question Answering for Dutch using*

Eine weitere wichtige Erkenntnis, die in dieser Arbeit gewonnen wurde, ist, dass ein natürlichsprachliches Interface zu einem Informationssystem überhaupt nur auf der Basis breiter Ausgangsdaten und mit Hilfe von umfangreichen Tests sinnvoll entwickelt werden kann. Ein Prototyp, der – im Sinne eines "Proof of Concept" für natürlichsprachliche Suchanfragen – nur eine begrenzte Zahl von Beispielfragen verarbeiten kann, ist weder sinnvoll, noch besitzt er irgendeine Aussagekraft. Erst auf "breiten Echtdaten" und mit Hilfe von umfangreichen Tests kann gezeigt werden, ob ein natürlichsprachliches Interface wirklich funktioniert. Innerhalb des LeWi-Projektes ist dies erreicht worden. Bei dem vorliegenden Prototyp des natürlichsprachlichen Suchassistenten des BMM handelt es sich um eine Software, die unter Verwendung aktuellster wissenschaftlicher Erkenntnisse und Methoden natürliche Sprache robust verarbeitet.

Der m.E. bedeutendste Beitrag der vorliegenden Arbeit liegt jedoch darin, dass, im Gegensatz zu bisherigen Systemen mit vergleichbaren Such- bzw. Abfragemöglichkeiten, in dieser Arbeit keine Einschränkung der Wissensbasis auf eine bestimmte Domäne vorliegt. Die verschiedenen Probleme natürlichsprachlicher Schnittstellen zu Volltextdatenbanken, insbesondere die Mehrdeutigkeit bzw. Kontextabhängigkeit natürlicher Sprache, wurden in der Vergangenheit sehr oft mit einer Eingrenzung des Systeme auf spezielle Domänen umgangen. Somit wurde die Möglichkeit des Vorkommens von Mehrdeutigkeiten von vornherein beschränkt, da solche Expertensysteme nur bestimmte Fachgebiete und – bereiche abdeckten.

In der vorliegenden Arbeit wird ein natürlichsprachliches Interface vorgestellt, das mit dem gesamten enzyklopädischen Wissenskreis umgeht. Die Suchanfragen, die an das LeWi-Dialogmodul gestellt werden können, sind nicht auf bestimmte Themen eingeschränkt. In Verbindung mit der zugrunde liegenden Wissensbasis, nämlich einer großen deutschsprachigen digitalen Enzyklopädie, ist das LeWi-Projekt einzigartig und steht m.E. im deutschsprachigen Raum z.Zt. ohne Vergleich da.

7.3 Ausblick

Natürlich ist das Erreichte immer auch Anlass und Inspiration für Verbesserungen und zukünftige Forschung. Deshalb möchte ich abschließend einige Punkte aufgreifen, die m.E. für zukünftige Projekte interessant sind.

Die im Abschnitt Ausgangssituation angesprochene Zeitproblematik bei der Einführung von linguistisch intelligenten natürlichsprachlichen Schnittstellen für

Dependency Relations". Weitere Informationen stehen im Internet unter http://odur.let.rug.nl/~gosse/Imix/ zur Verfügung.

Volltextdatenbanken ist nach wie vor nicht völlig gelöst. Innerhalb des LeWi-Projektes gelang es, die Gesamtzeit für die Beantwortung einer Frage (Analyse, Suche, Ergebnispräsentation) auf einem handelsüblichen PC auf einen Wert von ca. 10 Sekunden zu reduzieren. Dies ist für ein maschinelles Auskunftssystem immer noch sehr langsam. Im Zuge der allgemeinen technischen Entwicklung, insbesondere im Hinblick auf die ständig wachsende zur Verfügung stehende Rechnerleistung, sollte das Performanzproblem in Zukunft jedoch eine immer geringere Rolle spielen.

Das Problem der Mehrdeutigkeiten natürlicher Sprache konnte innerhalb des LeWi-Projektes für die Suchanfragen durch die Einführung eines Dialogmoduls teilweise gelöst werden. Es bleibt aber weiter bestehen, insbesondere im Falle der automatischen Indexierung, da bei der maschinellen Sprachanalyse von Artikeltexten kein Dialog mit einem Autor zur Verfügung steht. Deshalb ist die Verbesserung der Disambiguierung in der maschinellen Sprachanalyse weiterhin eine der Hauptaufgaben zukünftiger Forschung. Ein möglicher, schon während der vorliegenden Arbeit angedachter Weg wäre die Codierung sog. Assoziationswörterbücher. Dabei handelt es sich um Wörterbücher, die zur Disambiguierung eines Begriffes assoziierte Wörter zu diesem enthalten (z.B. *"Neptun[assoziiert: Mond, Planet, All etc.]"* und *"Neptun [assoziiert: Gott, Rom, Kaiser etc.]"*). Kommt nun eines dieser assoziierten Wörter in der Umgebung des mehrdeutigen Begriffs vor, so kann dieser darüber vereindeutigt werden. Ein Nachteil des angedachten Verfahrens ist, dass solche Assoziationswörterbücher fast ausschließlich manuell bzw. semi-automatisch erstellt werden müssen. Deshalb ist ihre Erstellung mit großem Aufwand verbunden und nur mit den entsprechenden Mitteln zu realisieren.

Ein weiterer Bereich für Verbesserungen, der mit dem eben genannten zusammenhängt, wurde in der praktischen Projektarbeit klar: je besser und genauer die Klassifikation der Wissensbasis, umso präziser die Ergebnisse. Leider stellte sich während der Projektarbeit heraus, dass die manuell zugeordneten Artikeltypen bzw. die manuellen Klassenzuordnungen teilweise fehlerhaft bzw. inkonsistent waren. Durch eine automatische Klassifikation konnte demgegenüber eine gewisse Konsistenz erreicht werden. Eine Verbesserung der Güte der Klassifikation und somit auch der automatischen Indexierung wird aber weiterhin Gegenstand zukünftiger Forschungen sein.

Für konkrete Verbesserungen des LeWi-Prototypen sind abschließend noch zwei Maßnahmen vorzuschlagen: die stärkere Verwendung der Fragentypen innerhalb des Suchablaufs und die Verbesserung der Synonym- und Oberbegriffssuchen. Zwar werden die Fragentypen im Rahmen des LeWi-Projektes schon im Suchablauf berücksichtigt, allerdings geschieht dies noch nicht erschöpfend und gilt nicht für alle Fragentypen. Hier sind m.E. noch umfangreiche Verbesserungen möglich, die letzten Endes auch die Retrievalleistung merklich verbessern können. Im Hinblick auf die Synonym- und Oberbegriffssuchen ist ein differenziertes Feintuning der nächste Schritt, damit diese wirklich an allen erforderlichen Stellen im Suchablauf angewandt werden. Hier besteht auf jeden Fall noch weiterer Forschungsbedarf.

Für die Zukunft kann man als weitere Anforderungen an eine Computerenzyklopädie sicherlich formulieren, dass der nächste Schritt, um die Ergebnispräsentation für den Benutzer angenehmer zu machen, die Markierung der entsprechenden Textstellen bzw. Absätze ist, die die Antwort auf die Suchanfrage enthalten. Diesbezüglich sind innerhalb des LeWi-Projektes Versuche unternommen worden und es wurde sogar ein sehr einfacher Prototyp dazu entwickelt. Dieser wird Gegenstand weiterer Untersuchungen sein. Und schließlich sei noch die Integration von Spracherkennung- bzw. Sprachgenerierungssystemen erwähnt. Dies könnte ein weiterer Meilenstein in der Entwicklung von benutzerfreundlichen Informationssystemen bzw. Computerenzyklopädien sein.

Grundsätzlich ist für Informationssysteme eine Kombination von schnellem Zugriff bzw. schneller Suche mit einer qualitativ hochwertigen Indexierung anzustreben. Die zu Beginn dieses Kapitels erwähnten Forderungen nach Aktualität, Vollständigkeit und Verlässlichkeit eines Informationssystems sind, zumindest was die letzten beiden Punkte anbelangt, durch eine redaktionell kontrollierte Wissensbasis, wie z.B. die des BMM, gewährleistet. Diese verlässlichen und vollständigen Informationen sind im Vergleich zu Informationen aus dem Internet, insbesondere die von Suchmaschinen, auf jeden Fall zu bevorzugen.[72] Die Aktualität eines solchen Systems kann demgegenüber natürlich nicht so groß sein, wie dies im Internet der Fall ist. Allerdings gibt es auch für Informationssysteme auf CD-ROM bzw. DVD mittlerweile technische Möglichkeiten für regelmäßige Aktualisierungen.[73]

Der m.E. größte Vorteil von redaktionell bearbeiteter Information in Informationssystemen liegt einerseits in der fehlenden Werbung. Der sog. "Noise", d.h. die unnötigen bzw. unwichtigen Suchergebnisse bzw. kommerzielle Links, die

---

[72] An dieser Stelle muss fairerweise die *"Wikipedia"*-Enzyklopädie als Ausnahme genannt werden. Ursprünglich wurde angenommen, eine für Benutzer offene Webenzyklopädie würde aufgrund verschiedener Ansichten und Meinungen bzw. aufgrund von "Spam" sehr schnell unbrauchbar. Die Zeit hat gezeigt, dass dies nicht der Fall ist. Im Gegenteil hat sich *"Wikipedia"*, ähnlich einem selbstheilenden Organismus, gegenüber Fehlinformationen durch Einzelne als resistent erwiesen. Fehler werden in vielen Fällen sofort durch die Internetgemeinde korrigiert.

[73] Neben Online-Updates, wie sie z.B. beim BMM eingesetzt werden, existieren auch spezielle Programme für die Einbindung von neuen Informationen in DVD-Material. Ein Beispiel für ein solches Programm ist der DVD-Connector. Nähere Informationen unter http://www1.inproma.de/Popups/120_100_DVDconnector.html.

bei Internetsuchmaschinen als Ergebnisse präsentiert werden, macht eine sinnvolle Recherche im Internet immer schwieriger. Mehr und mehr wird eine Suchanfrage im Internet durch Ergebnisse geprägt, die rein kommerziellen Charakter haben. Andererseits ist in redaktionell bearbeiteten Produkten der Einsatz von multimedialen Anwendungen wie z.B. Video- und Audiodaten, animierten Landkarten etc. weiter verbreitet als im Internet. Die damit wesentlich anschaulichere Informationsdarstellung ist ein weiterer großer Vorteil von digitalen Informationssystemen. Aus den genannten Gründen wird es m.E. zukünftig weiterhin einen großen Bedarf an solchen Systemen geben, insbesondere wenn sie durch natürlichsprachliche Interfaces für den Benutzer problemlos und effizient zugänglich sind.

Anhang

Anhang A Auszüge aus der Grob- bzw. Feinklassifikation des BMM

Erläuterungen in einfachen Klammern, Kommentare zur Klassifikation in doppelten Klammern:

Beispiele für Grobklassen:

00 Sprachen, Schriften
01 Nationalliteraturen
02 Buch, Bibliotheken, Dokumentation
03 Buchverlage, Museen, Preise, Stiftungen
04 Berufe
05 Literatur, Literaturwissenschaft
10 Architektur
11 Plastik, Skulptur, Bildhauerkunst
12 Archäologie
13 Malerei, Grafik
14 Musik, Tanz
15 Kunstfotografie
16 Mosaik
18 Kunstgeschichte
19 Kunsthandwerk, Design
20 Philosophie
21 Pädagogik
22 Religionen
30 Geographie
31 Geowissenschaften ((außer 30, 56))
32 Geographie Europas
33 Geographie Afrikas
34 Geographie Asiens
36 Geographie Amerikas
37 Geographie Australiens, Ozeaniens und Antarktis
38 Völkerkunde
39 Entdeckungsgeschichte
40 Rechtswissenschaft, Rechtsphilosophie, Rechtsgeschichte
41 Rechtsordnung
42 Zivilrecht
43 Strafrecht
44 Öffentliches Recht
45 Wirtschaftsrecht
46 Wirtschaftswissenschaften
47 Wirtschaftspraxis
48 Soziologie
49 Sozialwesen
50 Wissenschaft
51 Mathematik
52 Physik
53 Chemie
54 Astronomie
55 Biochemie, Naturstoffe
56 Geophysik
57 Informatik
60 Tiere
61 Tierphysiologie, Humanphysiologie
62 Anatomie und Morphologie bei Tier und Mensch
63 Pflanzen, Pilze
64 Pflanzenphysiologie
65 Anatomie und Morphologie bei Pflanzen
66 Bakterien, Viren
67 Medizin, Pharmazie
68 Psychologie, Sexualkunde, Anthropologie, Verhalten
69 Allgemeine und angewandte Biologie
70 Messtechnik, Steuerungstechnik, Regelungstechnik
[...]

Beispiele für Feinklassen:

0002 Organisationen, Institutionen, Preise, Zeitschriften (in den Sprachwissenschaften)
0010 Sprachwissenschaft (allgemeine Begriffe)
0011 klassische Philologen
0012 Sprachwissenschaftler
0020 Phonologie, Phonetik
0021 Morphologie, Morphemik
0022 Syntax
0023 Semantik
0024 Lexikologie, Wortbildung
0025 Etymologie, Namenkunde
0026 Grammatik
0027 Pragmatik
0028 Textlinguistik
0029 Psycholinguistik
0030 Soziolinguistik
0031 Computerlinguistik ((auch unter 5780))
0032 Sprachdidaktik
0033 Rhetorik, sprachliche Stilistik
0040 Zitate, Aussprüche
0045 Schrift (Buchstaben, Schriftzeichen, Schriftsysteme)
0050 Sprache, Sprachen allgemein
[...]
1800 Kunsttheorie, Kunstwissenschaft (allgemeine Begriffe), Kunsthistoriker (Biografien)
1801 Kunstepochen, Kunststile, Strömungen (der Kunstgeschichte), Künstlergruppen
1802 Gattungen der bildenden Kunst
1803 Attribute, Stoffe, Motive, Ikonographie (in der Kunstgeschichte)
1804 Ornamentik
1805 Kunstpreise
1806 Organisationen, Vereine, Verbände, Stiftungen (in der Kunst)
1807 Kunstmuseen, Institutionen (in der Kunst)
1808 Denkmal, Denkmalpflege
1809 Kunsthandel
1810 Romanik (in der Kunst allgemein)
1811 Gotik (in der Kunst allgemein)
1812 Renaissance, Manierismus (in der Kunst allgemein)
1813 Barock (in der Kunst allgemein)
1814 Klassizismus (in der Kunst allgemein)
[...]
3100 Kartographie
3105 Geodäsie
3110 allgemeine Geologie
3111 regionale Geologie
3112 historische Geologie
3113 Geowissenschaftler (Kartographen, Geologen, Mineralogen, Bodenkundler) (Biografien)
3120 Mineralogie, Minerale
3130 Petrologie
3140 Bodenkunde, Tektonik, Erdbeben, Vulkanismus
[...]
6310 Cyanobakterien (Blaualgen)
6320 Algen
6330 Pilze
6340 Flechten
[...]
6701 Medizin (allgemeine Begriffe)
6702 Allergologie, Immunologie
6703 Anästhesiologie
6704 Arbeitsmedizin
6705 Augenheilkunde

Anhang B MPRO - Formale Beschreibung der wichtigsten Merkmale

Bei der mnemotechnischen Verschlüsselung der Attribute und Werte sind meist grammatikalische Bezeichnungen in englischer Sprache zugrunde gelegt, da diese Bezeichnungen auch bei der morphologischen Analyse anderer Sprachen als des Deutschen verwendet werden. Einige Bezeichnungen beruhen auf der deutschen Sprache, da diese weit intensiver als andere Sprachen bearbeitet wurde.

Die Syntax für die Beschreibung der Attribute und Werte ist wie folgt:

attr:	zulässige Werte	Erklärung der mnemotechnischen Verschlüsselung. U.U. verbale Erklärung des Attributs und seiner Werte

Im Folgenden werden die wichtigsten Attribut-Wertpaare nach ihrer Funktion gruppiert und kurz beschrieben.

Nicht-linguistische Merkmale		
ori:	beliebige Zeichenkette	Lesbares Originalwort. Die Form des Wortes bzw. der Wortgruppe, wenn sie als feste Fügung erkannt wurde.
mori:	beliebige Zeichenkette	Modifiziertes Originalwort. Dies ist die Original-Zeichenfolge des Textwortes. Der Originaltext lässt sich u.a. mit mori rekonstruieren. Wenn Ersatzdarstellungen vorliegen, wie etwa *ß*, ist & in $ und ; in $sm umgewandelt. Ein Blank innerhalb eines Wortes erscheint hier als $iaibl$sm, in ori dagegen als Underscore. Wenn mori nicht vorhanden ist, ist es per default identisch mit ori.
snr:	natürliche Zahl	Die Satznummer (sentence number).
wnra:	natürliche Zahl	Die absolute Wortnummer (word number absolute), gesehen über den ganzen Text.
wnrr:	natürliche Zahl	Die relative Wortnummer (word number absolute) pro Satz (Neustart mit 1 für jeden Satz).
last:	yes | no	Markiert das letzte Element (last element) eines Satzes.

Linguistische Merkmale		
c:	noun | adj | quant | verb | adv | vpref | w | z | brand | fromto | week | sgml | w	Gibt die syntaktische Kategorie (category), die sog. Hauptwortklassen an: noun (Nomen), adj (Adjektiv), quant (quantifizierendes Adjektiv/Substantiv), verb, adv (Adverb), vpref (Verbpräfix), brand (Firmen- oder Produktnamen), fromto (von-bis, ein Zeitraum, der durch zwei Jahreszahlen mit einem Bindestrich dazwischen ausgedrückt wird), week (Woche), sgml (SGML-Tag) Für Funktionswörter gilt c=w. Diese werden dann weiter detailliert durch das Attribut sc (subcategory, Unterkategorie) . Für Zahlen gilt c=z. Dieses Merkmal wird weiter spezifiziert durch das Merkmal s.
cat:	satz | hs | np | pp | ap | enum | fiv | izu | ptc2 | punct	Gibt auch die syntaktische Kategorie (syntactic category) an. Dieses Merkmal ist nur nach der syntaktischen Analyse vorhanden und kann folgende Werte annehmen: satz (vollständig erkannter Satz) hs (Hauptsatz, d.h. finites Verb plus Nachfeld) np (noun phrase, Nominalgruppe) pp (prepositional phrase, Präpositionalgruppe) ap (adjective phrase, Adjektivgruppe) Zusätzlich können einige der in **sc** vertretenen Werte vorkommen: enum (enumeration, aufzählendes Element) fiv (finites Verb) izu (Nebensatz mit zu-Infinitiv) ptc2 (Partizip2) punct (Satzzeichen)

Merkmale für Nomen (c=noun)		
g:	m | f | n	Gibt das Geschlecht des Nomens an (gender, Genus). Mögliche Werte sind m (maskulin), f (feminin) und n (neutrum).

nb:	sg | plu	Gibt den Numerus (number) des Nomens an. Mögliche Werte sind sg (Singular, Einzahl) und plu (Plural, Mehrzahl).
case:	nom | gen | dat | acc	Kennzeichnet den Kasus (case, Fall) des Nomens. Mögliche Werte sind nom (Nominativ), gen (Genitiv), dat (Dativ), acc (Akkusativ). Wenn mehrere Werte zutreffen können (Ambiguität), so werden sie als Disjunktion notiert (nom;dat;acc). Kasus, Numerus und Genus werden zusätzlich durch das Attribut ehead (s. Merkmal für alle Formen) zusammengefasst.

Merkmale für Adjektive (c=adj)		
deg:	base | comp | sup	Gibt den Steigerungsgrad (degree) des Adjektivs an.
e-head:	s. Merkmal für alle Formen	(extended head, erweiterter Kopf) Als zusätzliches Merkmal enthält ehead bei Adjektiven das Merkmal infl.
infl:	weak | strong | null	Gibt an, mit welchen Artikelformen das Adjektiv gebraucht (inflection, Inflektion) wird bzw. zu welchem Deklinationsmuster es passt (weak;strong;null). Hierbei wird die Unterscheidung in starke und schwache Endungsreihen benutzt. Eine Nullendung bedeutet, dass die unflektierte Grundform des Adjektivs (z.B. rosa) identifiziert wurde.

Merkmale für Verbformen (c=verb)		
vtyp:	fiv | inf | ptc1 | ptc2 | izu | imperativ	Gibt den Verbtyp (verbal type) an. Mögliche Werte sind fiv (finite verb, finites Verb) inf (infinitive, Infinitiv) ptc2 (participle 2, Partizip 2 – für Perfektbildung gebraucht) ptc1 (participle 1, Partizip 1 - Präsens) izu (Infinitiv mit eingebettetem *zu*) imperativ (imperative, Imperativ).

tns:	pres | past	Gibt den Tempus (tense) des Verbs an. Die Werte sind pres (present, Präsens) past (past, Vergangenheit)
nb:	sg | plu	Numerus (number) des Verbs.
per:	1 | 2 | 3	Gibt an, ob das Verb in der 1., 2. oder 3. Person steht.

Semantische und strukturelle Merkmale für Nomen, Adjektive und Verben		
ts:	beliebige Zeichenkette	(Teilstruktur) zeigt die oberflächige Zerlegung
t:	beliebige Zeichenkette	(Teile) die zugehörigen lexikalischen Einheiten
ds:	beliebige Zeichenkette	(derivationelle Struktur) zeigt zusätzlich die Ableitungen an. Wenn keine Ableitung ermittelt werden konnte, enthält dieses Merkmal eine Kopie des Originalstrings.
ss:	mögliche Werte s. Anhang D	Gibt die jeweilige semantische Struktur (semantic structure) wieder (s. Merkmal *s*).
ls:	beliebige Zeichenkette	Gibt die lexikalische Struktur (lexical structure) wieder und enthält dabei die Basis einer Ableitung, z.B. im Falle von *Schönheit* ist ls=schön. Die Einzelteile werden mit # voneinander getrennt. Ableitungen sind mit ~ markiert und Präfixe mit $ (nicht trennbar) und _$ (trennbar) gekennzeichnet.
lu:	beliebige Zeichenkette	(lexical unit, lexikalische Einheit) Das Attribut lu enthält die Grundform des Wortes.
s:	mögliche Werte s. Anhang D	Das Attribut s beschreibt die Semantik (semantics) des ganzen Wortes.
w:	natürliche Zahl	Das Attribut w beschreibt, aus wie vielen Teilen (word parts, Wortteile) das Wort zusammengesetzt ist. Wenn w einen Wert größer 10 hat, konnten ein oder mehrere Teile nicht erkannt werden.

Anhang C Fragentypologie mit Beispielsätzen (Auszug)

Indikatoren	Beispielfragen
1.1 Ursachenfragen: allgemeine Erklärung	
Wann_x_verb Warum (Pres)? Wieso (Pres)? Aus_welch_Grund (Pres)? Was_sein_Ursache/Grund/ Voraus-setzung/Vorbedingung (Pres)? Aufgrund_welch (Pres)? [...]	Wann wird ein Elfmeter gegeben? Warum ist die Erde rund?; Warum wird eine Bilanz erstellt? Wieso lebten bis 1945 so viele Deutsche außerhalb Deutschlands? Wieso wird Weihnachten am 25.12. gefeiert? Aus welchem Grund spricht man vom "Gang nach Canossa"? Was ist die Voraussetzung für das Entstehen eines guten Weins? Aufgrund welcher Lautverschiebung hat man in manchen Gegenden etwas "im Kopp", in anderen aber "im Kopf"?
2. Methoden-/ Funktionsfragen	
Warum (Pres)? Wieso (Pres)? Aus_welchem_Grund (Pres)? Aufgrund_welch (Pres)? Wie_funktionieren? Wie_entstehen? Auf_welch_Weise? Wie x_Verb? [...]	Warum fliegt ein Flugzeug? Wieso werden Blätter im Herbst bunt? Aus welchem Grund ist der Abendhimmel rot? Aufgrund welcher Einflüsse kommt es zum El Nino? Wie funktioniert ein Ottomotor im Auto? Wie entstehen Tsunamis? Auf welche Weise gelangen Schadstoffe in Lebensmittel? Wie schlafen Fische?
3. Zusammenhangsfrage	
Wie_hängen_x_mit_y_zusammen? In_welch_Beziehung? Wie_sein_der_Einfluss? Was_verbinden? Wie_sein_Zusammenhang? [...]	Wie hängen hygienische Verhältnisse mit bestimmten Krankheiten zusammen? In welcher Beziehung stand die griechischen Philosophie zur griechischen Kunst? Wie war der Einfluss der Literatur auf die französische Revolution? Was verbindet Thomas Mann und Venedig? Wie ist der Zusammenhang zwischen Übergewicht und Herzinfarkt?
7. Personenfragen	
Wer? Welch_Person? Wie_heißen_Person? Mit_wem? Nach_wem? Von_wem? Wem?	Wer erfand die Glühbirne? Welche deutschen Nachkriegspolitiker hatten eine Nazi-Vergangenheit? Wie heißen die Mitglieder der Rolling Stones? Mit wem ist Arnold Schwarzenegger verheiratet? Nach wem ist Amerika benannt? Von wem ist "Freude schöner Götterfunken? Wem gelang der erste Ballonflug über den Atlantik?

Indikatoren	Beispielfragen
Wen? [...]	Wen traft Livingstone in Afrika?
8. Ortsfragen	
Wo? Wo_x-verb_geographisches Objekt? Welch_geographisches Objekt? An_welch_geographisches Objekt? Aus_welch_geographisches Objekt? In_welch_geographisches Objekt? Um_welch_geographisches Objekt? Zu_welch_geographisches Objekt? [...]	Wo wird das meiste Gold gefördert? Wo liegt Bad Gandersheim? Welcher Fluss ist der längste in Europa? An welchem Fluss liegt Ulm? Aus welchem Land stammte Mutter Teresa? In welchem Staat leben die meisten Muslime? Um welche Landspitze herum segelt Magellan? Zu welchem Landkreis gehört Offenbach?
9. Gegenstandsfragen	
Was_x_Verb? Welch_Objekt (Pres)? Auf_welch_Objekt? Aus_welch_Objekt? Bei_welch_Objekt? Zu_welch_Objekt? [...]	Was fressen Hamster? Welches ist die teuerste Briefmarke der Welt? Auf welchen Gebieten haben Frauen besondere Beiträge hervorgebracht? Aus welcher Oper ist die Arie "Nessun' doma"? Bei welcher Pflanze wachsen die Blätter aus einer Knolle? Zu welchen Teilen des Alten Testamentes liegen griechische Handschriften vor?

Anhang D Semantische Merkmale im morphologischen Lexikon (Auszug)

agent	Mensch
agent&ano	Mitglied (von Volk, Ort, Partei)
agent&anto	tätiger Mensch
agent&estro	Oberhaupt, Chef
agent&ido	Verwandter
agent&isto	Berufsbezeichnung und ähnliches
agent&ulo	Mensch, durch Eigenschaft charakterisiert
animal	Tier, Lebewesen
animal&ed	Essbares Tier
coll	Kollektiv von Menschen
coll&ag	Kollektiv von handelnden Menschen (Firma)
coll&ano	Partei oder so was
coll&anto	Kollektiv von handelnden Menschen
coll&estro	Kollektiv von Chefs
coll&ido	Familie (Clan, Sippschaft)
coll&isto	Kollektiv von berufsmäßig handelnden Menschen
coll&ulo	Kollektiv von Menschen des Typs agent&ulo
disease	Krankheit
event	Ereignis (mehrere Teilnehmer)
family	Familienname
fname	Vorname
instr	Werkzeug
instr&music	Musikinstrument
loc&ag	Ort, wo gehandelt wird (Firma, Institut)
loc&bezirk	Verwaltungsbezirk (z.B. Stadt)
loc&city	Städtenamen
loc&country	Ländernamen
loc&flaeche	Ort, als Fläche gesehen
loc&gebaeude	Gebäude
loc&gegend	Gegend (oft Name)
loc&gelaende	Geländeform (Tal, Wüste)
massnahme	Maßnahme
mat	Material, Stoff
mat&ed	essbares, trinkbares Material
moebel	Möbelstück
money	Besitz (auch Dollar, Gulden usw.)
month	Monatsname
music	Musikstück (Rondo, Marsch, Chanson)
name	Name, wie Konfuzius, Octavian, Christus

ordinal	Ordinalzahl
plant	Pflanze
plant&ed	essbare Pflanze
process	Prozess, Tätigkeit (ganz allgemein)
science	Wissenschaftsgebiet usw.
set&abstract	Menge abstrakter Dinge
set&animal	Menge von Tieren (Herde)
set&instr	Menge von Instrumenten (Instrumentarium)
set&kleid	Menge von Kleidungsstücken
set&plant	Menge von Pflanzen
set&thing	Menge von Dingen
set&vehicle	Menge von Fahrzeugen
thing&ed	essbares, trinkbares Ding
time	Zeitangabe
time&an	Zeitangabe (Präp. *an*)
time&day	Wochentag
time&duration	Zeitdauer
time&in	Zeitangabe (Präp. *in*)
time&month	Monatsname

Anhang E Regelbeispiele für die Fragentypzuweisung

Jeweils in den <fi>-Tags steht der Fragentypindikator. In <noun> bzw. <verb>-Tags werden Nomina bzw. Verben aus den Fragentypindikatoren für den späteren Suchablauf isoliert. Im Tag <type> stehen schließlich die zugeordneten numerisch codierten Fragentypen:

<fi>VERB</fi><verb>VERB</verb><type>10</type>
<fi>VERB_vergleichen</fi><verb>vergleichen</verb><type>5</type>
<fi>an_welch</fi><type>8,9,12.2</type>
<fi>an_welch_GEO</fi><noun>GEO</noun><type>8</type>
<fi>an_welch_OBJECT</fi><noun>OBJECT</noun><type>9</type>
<fi>an_welch_TIME</fi><noun>TIME</noun><type>12.2</type>
<fi>an_welch_tag</fi><noun>tag</noun><type>12.2</type>
<fi>an_wer</fi><type>7</type>
<fi>auf_welch</fi><type>9,12.2</type>
<fi>auf_welch_OBJECT</fi><noun>OBJECT</noun><type>9</type>
<fi>auf_welch_TIME</fi><noun>TIME</noun><type>12.2</type>
<fi>auf_welch_art</fi><type>2</type>
<fi>auf_welch_gebiet</fi><noun>gebiet</noun><type>9</type>
<fi>auf_welch_weise</fi><noun>weise</noun><type>2</type>
<fi>auf_wieviel</fi><type>12.1</type>
<fi>auf_wie_viel</fi><type>12.1</type>
<fi>aufgrund_welch</fi><type>1.1,1.2,2</type>
<fi>aufgrund_welch_PRES</fi><type>1.1,2</type>
<fi>aufgrund_welch_PAST</fi><type>1.2</type>
<fi>aus_was</fi><type>9</type>
<fi>aus_welch</fi><type>8,9</type>
<fi>aus_welch_GEO</fi><noun>GEO</noun><type>8</type>
<fi>aus_welch_OBJECT</fi><noun>OBJECT</noun><type>9</type>
<fi>aus_welch_grund</fi><noun>grund</noun><type>1.1,1.2,2</type>
<fi>aus_welch_grund_PRES</fi><noun>grund</noun><type>1.1,2</type>
<fi>aus_welch_grund_PAST</fi><noun>grund</noun><type>1.2</type>
<fi>aus_welch_oper</fi><noun>oper</noun><type>9</type>
<fi>bei_was</fi><type>9</type>
<fi>bei_welch</fi><type>9,12.1</type>
<fi>bei_welch_OBJECT</fi><noun>OBJECT</noun><type>9,12.1</type>
<fi>bei_welch_temperatur</fi><noun>temperatur</noun><type>12.6</type>
<fi>bei_welch_gelegenheit</fi><noun>gelegenheit</noun><type>1.1</type>
<fi>bei_welch_gegebenheit</fi><noun>gegebenheit</noun><type>1.1</type>
<fi>bei_welch_geschwindigkeit</fi><noun>geschwindigkeit</noun><type>12.4</type>
<fi>bei_welch_anlass</fi><noun>anlass</noun><type>1.1</type>
<fi>bei_welch_pflanze</fi><noun>pflanze</noun><type>9</type>
<fi>bei_wieviel</fi><type>12.1</type>

<fi>bei_wie_viel</fi><type>12.1</type>
<fi>bei_wieviel_grad</fi><noun>grad</noun><type>12.6</type>
<fi>bei_wie_viel_grad</fi><noun>grad</noun><type>12.6</type>
<fi>bis_wann</fi><type>12.2</type>
<fi>durch_was</fi><type>9</type>
<fi>durch_welch_PAST</fi><type>1.2</type>
<fi>in_wieviel</fi><type>12.1</type>
<fi>in_wieviel_TIME</fi><noun>TIME</noun><type>12.2</type>
<fi>in_wie_viel</fi><type>12.1</type>
<fi>in_wie_viel_TIME</fi><noun>TIME</noun><type>12.2</type>
<fi>infolge_welch</fi><type>1.1</type>
<fi>mit_was</fi><type>9</type>
<fi>mit_welch_geschwindigkeit</fi><noun>geschwindigkeit</noun><type>12.4</type>
<fi>mit_welch_methode</fi><noun>methode</noun><type>2</type>
<fi>mit_wer</fi><type>7</type>
<fi>mit_wieviel</fi><type>12.1</type>
<fi>mit_wie_viel</fi><type>12.1</type>
<fi>nach_wer</fi><type>7</type>
<fi>seit_wann</fi><type>12.2</type>
<fi>stimmt_es</fi><verb>stimmen</verb><type>1.1,1.2,2</type>
<fi>um_welch</fi><type>8,9,12.2</type>

Anhang F Aufstellung der möglichen Suchen im LeWi-Dialogmodul (Auszug)

Suche-Id	Faktor	Originalwörter (außer Stoppwörter aus Liste)	Grundformen (außer Stoppwörter aus Liste)	Ableitungen (außer Stoppwörter aus Liste)	Komposita zerlegt	Substantive / Personen	Adjektive / Adverbien	Verben	Präpositionen	Zahlen / Daten laut Frage	Zahlen / Daten in alle Varianten konvertiert	alle Artikeltypen	nur in SachArtikel (4, 6, 9)	nur in BioArtikel (wenn Person in Frage oder FT 7)	nur in GeoArtikel (wenn geo-Objekt in Frage oder FT8)	nur in Artikeln mit historischen GK und FK (FT 1.2, 14)	UND-Suche	ODER-Suche: 2x gleiche Wortart	Suche ohne Wörter aus Frageindikator	Suche selteneren Suchwörter (1-n)	Wortgruppensuche von Adjektiv und Substantiv	NAHEBEI (≤25) Adjektiv zu Substantiv	NAHEBEI (≤25) Verb zu Substantiv	NAHEBEI (≤50) Substantiv zu Substantiv	NAHEBEI (≤25) zerlegte Komposita	NAHEBEI (≤25) zerlegte Komposita	NAHEBEI (≤25) 2x gleiche Wortart: FT 3, 11	NAHEBEI (≤25) der Suchwörter: FT 6, 9, 10	NAHEBEI (≤25) der Suchwörter: FT 14, 15	NAHEBEI (≤25) Suchwörter zu Extrawörter (ODER)	alle Fragentypen	1.1 Ursachenfragen allgemein	[...]	2. Methoden-/Funktionsfragen	3. Zusammenhangsfragen	[...]	[...]	[...]	7. Personenfragen1	8. Ortsfragen	9. Gegenstandsfragen	[...]	[...]	[...]	[...]	12.3 Gewichtsfragen	12.4 Geschwindigkeitsfragen	[...]	[...]	[...]	[...]	15. Bedeutungsfragen
S0.0.1	2,0	+				+	+	+	+	+		+					+														+																					
S0.0.2	2,1	+				+	+	+	+	+		+					+		+												+																					
S0.1.1	2,2	+				+	+	+	+	+			+				+																			+		+			+											
S0.1.2	2,3	+				+	+	+	+	+			+				+		+																	+		+			+											
S0.2.1	2,2	+				+	+	+	+	+				+			+														+								+													
S0.2.2	2,3	+				+	+	+	+	+				+			+		+												+								+													
S0.3.1	2,2	+				+	+	+	+	+					+		+														+									+												
S0.3.2	2,3	+				+	+	+	+	+					+		+		+												+									+												
S0.4.1	2,4	+				+	+	+	+	+						+	+																+																		+	
S0.4.2	2,5	+				+	+	+	+	+						+	+		+														+																		+	
S1.0.1	1,8		+			+	+	+	+		+	+					+														+																					

Suche-Id	Faktor	Originalwörter (außer Stoppwörter aus Liste)	Grundformen (außer Stoppwörter aus Liste)	Ableitungen (außer Stoppwörter aus Liste)	Komposita zerlegt	Substantive / Personen	Adjektive / Adverbien	Verben	Präpositionen	Zahlen / Daten laut Frage	Zahlen / Daten in alle Varianten konvertiert	alle Artikeltypen	nur in SachArtikel (4, 6, 9)	nur in BioArtikel (wenn Person in Frage oder FT 7)	nur in GeoArtikel (wenn geo-Objekt in Frage oder FT8)	nur in Artikeln mit historischen GK und FK (FT 1.2, 14)	UND-Suche	ODER-Suche: 2x gleiche Wortart	Suche ohne Wörter aus Frageindikator	Suche seltenen Suchwörter (1-n)	Wortgruppensuche von Adjektiv und Substantiv	NAHEBEI (≤25) Adjektiv zu Substantiv	NAHEBEI (≤25) Verb zu Substantiv	NAHEBEI (≤50) Substantiv zu Substantiv	NAHEBEI (≤25) zerlegte Komposita	NAHEBEI (≤25) zerlegte Komposita	NAHEBEI (≤25) 2x gleiche Wortart: FT 3, 11	NAHEBEI (≤25) der Suchwörter: FT 6, 9, 10	NAHEBEI (≤25) der Suchwörter: FT 14, 15	NAHEBEI (≤25) Suchwörter zu Extrawörter (ODER)
S1.0.2	1,9		+			+	+	+	+		+	+					+		+											
S1.1.1	2,0		+			+	+	+	+		+		+				+													
S1.1.2	2,1		+			+	+	+	+		+		+				+		+											
S1.2.1	2,0		+			+	+	+	+		+			+			+													
S1.2.2	2,1		+			+	+	+	+		+			+			+		+											
S1.3.1	2,0		+			+	+	+	+		+				+		+													
S1.3.2	2,1		+			+	+	+	+		+				+		+		+											
S1.4.1	2,2		+			+	+	+	+		+					+	+													
S1.4.2	2,3		+			+	+	+	+		+					+	+		+											
S2.0.1	1,6		+			+	+	+			+	+					+													
S2.0.2	2,1		+			+	+	+			+	+					+		+			+								
S2.0.3	2,0		+			+	+	+			+	+					+					+								
S2.0.4	2,3		+			+	+	+			+	+					+		+		+									

Suche-Id	alle Fragentypen	1.1 Ursachenfragen allgemein	[...]	2. Methoden-/Funktionsfragen	3. Zusammenhangsfragen	[...]	[...]	[...]	7. Personenfragen1	8. Ortsfragen	9. Gegenstandsfragen	[...]	[...]	[...]	[...]	12.3 Gewichtsfragen	12.4 Geschwindigkeitsfragen	[...]	[...]	[...]	[...]	15. Bedeutungsfragen
S1.0.2	+																					
S1.1.1						+		+			+											
S1.1.2						+		+			+											
S1.2.1	+																					
S1.2.2	+																					
S1.3.1	+																					
S1.3.2	+																					
S1.4.1			+																		+	
S1.4.2			+																		+	
S2.0.1	+																					
S2.0.2	+																					
S2.0.3	+																					
S2.0.4	+																					

Anhang G Vollständiger Dialogbaum zu Beginn des Projektes

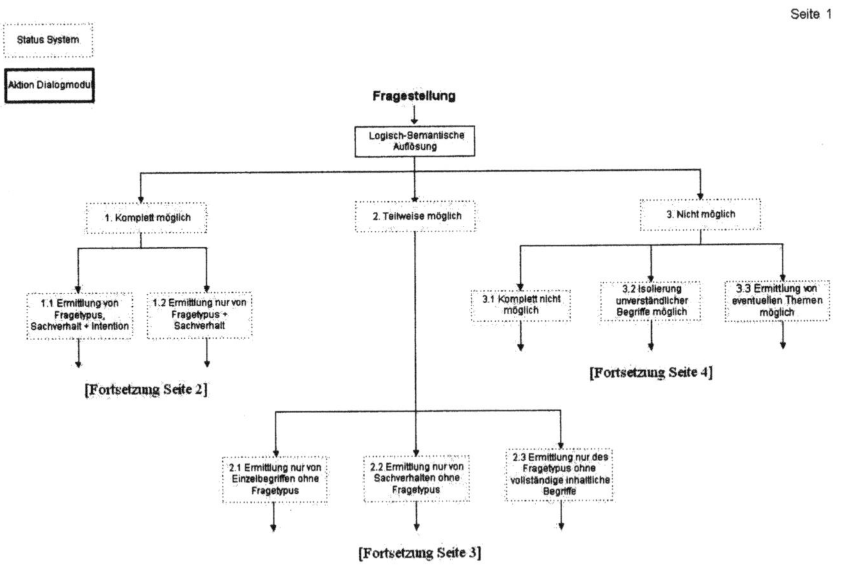

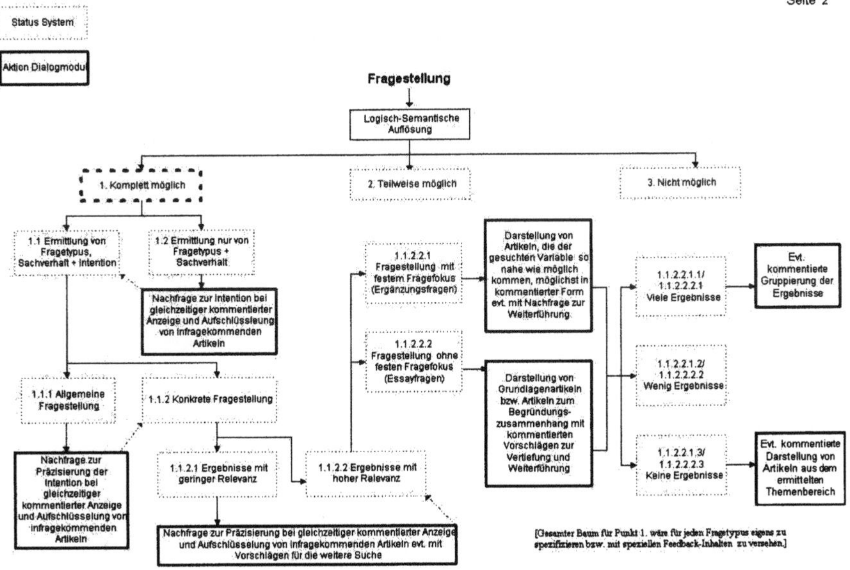

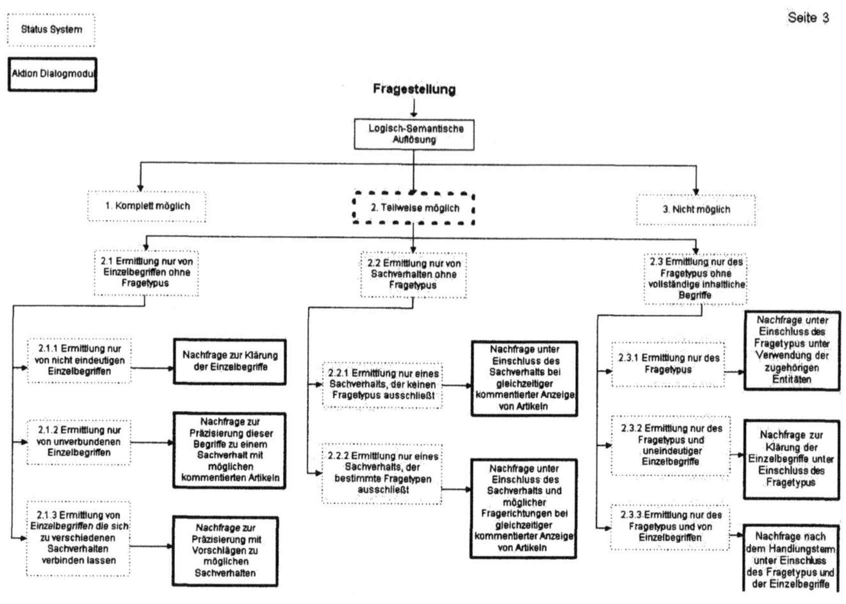
Status System
Aktion Dialogmodul
Seite 3
Fragestellung
Logisch-Semantische Auflösung
1. Komplett möglich
2. Teilweise möglich
3. Nicht möglich
2.1 Ermittlung nur von Einzelbegriffen ohne Fragetypus
2.2 Ermittlung nur von Sachverhalten ohne Fragetypus
2.3 Ermittlung nur des Fragetypus ohne vollständige inhaltliche Begriffe
2.1.1 Ermittlung nur von nicht eindeutigen Einzelbegriffen
Nachfrage zur Klärung der Einzelbegriffe
2.1.2 Ermittlung nur von unverbundenen Einzelbegriffen
Nachfrage zur Präzisierung dieser Begriffe zu einem Sachverhalt mit möglichen kommentierten Artikeln
2.1.3 Ermittlung von Einzelbegriffen die sich zu verschiedenen Sachverhalten verbinden lassen
Nachfrage zur Präzisierung mit Vorschlägen zu möglichen Sachverhalten
2.2.1 Ermittlung nur eines Sachverhalts, der keinen Fragetypus ausschließt
Nachfrage unter Einschluss des Sachverhalts bei gleichzeitiger kommentierter Anzeige von Artikeln
2.2.2 Ermittlung nur eines Sachverhalts, der bestimmte Fragetypen ausschließt
Nachfrage unter Einschluss des Sachverhalts und möglicher Fragerichtungen bei gleichzeitiger kommentierter Anzeige von Artikeln
2.3.1 Ermittlung nur des Fragetypus
Nachfrage unter Einschluss des Fragetypus unter Verwendung der zugehörigen Entitäten
2.3.2 Ermittlung nur des Fragetypus und uneindeutiger Einzelbegriffe
Nachfrage zur Klärung der Einzelbegriffe unter Einschluss des Fragetypus
2.3.3 Ermittlung nur des Fragetypus und von Einzelbegriffen
Nachfrage nach dem Handlungsterm unter Einschluss des Fragetypus und der Einzelbegriffe

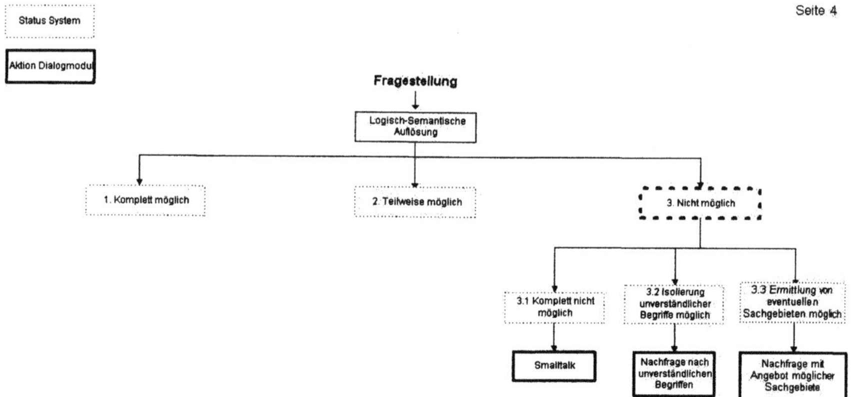
Status System
Aktion Dialogmodul
Seite 4
Fragestellung
Logisch-Semantische Auflösung
1. Komplett möglich
2. Teilweise möglich
3. Nicht möglich
3.1 Komplett nicht möglich
3.2 Isolierung unverständlicher Begriffe möglich
3.3 Ermittlung von eventuellen Sachgebieten möglich
Smalltalk
Nachfrage nach unverständlichen Begriffen
Nachfrage mit Angebot möglicher Sachgebiete

Anhang H Statuszustände zur Ermittlung der Folgefragen (Auszug)

Nr.	Beschreibung Status	Parameterstatus
A	Morphosyntaktische Analyse nicht möglich, Zustand der Begriffserkennung beliebig	A=0 B=0 C=0, 1, 2, 3
B	Morphosyntaktische Analyse möglich, kein Begriff erkennbar, Fragentypstatus beliebig	A=1 B=0, 1, 2, 3 C=0
C	Morphosyntaktische Analyse möglich, Begriffe teilweise nicht erkennbar, Fragentypstatus beliebig	A=1 B=0, 1, 2, 3 C=1
D	Morphosyntaktische Analyse möglich, Begriffe mehrdeutig, Fragentypstatus beliebig	A=1 B=0, 1, 2, 3 C=2
E	Morphosyntaktische Analyse möglich, Begriffe eindeutig, Fragentypstatus beliebig	A=1 B=0, 1 ,2, 3 C=3
	davon Reaktionsklassen in Abhängigkeit von der Folgeeingabe und dem zugehörigen Suchergebnis	
Ea	Folgeeingabe enthält unbekannte Begriffe Relevanz und Anzahl der Ergebnisse beliebig	
Eb	Folgeeingabe enthält mehrdeutige Begriffe Relevanz und Anzahl der Ergebnisse beliebig	
Ec1a	1. Der erste Artikel ist ein gemeinsamer Artikel 2. oder: Der erste Artikel ist einer, der nur in der alten Liste vorkommt, und unter den ersten fünf Ergebnissen befinden sich überwiegend Artikel, die in beiden Listen vorkommen (> 2) [...]	
Ec3	1. Der erste Artikel ist einer, der nur in der alten Liste vorkommt, und unter den ersten fünf Ergebnissen befinden sich überwiegend Artikel, die nur in der alten Liste vorkommen (> 2).	
Ec4	Es sind keine neuen Ergebnisse vorhanden.	
Ec5	Es sind keine Ergebnisse vorhanden, die in beiden Ergebnislisten vorkommen.	
Ec6	Die ersten drei Ergebnisse sind identisch mit denjenigen der ersten Liste (Reihenfolge beliebig).	

	Reihenfolge erheblich verändert?	
Ex	Keine neuen Suchbegriffe durch Folgeeingabe	
F	Schreibfehler	
G	Nonsenseingaben (z.B. "Das Ergebnis gefällt mir nicht.")	
H	Ja-Antworten	
I	Nein-Antworten	
J	Auswahl von angebotenen Themen zur Filterung von Ergebnissen	
K	Auswahl von angebotenen Themen zur Fortführung der Recherche, d.h. zur Erweiterung von Ergebnissen	
L	Auswahl von angebotenen Artikeln	
M	Ende des Fragenzyklus	
N	Zusätzliche Suche nach Oberbegriffen	
O	Zusätzliche Suche nach Unterbegriffen	
P	Anzahl der Ergebnisse unter drei Artikeln	

Verzeichnis der Abbildungen

Literaturverzeichnis

[Aitchison 1997] Aitchison, Jean; Gilchrist, Alan; Bawden, David: Thesaurus construction and use: a practical manual. Aslib, London, 3. Auflage, 1997.

[Alexa 2002] Alexa, Melina; Kreißig, B.; Liepert, M.; Reichenberger, K.; Rostek, L.; Rautmann, K.; Scholze-Stubenrecht, W.; Stoye, S.: The Duden Ontology: An Integrated Representation of Lexical and Ontological Information. Mannheim, 2002.

[Allan 1988] Allan, James: Natural Language Understanding. University of Rochester, The Benjamin/Cummings Publishing Company, Menlo Park, California, 1988.

[Amaral 2004] Amaral, Carlos; Laurent, D.; Martins, A.; Mendes, A.; Pinto, C.: Design and Implementation of a Semantic Search Engine for Portuguese. Priberam Informática, Lisboa, 2004. In: LREC, Proceedings, 2004. S. 247-250

[Amigo 2004] Amigo, Enrique; Gonzalo, J.; Peinado, V.; Penas, A.; Verdejo, F.: Using Syntactic Information to Extract Relevant Terms for Multi-Document Summarization. Universidad Nacional de Educación a Distancia, Madrid, 2004. In: Proceedings of 20th International Conference on Computational Linguistics (Coling), 2004.

[Anderson 1988] Anderson, James A.; Rosenfeld, Edward: Neurocomputing. Foundations of Research. MIT Press, Massachusetts, 2. Auflage, 1988.

[Arntz 1991] Arntz, Reiner; Picht, Heribert: Einführung in die Terminologiearbeit. Hildesheim, 1991. In: Arntz, Reiner; Wegner, Norbert (Hrsg.): Studien zu Sprache und Technik. Georg Olms Verlag, Bd. 2, Hildesheim, 1991.

[Babiak 1999] Babiak, Ulrich: Effektive Suche im Internet. Suchstrategien, Methoden, Quellen. O'Reilly Verlag, Köln, 3. Auflage, 1999.

[Bager 2004] Bager, Jo: Wettsuchen. (Meta-) Suchmaschinen sind die Navigatoren im Datenmeer WWW. In: C'T Magazin für Computer und Technik, Ausgabe 26, 13.12.2004, S. 156 ff.

[Bailey 2001] Bailey, B.S.; Stacey, M.: Providing Question Coverage Through Answer Type Classification in Natural Language Question Answering (NLQA) Systems. Georgetown University, Washington D.C., 2001.

[Bátori 1982] Bátori, István; Krause, Jürgen; Lutz, Hans-Dieter: Linguistische Datenverarbeitung. Versuch einer Standortbestimmung im Umfeld von Informationslinguistik und künstlicher Intelligenz. Niemeyer Verlag, Tübingen, 1. Auflage, 1982. In: Bátori, István et.al. (Hrsg.): Sprache und Information. Niemeyer Verlag, Bd. 4, Tübingen, 1982.

[Bátori 1986] Bátori, István; Weber, Heinz J.: Neue Ansätze in Maschineller Sprachübersetzung: Wissensrepräsentation und Textbezug. New Approaches in Machine Translation. In: Knowledge Representation and Discourse Models. Max Niemeyer Verlag, Tübingen, 1986.

[Bátori 1988] Bátori, István; Hahn, U.; Pinkal, M.; Wahlster, W.: Computerlinguistik und ihre theoretischen Grundlagen. Symposium, Saarbrücken, Proceedings März 1988, Berlin, 1988. In: Brauer, W. (Hrsg.): Informatik Fachberichte, Subreihe Künstliche Intelligenz, Bd. 195, Springer Verlag, Berlin, 1988.

[Benamara 2004] Benamara, Farah; Saint-Dizier, Patrick: Lexicalisation Strategies in Cooperative Question-Answering Systems. Toulouse, 2004. In: Proceedings of 20th International Conference on Computational Linguistics (Coling), 2004.

[Berners-Lee 2001] Berners-Lee, Tim; Hendler, J.; Lasilla, O.: The Semantic Web. A new form of Web content that is meaningful to computers will unleash a revolution of new possibilities. In: Scientific American, Inc., 2001, S. 35 ff.

[BDNM 2004] BDNM: Lexikonbasierte Wissenserschließung. Natürlichsprachliche Suche und 3D-Wissensnavigation. Abschlussbericht zum Förderprojekt 01C5885 „LeWi". Brockhaus Duden Neue Medien GmbH, Mannheim, 2004.

[Bobrow 1964] Bobrow, D.G.: natural language input for a computer problem solving system. Unpublished doctoral dissertation, MIT, 1964.

[Bos 2004] Bos, Johann; Clark, Stephen; Steedman, Mark; Curran, J.R.; Hockenmaier, J.: Wide-Coverage Semantic Representations from a CCG Parser. Edinburgh, Sydney, Pennsylvania, 2004. In: Proceedings of 20th International Conference on Computational Linguistics (Coling), 2004.

[Brachman 1985] Brachman, Ronald J.; Levesque, Hector J.: Readings in Knowledge Representation. Morgan Kaufmann Publishers, Los Altos, California, 1. Auflage, 1985.

[Brachman 1989] Brachman, Ronald J.; Levesque, Hector J.; Reiter, Raymond: Principles of Knowledge Representation and Reasoning. Proceedings of the First International Conference. Morgan Kaufmann Publishers, Toronto, 1989.

[Brants 1999] Brants, Thorsten: Tagging and Parsing with Cascaded Markov Models. Automation of Corpus Annotation. German Research Center for Artificial Intelligence, Saarbrücken, 1999. In: German Research Center for Artificial Intelligence, Saarbrücken. Dissertations in Computational Linguistics and Language Technology, Bd. 6, Saarbrücken, 1999.

[Brin 1998] Brin, Sergey.; Page, L.; Motwani, R.; Winograd, T.: The PageRank citation ranking: Bringing order to the Web, (1998). (http://dbpubs.stanford.edu:8090/pub/1999-66 [26.10.2004]).

[Brin 2000] Brin, Sergey; Page, Lawrence: The Anatomy of a Large-Scale Hypertextual Web Search Engine. Stanford, (http://www-db.stanford.edu/~backrub/google.html [07.04. 2004]).

[Brockhaus Multimedial 2004] Brockhaus Multimedial 2004, Version 6, Bibliographisches Institut & F.A. Brockhaus AG, Mannheim, 2003.

[Buder 1990] Buder, Marianne; Rehfeld, Werner; Seeger, Thomas: Grundlagen der Praktischen Information und Dokumentation. Ein Handbuch zur Einführung in die fachliche Informationsarbeit. München, 1990. In: Deutsche Gesellschaft für Dokumentation, DGD-Schriftenreihe, K.G. Saur GmbH & Co.KG, Bd. 9, München, 1990.

[Chomsky 1964] Chomsky, Noam: Current Issues in Linguistic Theory. Mouton, 1964.

[Crestan 2004] Crestan, Eric; de Loupy, Claude: Browsing Help for Faster Document Retrieval. Ivry-sur-Seine, 2004. In: Proceedings of 20th International Conference on Computational Linguistics (Coling), 2004.

[Csima 1983] Csima, Feodora: Gestaltung der Benutzerschnittstelle eines Informationssystems zur inhaltlichen Verarbeitung von Texten. Universität Stuttgart, Stuttgart, 1983.

[Diagne 1995] Diagne, Abdel Kader; Kasper Walter; Krieger Hans-Ulrich: Distributed Parsing with HPSG Grammars. Proceedings of the Forth International Workshop on Parsing Technologies IW-PT'95. September 20-24., Prague and Karlovyvari, Czech Republik, 1995.

[DUDEN - Das Synonymwörterbuch 2004] DUDEN - Das Synonymwörterbuch, 3. Aufl., Mannheim 2004. (CD-Rom)

[Earley 1970] Earley, Jay: An efficient Context-Free Parsing Algorithm. In: Communications of the ACM, Bd. 13, 1970, S. 94-102

[Ferber 2003] Ferber, Reginald: Information Retrieval. Suchmodelle und Data-Mining-Verfahren für Textsammlungen und das Web. dpunkt.verlag, Heidelberg, 2003.

[Finkler 1988] Finkler, Wolfgang; Neumann, Günter: MORPHIX. A Fast Realization of a Classification-Based Approach to Morphology. Saarbrücken, 1988. In: Trost, H. (Hrsg.): 4. Österreichische Artificial-Intelligenz-Tagung, Wiener Workshop – Wissensbasierte Sprachverarbeitung, Proceedings, Springer Verlag, Berlin etc., 1988, S. 11-19

[Frank 2004] Frank, Anette: Constraint-based RMRS Construction from Shallow Grammars. Saarbrücken. 2004. In: Proceedings of 20th International Conference on Computational Linguistics (Coling), 2004.

[Frese 1991] Frese, Michael; Zapf, Dieter: Fehler bei der Arbeit mit dem Computer. Ergebnisse von Beobachtungen und Befragungen im Bürobereich. In: Ulich, Eberhard (Hrsg.): Schriften zur Arbeitspsychologie. Hans Huber Veralg, Bern, 1991.

[Freksa 1988], Freksa, C.: Intrinsische vs. Extrinsische Repräsentation zum Aufgabenlösen oder die Verwandlung von Wasser in Wein. In: Heyer, G.; Krems, J.; Görz, G. (Hrsg.): Wissensarten und ihre Darstellung. Springer Verlag, Berlin, 1988.

[Fu 1977] Fu, K.S.: Syntactic Pattern Recognition, Applications. Communication and Cybernatics 14. Springer Verlag, Heidelberg, 1977.

[Fugmann 1999] Fugmann, Robert: Inhaltserschließung durch Indexieren. Prinzipien und Praxis. Deutsche Gesellschaft für Dokumentation, Frankfurt, 1999. In: Deutsche Gesellschaft für Information. Reihe Informationswissenschaft, DGD, Bd. 3, Frankfurt, 1999.

[Fuhr 1991] Fuhr, Norbert: Information Retrieval. GI/GMD-Workshop, Darmstadt, Juni 1991, Proceedings. In: W. Brauer-Gesellschaft für Informatik. Informatik Fachberichte, Bd. 289, Springer Verlag, Dortmund, 1991.

[Fuhr 1997] Fuhr, Norbert; van Rijsbergen, Keith; Smeaton, Alan F.: Evaluation of Multimedia Information Retrieval. Dagstuhl-Seminar-Report 14. - 18. April 1997, IBFI Gmbh, Wadern, 1997.

[Fujii 2004] Fujii, Atsushi; Ishikawa, Tetsuya: Summarizing Encyclopedic Term Descriptions on the Web. University of Tsukuba, Tsukuba, 2004. In: Proceedings of 20th International Conference on Computational Linguistics (Coling), 2004.

[Gamut 1991] Gamut, L.T.F.: Logic, Language and Meaning. The University of Chicago Press, Chicago, 1991.

[Gates 1997] Gates, Bill: Der Weg nach vorn. Die Zukunft der Informationsgesellschaft. Heyne Verlag, München, 1997.

[Gaus 2003] Gaus, Wilhelm: Dokumentations- und Ordnungslehre. Theorie und Praxis des Information Retrieval. Springer Verlag, Berlin, 4. Auflage, 2003.

[Gazdar 1985] Gazdar G.; Klein, E.; Pullum, G.; Sag, Ivan: Generalized Phrase Structure Grammar. Basil Blackwell, London, 1985.

[Geißler 2000] Geißler, St.: The DogCat System. Automatic Indexing in a Practical Application. In: Schmidt, R. (Hrsg.): Medien-Informationsmanagement: Praxis-Projekte-Präsentationen. Verlag für Berlin-Brandenburg, Potsdam, 2000, S. 4-54

[Gerber 2002] Gerber, Laurie; Hermjakob Ulf; Hovy, Eduard; Ravichandran, Deepak: The ISI Question Answer Typology. 2002. (http://www.isi.edu/natural-language/projects/webclopedia/Taxonomy/taxonomy_tople...[13.01.2004])

[Gorny 1988] Gorny, Peter; Tauber, Michael J.: Visualization in Human-Computer Interaction. 7th Interdisciplinary Workshop on Informatics and Psychology. Schärding, Austria, May 24-27, Berlin, 1988. In: Goos, G., Hartmanis, J. (Hrsg.): Lecture Notes in Computer Signs. Springer Verlag, Berlin, 1988.

[Görz 1995] Görz, Günther: Einführung in die künstliche Intelligenz. Addison-Wesley, Bonn, Paris, 2. Auflage, 1995.

[Gräbnitz 1987] Gräbnitz, V.: PASSAT. Programm zur Automatischen Selektion von Stichwörtern aus Texten. In: Krause, J. (Hrsg.): Inhaltserschließung von Massendaten. Zur Wirksamkeit informationslinguistischer Verfahren am

Beispiel des Deutschen Patentinformationssystems, Olms Verlag, Hildesheim, 1987.

[Gruber 1993] Gruber, Thomas R.: A Translation Approach to Portable Ontology Specifications. Knowledge Systems Laboratory, Stanford, California, 1993. Knowledge Acquisition, (http://ksl-web.stanford.edu/KSL_Abstracts/KSL-93-04.html).

[Haapaleinen 1995] Haapaleinen, M.; Majorin, A.: GERTWOL und Morphologische Disambiguierung für das Deutsche. In: Proc. of the 10th Nordic Conference on Computational Linguistics, May 30-31, Helsinki, 1995.

[Haller 2001] Haller, Johann; Ripplinger, Bärbel; Maas, Dieter; Gastmeyer, Manuela: Automatische Indexierung von wissenschaftlichen Texten – ein Experiment. IAI, Institut der Gesellschaft zur Förderung der Angewandten Informationswissenschaft an der Universität des Saarlandes, Hamburgisches Welt-Wirtschaft-Archiv, Saarbrücken, 2001.

[Halliday 1985] Halliday, M.A.K.: An Introduction to Functional Gramar. Edward Arnold, London, 1985.

[Hamborg 1994] Hamborg, Kai-Christoph: Zum Einfluss der Interaktion von Nutzer-, Aufgaben- und Systemmerkmalen auf die Benutzbarkeit von Softwaresystemen. Uni Osnabrück, Fachbereich Psychologie, Osnabrück, 1994.

[Heinisch 2002] Heinisch, Christian: Inmitten der Informationsflut herrscht Informationsmangel. Über das Paradoxon der Wissensgesellschaft und seine Bewältigung. In: ABI-Technik 22, Heft 4/2002, S. 340-349

[Helbig 1996] Helbig, Hermann: Künstliche Intelligenz und automatische Wissensverarbeitung. Verlag Technik, Berlin, 2. Auflage, 1996.

[Helander 1997] Helander, Martin, G.; Landauer, Th., K.; Prabhu, Prasad V.: Handbook of Human Computer Interaction. Elsevier, Amsterdam, 1997.

[Hemforth 1993] Hemforth, Barbara: Kognitives Parsing: Repräsentation und Verarbeitung sprachlichen Wissens. In: Gesellschaft für Informatik e.V.: DISSKI - Dissertationen zur künstlichen Intelligenz. Infix, Bd. 40, St. Augustin, 1993, S.41

[Hennings 1991] Hennings, Ralf-Dirk: Informations- und Wissensverarbeitung. Theoretische Grundlagen wissensbasierter Systeme. 1991. In: Mensch und Computer. Bd. 6,. de Gruyter, Berlin, 1991.

[Heringer 1996] Heringer, Hans Jürgen: Deutsche Syntax - dependentiell. Stauffenburg Verlag Brigitte Narr GmbH, Tübingen, 1996.

[Heyer 1988] Heyer, Gerhard; Krems, J.; Görz, G.: Wissensarten und ihre Darstellung. Beiträge aus Philosophie, Psychologie, Informatik und Linguistik. Springer Verlag, Berlin, 1988.

[Holz auf der Heide 1993] Holz auf der Heide, Bernd: PROTOS – Methoden zur Entwicklung und Bewertung von Prototypen für Dialogsysteme. München, 1993. In: Technische Universität München, Lehrstuhl für Psychologie, Bericht Nr. 19, 1993.

[IAI 2003] IAI: MPRO. Programmpaket zur morphologischen Analyse von Texten (Deutsch). Saarbrücken, 2003.

[insiders 2003] insiders: Mindaccess: Intelligente Klassifikation. Beschreibung der technischen Grundlagen. Mainz, 2003.

[intelligent views 2001] intelligent views: White Paper K-Infinity. intelligent views Wissenstechnologie: Wissenssteuerung durch Wissensnetze. Darmstadt, 2001.

[Jarosch 1997] Jarosch, Helmut; Müller, Hans-Dieter: Intelligente Benutzerführung bei der Informationssuche. Mensch-Maschine-Kommunikation mit Information-Retrieval-Systemen. Wisenschaft-und-Technik-Verlag, Berlin, 1. Auflage, 1997.

[Jijkoun 2004] Jijkoun, Valentin and de Rijke Marteen; Mur, Jori: Information Extraction for Question Answering: Improving Recall Through Syntactic Patterns. Amsterdam, Groningen, 2004. In: Proceedings of 20th International Conference on Computational Linguistics (Coling), 2004.

[Joshi 1986] Joshi, A. K.: An Introduction to Tree Adjoining Grammars. Technical Report No. MS-CIS-86-64. Department of Computer and Information Science, University of Pennsylvania, August, 1986.

[Jüttner 1988] Jüttner, G.; Güntzner, U.: Methoden der Künstlichen Intelligenz für Information Retrieval. Saur Verlag, München, 1988.

[Kaplan 1982] Kaplan, Ronald; Bresnan, Joan: Lexical Functional Grammar: A Formal System For Grammatical Representation. 1982. In: Bresnan Joan (Hrsg.): The Mental Representation of Grammatical Relations. MIT Press Cambridge MA., Kap.4, 1982, S. 173-281

[Kamp 1992] Kamp, H; Reyle, U.: From Discourse to Logic. Kluwer, Dortrecht, 1992.

[Kasami 1965] Kasami, T.: An efficient recognition and syntax analysis algorithm for context-free languages. Forschungsbericht, Air Force Cambridge Research Laboratory, Bedford, Mass. 1965.

[Kay 1979] Kay, Martin: Functional Grammar. Proceedings of the 5th Annual Meeting of the Berkeley Linguistic Society, 1979.

[Keller 1998] Keller, Bill: Proceedings of the ESSLLI-98 Workshop on Automated Acquisition of Syntax and Parsing. ESSLLI-98 Summerschool. Universität des Saarlandes, Saarbrücken, 1998.

[Klenk 1987] Klenk, Ursula; Scherber, Peter; Thaller, Manfred: Computerlinguistik und Philologische Datenverarbeitung. Beiträge der Jahrestagung der Gesellschaft für Linguistische Datenverarbeitung e.V.. In: Hellwig, Peter; Krause, Jürgen (Hrsg.): Linguistische Datenverarbeitung. Georg Olms Verlag, Bd. 7, Hildesheim, 1987.

[Knorz 1993] Knorz, Gerhard; Wommser-Hacker, Christa; Krause, Jürgen: Information Retrieval '93 - Von der Modellierung zur Anwendung. Proceedings der ersten Tagung Information Retrieval '93, 13.-15. September 1993, In: Gesellschaft für Informatik: Schriften zur Informationswissenschaft. UVK - Universitätsverlag Konstanz, Bd. 12, Regensburg, 1993.

[Knorz 1994] Knorz, G.: Automatische Indexierung. In: Hennings, R.-D. (Hrsg.): Wissensrepräsentation und Information Retrieval. Potsdam, 1994. S. 138-196

[Konieczny 1996] Konieczny, Lars: Human Sentence Processing: A Semantics-oriented Parsing Approach. In: Müller, G. Schinzel, B. Strube, G. (Hrsg.): Berichtreihe des IIG. Institut für Informatik und Gesellschaft. Bd. 3, Freiburg, 1996.

[Koskenniemi 1984] Koskenniemi, Kimmo: A General Computational Model for Word-Form Recognition and Production. In Proc. 10th International Conference on Computational Linguistics, 1984, S. 178-181

[Krambrich 1988] Krambrich, Volker: Natürlichsprachliche Mensch-Maschine-Kommunikation. Wissenschaftliche Beiträge aus europäischen Hochschulen, Reihe 07/ Bd. 1, Verlag an der Lottbeck Peter Jensen, Hamburg, 1988.

[Krause 1982] Krause, Jürgen: Mensch-Maschine-Interaktion in natürlicher Sprache. Evaluierungsstudien zu praxisorientierten Frage-Antwort-Systemen und ihre Methodik. In: Bátori, I. (Hrsg.): Sprache und Information, Bd. 1, Max Niemeyer Verlag, Tübingen, 1982.

[Kuhlen 1974] Kuhlen, R.: Morphologische Relationen durch Reduktionsalgorithmen. In: Nachrichten für Dokumentation Bd. 25, 1974, 4. S. 168-172

[Kuhlen 1997] Kuhlen, R.: Abstracts – Abstracting – Intellektuelle und maschinelle Verfahren. In: Buder, M., et al (Hrsg.): Grundlagen der praktischen Information und Dokumentation, 4. Aufl., Saur Verlag, München, 1997, S. 88-119

[Kuhn 1986] Kuhn, Gottfried: Entwicklung und Erprobung einer Bildschirmorientierten Benutzerschnittstelle für ein Verbraucherinformationssystem. Institut für Informatik, Universität Stuttgart, Stuttgart, 1986.

[Kusterer 2004] Kusterer, Ruth: Automatische Beantwortung natürlichsprachlicher Quizfragen mit Hilfe einer Volltext-Enzyklopädie. Wird der Computer Millionär? Universität des Saarlandes, Fakultät 4 – Philosophische Fakultät II, Fachrichtung 4.7, Allgemeine Linguistik, Saarbrücken, 2004.

[Ladewig 1997] Ladewig, Christa: Grundlagen der inhaltlichen Erschließung. Institut für Information und Dokumentation, Berlin, 1. Auflage, 1997.

[Lakoff 1971] Lakoff, G.: On Generative Grammar. In: Steinberg, D.; Jacobovits, L. (Hrsg.): Semantics: An Interdisciplinary Reader in Philosophy, Linguistics and Psychology. Cambridge Universtiy Press, New York, 1971.

[Langer 1991] Langer, Hagen: Ein automatisches Morphsegmentierungsverfahren für deutsche Wortformen. Dissertation, Fachbereich Historisch-Philologische Wissenschaften, Georg-August-Universität, Göttingen, 1991.

[Lewandowski 1990] Lewandowski, Theodor: Linguistisches Wörterbuch. Quelle & Meyer, Heidelberg, Wiesbaden, 5. Auflage, 1990.

[Lohnstein 1993] Lohnstein, Horst: Projektion und Linking. Ein prinzipienbasierter Parser für das Deutsche. Max Niemeyer Verlag, Tübingen, 1. Auflage, 1993.

[Lovins 1968] Lovins, J.B.: Development of a stemming algorithm. In: Mechanical Translation and Computational Linguistics, Bd. 11, 1968, S. 22-31

[Luckhardt 1985a] Luckhardt, Heinz-Dirk: Parsing mit SUSY und SYSY II. Strategien, Software und Linguistisches Wissen. In: Linguistische Arbeiten des SFB 100. Sonderforschungsbereich 100, Elektronische Sprachforschung, Bd. 12, Saarbrücken, 1985.

[Luckhardt 1985b] Luckhardt, Heinz-Dirk: Parsing with Controlled Active Procedures. Berichte über Arbeiten aus dem Bereich der Computerlinguistik im SFB 100. SFB Elektronische Sprachforschung, Saarbrücken, 1985.

[Luckhardt 1996] Luckhardt, H.-D.: Automatische und intellektuelle Indexierung. In: Harms, I.; Luckhardt, H.-D. (Hrsg.): Einführung in die Informationswissenschaft. Universität des Saarlandes, Fachrichtung Informationswissenschaft, 1996.

[Luhn 1958] Luhn, H.P.: The Automatic Creation of Literature Abstracts. In: IBM Journal of Research and Development 2, Bd. 2, 1958, S. 159-165

[Lyman 2003] Lyman, Peter and Hal R. Varian: How Much Information. 2003. (http://www.sims.berkeley.edu/how-much-info-2003 [19.12.2004]).

[Maas 1996] Maas, Heinz-Dieter: MPRO – Ein System zur Analyse und Synthese deutscher Wörter. In: Hauser, Roland (Hrsg.): Linguistische Verifikation, Sprache und Information. Dokumentation zur Ersten Morpholympics 1994, Niemeyer Verlag, München, 1996, S. 141-166

[Maas 1997] Maas, Heinz-Dieter: The MPRO Tagging Procedure. Manuskript, unveröffentlicht, IAI, Saarbrücken, 1997.

[Maas 1998] Maas, Heinz-Dieter: Multilinguale Textverarbeitung mit MPRO. In: Lobin, G. et al (Hrsg.): Europäische Kommunikationskybernetik heute und morgen. KoPäd, München, 1998.

[Maas 2002] Maas, Heinz-Dieter; Ripplinger, B.: The AUTINDEX System. IAI, Institut der Gesellschaft zur Förderung der Angewandten Informationswissenschaft an der Universität des Saarlandes, Saarbrücken, 2002

[Minsky 1968] Minsky, Marvin L.: Semantic Information Processing. MIT Press, Cambridge, Massachusetts, 1968.

[Minsky 1971] Minsky, Marvin L.: Berechnung endliche und unendliche Maschinen. Berliner Union GmbH, Stuttgart, 1971.

[Minsky 1975] Minsky, Marvin L.: A Framework for Representing Knowledge. In: Winston, P.H. (Hrsg.): The Psychology of Computer and Vision. McGraw-Hill, New York, 1975. S. 211-277

[Montague 1974] Montague, Richard: Formal Philosophy. Selected Papers of Richard Montague. New Haven, London, 1974.

[Müller 2004] Müller, Karin: Semi-Automatic Construction of a Question Treebank. University of Amsterdam, Language and Inference Group, Amsterdam, 2004. In: LREC, Proceedings, 2004. S. 977-980

[Mullet 1995] Mullet, Kevin; Sano, Darrel: Designing Visual Interfaces. Communication Oriented Techniques. SunSoft Press, Sun Microsystems, Mountain View, California, 1995.

[Narayanan 2004] Narayanan, Sirini; Harabagiu, Sanda: Question Answering Based on Semantic Structures. Berkeley, Dallas, 2004. In: Proceedings of 20th International Conference on Computational Linguistics (Coling), 2004.

[Naumann 1994] Naumann, Sven; Langer, Hagen: Parsing. Eine Einführung in die maschinelle Analyse natürlicher Sprache. B.G. Teubner, Stuttgart, 1994.

[Neumann 1997] Neumann, R.; Backofen, J.; Baur, M.; Becker, C.; Braun: An Information Extraction Core System for Real World German Text Processing. In: Proceedings of 5th ANLP, Washington, March, 1997.

[Nohr 1996] Nohr, Holger: Systematische Erschließung in deutschen öffentlichen Bibliotheken. Harrassowitz, Wiesbaden, 1996. In: GT: Beiträge zum Buch- und Bibliothekswesen. Harrassowitz, Bd. 37, Wiesbaden, 1996.

[Nohr 2000] Nohr, Holger: Automatische Dokumentindexierung – Eine Basistechnologie für das Wissensmanagement. In: Holger Nohr (Hrsg.): Arbeitspapiere Wissensmanagement. Bd. 2, Fachhochschule Stuttgart, Studiengang Informationswissenschaft, Stuttgart, 2000.

[Nohr 2003] Nohr, Holger: Grundlagen der automatischen Indexierung. Ein Lehrbuch. Logos Verlag, Berlin, 1. Auflage, 2003.

[Nübel 2002] Nübel, R.; Schmidt, P.: Automatische mehrsprachige Indexierung mit dem AUTINDEX System. IAI, Saarbrücken, 2002.

[Paetau 1990] Paetau, Michael: Mensch-Maschine-Kommunikation. Software, Gestaltungspotentiale, Sozialverträglichkeit. Campus Verlag, Frankfurt, 1990.

[Panyr 1985] Panyr, Jiri: Automatische Klassifikation und Information Retrieval. Philosophische Fakultät, Saarbrücken, Auflage, 1985.

[Paton 1999] Paton, Ray; Neilson, Irene: Visual Representations and Interpretations. Springer Verlag, London, 1999.

[Pereira 1980] Pereira, F.; Warren, D.: Definite Clause Grammars for Language Analysis. A Survey of the Formalism and Comparison with ATN's. In: Artificial Intelligence 13/3. 1980, S. 231-278

[Piknataro 1995] Piknataro, Vincenza: Integrierte Verarbeitung von Syntax und Semantik. Dissertation der Fakultät für Linguistik und Literaturwissenschaft. Universität Bielefeld, Bielefeld, 1995.

[Pinkal 1993] Pinkal, Manfred: Semantikformalismen für die Sprachverarbeitung. CLAUS Report Nr. 26. Computerlinguistik an der Universität des Saarlandes, Saarbrücken, 1993.

[Pollard 1994] Pollard, Carl; Sag, Ivan: Head-Driven Phrase Structure Grammar. Center for the Study of Language and Information, CSLI Lecture Notes, 1994.

[Porter 1980] Porter, M. F.: An Algorithm for Suffix Stripping. In: Program 14, Bd. 3, 1980, S. 130-137

[Ribeiro 2004] Ribeiro, Catarina; Santos, Ricardo; Correia, Joao; Chaves Rui Pedro; Maraffa, Palmira: INQUER: A WordNet-based Question-Answering Application. Universidade de Lisboa, In: LREC, Proceedings, 2004, S. 1947-1950

[Quillan 1968] Quillan, M. Ross: Semantic Memory. Seite 216-270. MIT Press, Cambridge, MA, 1968. In: Marvin Minsky (Hrsg.): Semantic Information Processing. MIT Press, Cambridge, MA, 1968.

[Reimer 1991] Reimer, Ulrich: Einführung in die Wissensrepräsentation. Leitfäden der angewandten Informatik. Teubner, Stuttgart, 1991.

[Reyle 1988] Reyle, Uwe; Rohrer, Christian: Natural Language Parsing an Linguistic Theories. D. Reidel Publishing Company, Dortrecht/Holland, Auflage, 1988. In: Cooper Robin; Grandy Richard: Studies in Linguistics and Philosophy. D. Reidel Publishing Company, Bd. 35, Dortrecht/Holland, 1988.

[Ripplinger 1988] Ripplinger, Bärbel; Kobsa, Alfred: PLUG: Benutzerführung auf Basis einer dynamisch veränderlichen Zielhierarchie. Sonderforschungsbereich 314, Künstliche Intelligenz - Wissensbasierte Systeme, Universität des Saarlandes, Fachbereich Informatik, Saarbrücken, 1988.

[Ripplinger 2002] Ripplinger, Bärbel: Linguistic Knowledge in Cross-Language Information Retrieval. Herbert Utz Verlag, München, 1. Auflage, 2002.

[Robertson 1997] Robertson, S.E.; Walker, S.; Beaulieu, M.: Overview of the Okapi projects. In: Special issue of Journal of Documentation, Bd. 53(1), 1997, S. 3-7

[Saggion 2004] Saggion, Horacio: Identifying Definitions in Text Collections for Question Answering. Department of Computer Science, University of Sheffield, England, 2004. In: LREC, Proceedings, 2004. S. 1927-1930

[Salton 1980] Salton, Gerard: The SMART System 1961-1976: Experiments in Dynamic Document Processing. In: Encyclopedia of Library and Information Science, Bd. 28, Dekker, New York, 1980, S. 1-36

[Salton 1987] Salton, Gerard; McGill, Michael J.: Information Retrieval - Grundlegendes für Informationswissenschaftler. McGraw-Hill Book Company GmbH, Hamburg, 1987.

[Schank 1981] Schank, R.; Riesbeck, F.: Inside Computer Understanding. Five Programs plus Miniatures. Lawrence Erlbaum Associates, Hillsdale, NJ, 1981.

[Schulz 1998] Schulz, Angelika: Interface Design. Die visuelle Gestaltung interaktiver Computeranwendung. Röhrig Verlag St. Ingbert, St. Ingbert, 1998.

[Schwarz 1993] Schwarz, Monika; Chur, Jeanette: Semantik. Ein Arbeitsbuch. Gunter Narr Verlag, Tübingen, 1993.

[Schuler 1994], Schuler, Wolfgang: Joroen Hol Guidelines and a Checklist for the Design and Evaluation of Hypermedial User Interfaces. Darmstadt, 1994, In: GMD-IPSI (Arbeitspapiere der GMD #866).

[Schwerski 1992] Schwerski, Uwe: Zur Problematik der Gestaltung von CD-ROM-Benutzeroberflächen. Greven Verlag Köln, Köln, 1992.

[Shenk 1998] Shenk, David: Datenmüll und Infosmog. Wege aus der Informationsflut. Lichtenberg Verlag, München, 1998.

[Shneiderman 1987] Shneiderman, Ben: Designing the User Interface. Strategies for Effective Human-Computer Interaction. Addison Wesley, Massachusettes, 1987.

[Shneiderman 1980] Shneiderman, Ben: Software Psychology. Human Factors in Computer and Information Systems. Winthrop Publishers, Cambridge, Massachusettes, 1980.

[Sirmakessis 2004] Sirmakessis, Spiros: Text Mining and its Applications. Results of the NEMIS Launch Conferece. Springer Verlag, Berlin, 2004. In: Kapcrzyk, Janusz (Hrsg.): Studies in Fuzzines and Soft Computing, Bd. 138., 2004.

[Skut 1999] Skut, Wojciech: Partial Parsing for Corpus Annotation and Text Processing. German Research Center for Artificial Intelligence, Saarbrücken, 1999. In: German Research Center for Artificial Intelligence: Saarbrücken Dissertations in Computational Linguistics and Language Technology. Bd. 10, Saarbrücken, 1999, S.10

[Small 2004] Small, Sharon; Strzalkowski, T.; Liu, T.; Ryan, S.; Salkin, R.; Shimizu, N.; Kantor, P.; Kelly, D.; Rittmann, R.; Wacholder, N.: HITIQA: Towards Analytical Question Answering. Albany, New Brunswick, 2004. In: Proceedings of 20th International Conference on Computational Linguistics (Coling), 2004.

[Soergel 1993] Soergel, Dagobert: Organizing Information. Principles of Data Base and Retrieval Systems. Academic Press, San Diego, California, 2. Auflage, 1993.

[Sowa 1986] Sowa, John F.: Conceptual Structures. Information Processing in Mind and Machine. Addison Wesley Publishing Company, New York, 1986.

[Sowa 1992] Sowa, John F.: Semantic Networks. In: S.C. Shapiro (Hrsg.): Encyclopedia of Artificial Intelligence. Wiley, New York, 1992, (http://www.jfsowa.com/pubs/ semnet.htm, [02. Mai 2004]).

[Sowa 2000] Sowa, John F.: Knowledge Representation: Logical, Philosophical, and Computational Foundations. Article Ontology. Brooks Cole Publishing Co., Pacific Grove, CA, 2000. [http://www.jfsowa.com/ontology/index.htm].

[Staab 1995] Staab, Steffen: GLR-Parsing von Worthypothesengraphen. IMMD VIII - Künstliche Intelligenz, Erlangen, 1995.

[Stegentritt 1994] Stegentritt, Erwin: German Analysis: morpho-syntax within the framework of the freetext retrieval project EMIR. AQ-Verlag, Saarbrücken, 1994. In: Stegentritt, Erwin (Hrsg.): Linguistics-Computational Linguistics. AQ-Verlag, Bd. 15, Saarbrücken, 1994.

[Tomita 1986] Tomita, M.: Efficient Parsing for Natural Languages: A Fast Algorithm for Practical Systems. Kluewer, Boston, 1986.

[Turing 1950] Turing, A.: Computing machinery and intelligence. In: Mind, Bd. 49, 1950, S. 433-460.

[Uzkoreit 1986] Uzkoreit, Hans: Categorial Unification Grammars. In: Proceedings 11th International Conference on Computational Linguistics, 1986, S 187-194

[Van der Elst 1997] Van der Elst, Gaston; Habermann, Mechthild: Syntaktische Analyse. Palm & Enke, Erlangen, 6. Auflage, 1997. In: Erlanger Studien. Bd. 60, Erlangen, Jena, 1997.

[Volk 1992] Volk, M.; Mittermaier, H.; Schurig, A.; Biedassek, T.: Halbautomatische Volltextanalyse, Datenbankaufbau und Document Retrieval. In: Goebel, H.; Schader, M. (Hrsg.): Datenanalyse, Klassifikation und Informationsverarbeitung: Methoden und Anwendungen in verschiedenen Fachgebieten. Physica, Heidelberg, 1992, S. 205-214

[Voorhees 2000] Voorhees, Ellen, M.: The TREC-8 Answering Track Evaluation. Gaithersburg, 2000.

[Wagner 1994] Wagner, Karl-Heinz: Wissensrepräsentation. Seminarmaterialien zur Computerlinguistik. Universität Bremen, 2003.

[Wahlster 1982], Wahlster, W. (1982): Natürlichsprachliche Systeme. Eine Einführung in die sprachorientierte KI-Forschung. In: Bibel, W., Siekmann, J. (Hrsg..): Künstliche Intelligenz. Springer, Heidelberg, 1982, S. 203-283

[Waibel 1990] Waibel, A.; Lee, K.: Readings in Speech Recognition. Morgan Kaufmann, San Mateo, Kalifornien, 1990.

[Weizenbaum 1978] Weizenbaum, Joseph: Die Macht der Computer und die Ohnmacht der Vernunft. Frankfurt ,1978.

[Wersig 2000] Wersig, Gernot: Informations- und Kommunikationstechnologien. Eine Einführung in Geschichte, Grundlagen und Zusammenhänge. UVK-Medien, Konstanz, 2000. In: Uni-Papers. Bd. 13, 2000.

[Widdig 2000] Widdig, Rolf: PARLEX und der Sematische Inspektor. Werkzeuge für die Representation und Analyse natürlicher Sprache. Dissertation. Universität Augsburg, Augsburg, 2000.

[Winiwarter 1996] Winiwarter, Werner: Bewältigung der Informationsflut. Stand der Computerlinguistik. Kyoto, Japan, 1996. In: NfD - Zeitschrift für Informationswissenschaft und -praxis. Verlag Hoppenstedt GmbH, Bd. 47, Frankfurt/Main, 1996, S. 131-150

[Winograd 1972] Winograd, T.: Understanding Natural Language. Academic Press, New York/London, 1972. In: Cognitive Psychology, Bd. 3, Nr. 1, 1972.

[Yang 2004] Yang, Hui; Chua, Tat-Seng: Web-Based List Question Answering. School of Computing, National University of Singapore, Singapore, 2004. In: Proceedings of 20th International Conference on Computational Linguistics (Coling), 2004.

[Younger 1967] Younger, D.: Recognition and Parsing of context-free language in time n^3. In: Information and Control, Bd. 10, 1967, S. 189-208

[Zimmermann 1983] Zimmermann, H. H.; Kroupa, E.; Keil, G.: CTX - Ein Verfahren zur computergestützten Texterschließung. Bundesministerium für Forschung und Technologie, Forschungsbericht ID 83-006, Universität des Saarlandes, Informationswissenschaft, Saarbrücken, 1983.

[Zimmermann 1987] Zimmermann, Harald: Der Transfer Informationslinguistischer Technologien am Beispiel von CTX und IST. Bundesministerium für Forschung und Technologie. Forschungsbericht. Saarbrücken, 1987. In: Zimmermann, Harald (Hrsg.): Veröffentlichungen der Fachrichtung Informationswissenschaft. Saarbrücken, 1987.

[Zimmermann 1992] Zimmermann, Harald: Mensch und Maschine - informationelle Schnittstellen der Kommunikation. Proceedings des 3. Internationalen Symposiums für Informationswissenschaft (ISI 92). Universitäts Verlag, Konstanz, 1992. In: Hochschulverband für Informationswissenschaft (HI) e.V. Konstanz: Schriften zur Informationswissenschaft. Universitätsverlag Konstanz, Bd. 7, Konstanz, 1992.

[Zimmermann 1997] Zimmermann, Harald: Automatische Indexierung IDX mit Übersetzungsfunktion. SOFTEX GmbH, Saarbrücken, 1997.

SABEST
Saarbrücker Beiträge zur Sprach- und Translationswissenschaft

Herausgeber:
Alberto Gil / Johann Haller / Erich Steiner
Universität des Saarlandes
Fachrichtung 4.6
Angewandte Sprachwissenschaft sowie Übersetzen und Dolmetschen

Band 1 Alberto Gil / Johann Haller / Erich Steiner / Heidrun Gerzymisch-Arbogast (Hrsg.): Modelle der Translation. Grundlagen für Methodik, Bewertung, Computermodellierung. 1999.

Band 2 Uwe Reinke: Translation Memories. Systeme – Konzepte – Linguistische Optimierung. 2004.

Band 3 Stella Neumann: Textsorten und Übersetzen. Eine Korpusanalyse englischer und deutscher Reiseführer. 2003.

Band 4 Erich Steiner: Translated Texts: Properties, Variants, Evaluations. 2004.

Band 5 Sisay Fissaha Adafre: Adding Amharic to a Unification-Based Machine Translation System. An Experiment. 2004.

Band 6 Tinka Reichmann: Satzspaltung und Informationsstruktur im Portugiesischen und im Deutschen. Ein Beitrag zur Kontrastiven Linguistik und Übersetzungswissenschaft. 2005.

Band 7 María Jesús Barsanti Vigo: Análisis paremiológico de *El Quijote* de Cervantes en la versión de Ludwig Tieck. 2005.

Band 8 Christoph Rösener: Die Stecknadel im Heuhaufen. Natürlichsprachlicher Zugang zu Volltextdatenbanken. 2005.

www.peterlang.de

Peter Lang · Europäischer Verlag der Wissenschaften

Jürgen Scharnhorst (Hrsg.)

Sprachkultur und Lexikographie

Von der Forschung zur Nutzung von Wörterbüchern

Frankfurt am Main, Berlin, Bern, Bruxelles, New York, Oxford, Wien, 2004.
400 S., 6 Abb., 2 Tab.
Sprache, System und Tätigkeit.
Herausgegeben von Inge Pohl und Karl-Ernst Sommerfeldt. Bd. 50
ISBN 3-631-50079-3 · br. € 49.80*

Haben Wörterbücher im Zeitalter des Computers und des Internets weiterhin eine Existenzberechtigung? Und wie soll das gestaltet werden, was an die Stelle traditioneller Nachschlagewerke tritt? Wie müssen die Korpora beschaffen sein, auf deren Grundlage sogenannte „digitale Wörterbücher" entstehen? Was erwarten die Benutzer überhaupt von Wörterbüchern? Oder verlassen sie sich lieber auf die telefonische Sprachberatung? Solche und viele andere Fragen werden in diesem Band von Sprachwissenschaftlern am Beispiel des Deutschen, des Englischen, Französischen, Russischen, Slowakischen,Tschechischen und Ungarischen erörtert. Im Podiumsgespräch diskutieren erfahrene Lexikographen, Experten der Computerlinguistik und Mitarbeiter von Sprachberatungsstellen die „Perspektiven der Lexikographie und die Aufgaben der Sprachkultur".

Aus dem Inhalt: Französische Wörterbuchkultur · Englische Textkorpora · Ein modernes russisch-deutsches Wörterbuch · Das „Digitale Wörterbuch der deutschen Sprache des 20. Jahrhunderts" und das Projekt „Wissen über Wörter" mit den Neologismen der 90er Jahre · Wörterbücher Deutsch als Fremdsprache und ihre Nutzung · Podium Sprachkultur

Frankfurt am Main · Berlin · Bern · Bruxelles · New York · Oxford · Wien
Auslieferung: Verlag Peter Lang AG
Moosstr. 1, CH-2542 Pieterlen
Telefax 00 41 (0) 32 / 376 17 27

*inklusive der in Deutschland gültigen Mehrwertsteuer
Preisänderungen vorbehalten

Homepage http://www.peterlang.de